금융전문가를 위한 고객설득전략

고객의 머리에서 가슴까지

게리 드모스(Gary DeMoss)·미치 앤소니(Mitch Anthony) 지음
김선호·조영삼·이형종 옮김

서 울 엠

The
FINANCIAL
PROFESSIONAL'S
GUIDE *to*
PERSUADING
1 or **1,000**

GARY DEMOSS | MITCH ANTHONY

Dearborn
Trade Publishing
A **Kaplan Professional** Company

The FINANCIAL PROFESSIONAL'S GUIDE TO PERSUADING 1 OR 1,000

한국어판 추천사

21세기는 '디지털 혁명'이라는 말로 요약되곤 한다. 이전의 아날로그 시대에 비해 변화의 속도와 폭이 비교할 수 없을 만큼 빠르고 크기 때문이다. 빌 게이츠 같은 이는 이러한 변화를 빛보다 빠른 '생각의 속도'로 변화하는 세계라고 표현하기도 했다.

금융산업은 이러한 변화의 물결이 두드러진 산업 중 하나이다. 은행, 보험, 증권과 같은 기존의 업종 분류가 무색할 만큼 업종 간 장벽이 빠르게 사라져가고 있다. 우리나라에도 지난해부터 방카슈랑스 제도가 도입되었으며, 수익증권 판매에 관한 제한도 완화되었다. 업종 간 장벽의 와해와 정보통신기술의 발달은 금융업의 변화를 더욱 촉진시키고 있다. 자동차보험 시장에서는 온라인 보험사의 급성장이 금년도 손해보험업계 최대의 화제로 등장하였고, 증권업의 경우 주식거래에서 온라인의 비중이 50%를 넘은 지 오래다.

여기에 고객의 니드와 기대 수준 또한 빠르게 변화하고 있다. 인터넷과 전화, ATM과 같은 비대면 채널을 통해 기존의 일반적인 금융서비스를 받을 수 있게 됨에 따라, 고객은 전통적인 대면 채널에 보다 전문적이고 종합적인 금융 컨설팅 서비스를 요구하고 있다.

이에 따라 은행, 증권, 보험 등 모든 금융회사는 전문적인 금융 컨설팅 서비스를 제공할 수 있는 금융전문가 육성에 주력하고 있다. 이러한 변화를 반영하여 예전의 보험설계사나 대리점, 증권회사 영업직원과 같이 비교적 단순한 개념과는 다른 FP(Financial Planner), FC

(Financial Consultant), FA(Financial Advisor), PB(Private Banker), WM (Wealth Manager) 등 다양한 금융전문가가 등장하게 되었다.

그러나 외부적으로 보이는 발전과 달리 금융전문가의 역할과 개념에 대해서는 아직도 확고하게 정착되지 못한 실정이다. 이러한 과도기 상황에서 금융서비스업 종사자는 한층 높아진 고객의 기대 수준에 부응하기 위해 무엇을 해야 할지는 이제 선택의 문제가 아니라 생존의 화두가 되었다. 전문지식을 갖춘 금융전문가이자 매력 있는 한 인간으로서 고객과 장기적 관계를 효과적으로 구축할 수 있을지에 대한 고민 또한 적지 않은 것이 사실이다. 이 책은 바로 그러한 화두와 고민에 대한 해답을 어느 정도 제공해줄 수 있을 것으로 생각한다.

판매업에 종사하는 사람은 모두 경험해보았겠지만, 누군가를 설득한다는 것은 결코 쉬운 일이 아니다. 특히, 실체가 없는 금융서비스의 판매는 설득의 어려움을 더욱 가중시킨다. 금융전문가가 고객을 대할 때 둘 간의 거리는 불과 1미터 정도에 불과하지만, 이 간격은 좁히기에는 너무나 어려운 이른바 세상에서 '가장 먼 거리'이다. 이 책은 금융전문가가 어떻게 하면 세상에서 '가장 먼 거리'라고 하는 이 간격을 줄여 고객을 설득할 수 있는지를 크게 네 가지 테마로 구분하여 서술하고 있다.

제1부에서는 설득의 가장 중요한 기초를 다루고 있다. 저자는 타인을 설득하기 전에 먼저 자신의 제안 내용에 확신을 가져야 함을 강조한다. 확신이 있을 때 고객의 문제를 해결하려는 열정이 생기며, 이러한 열정을 갖고 고객을 설득하기 위한 계획을 수립해야 한다는 것이다. 아울러 계획수립 시 유의할 점을 제시하면서, 유머 있고 겸손하면서 자신의 스타일에 맞는 효과적 방법을 활용할 것을 권한다.

제2부는 개인고객을 설득할 때 주의하거나 관심을 두어야 할 사항을 다루고 있다. 저자는 고객에게 제안하기 전에 고객의 가치관과 성격 등 그들의 세계를 미리 탐구함으로써 고객이 스스로 자신의 이야기를 하도록 유도할 것을 권한다. 더불어 저자는 여기서 개인을 설득할 때 지켜야 할 몇 가지 원칙도 소개한다.

제3부는 단체 고객을 상대로 설득력 있는 제안을 하는 방법을 다루면서, 단체 고객 설득 과정에서 강사가 흔히 저지르는 실수와 그 이유를 설명하고, 이를 피하는 방법을 제시한다. 또한 제안 과정에 청중의 두려움, 불확실성, 의심 등을 어떻게 활용하는지 알려준다.

제4부는 TEAM역학을 활용하여 고객의 성격유형에 따라 설득하는 방법과 고객을 움직이게 만드는 열쇠가 무엇인지를 알려준다.

물론 이 책에 소개된 내용 중 일부는 우리 실정과 달라 다소 어색한 부분도 있으리라고 본다. 하지만 단순히 이론으로만이 아니라 실제 사례를 통해 접근하고 있기 때문에 우리 현실에도 적지 않은 도움을 줄 것이다.

아울러 이 책을 읽으면서, 고객설득에 관한 유용한 지식뿐만 아니라 책의 저변에 담겨 있는 다음과 같은 중요한 두 가지 깨달음을 함께 얻는 기회를 갖기 바란다.

첫째는 이 책을 통해 "판매(sales)란 과연 무엇인가"라는 근본적인 질문에 대한 답을 얻을 수 있을 것이다. 책의 첫머리에 등장하는 저자의 에피소드에서도 잘 나타나 있지만, 판매를 하려면 먼저 자신의 가치관부터 뚜렷하게 정립되어 있어야 한다. 판매는 흔히 판매자만의 이익을 위한 행동이라고 오해하기 쉽지만, 훌륭한 세일즈는 판매자와 고객 모두에게 이익이 되는 윈-윈(Win-Win) 게임이어야 한다. 따라서 설득은 내가 이익을 얻기 위해 상대방을 이해시키는 것이 아니라, 고객에게 어떤 가치를 부여하는 과정에서 자연스럽게 양쪽 모두에게 이익이 되는 것임을 명심할 필요가 있다.

둘째는 철저한 준비의 중요성이다. 모든 일이 다 마찬가지겠지만 좋은 결과를 위해서는 사전에 충분히 준비해야 한다는 평범하지만 중요한 진리를 이 책에서도 만날 수 있다. 단 몇 분간의 고객면담에서 성공하느냐 실패하느냐는 능숙한 기술보다는 얼마나 성실하게 준비했느냐에 좌우된다는 저자의 메시지를 주의 깊게 새겨둘 필요가 있다.

이 책을 읽을 때, 이 두 가지를 염두에 두고 깊이 생각하면서 실제 고객을 설득하는 데 필요한 유용한 지식을 함께 습득한다면, 명실상부한 금융전문가로 성장·발전하는 데 큰 도움을 얻을 수 있을 것이다.

마지막으로 이 책을 번역·출간한 PFM연구소 연구원 여러분의 노고에 감사를 드리며, PFM연구소가 지속적으로 금융전문가를 위한 좋은 책을 발간하기를 기대한다.

2004년 3월

오두환, 교보생명 상무

머리말

많은 사람이 이 책의 제목을 보고서 본인의 직업은 설득과 아무런 관련이 없다고 생각할지도 모르겠다. 그들은 자신의 일을 고객의 투자 니드를 충족시키기 위한, 고도의 기술적 접근이 필요한, 매우 복잡한 일로 생각한다. 그래서 이 분야에 종사하는 사람은 금융서비스 산업이 판매나 설득과 관련이 있다는 이야기를 귀담아 듣지 않는 경향이 있다. 예를 들어 과거 20년간 금융기관이 이 분야의 전문가에게 부여해온 명칭의 변천사를 살펴보라. 나는 개인적으로 현재의 **재무상담사** 또는 **재무컨설턴트**라는 표현을 좋아하는데, 이 명칭이 오늘날 금융전문가가 시장에서 하고 있는 일을 제대로 표현해주기 때문이다. 하지만 금융업을 판매와 연관짓는 데는 어떤 말 못할 속사정이 여전히 남아 있는 듯하다.

과거와 마찬가지로 오늘날에도 설득은 중요한 요소이다. 오늘날의 투자자는 투자선택을 할 때 훨씬 많은 결정을 해야 하는 상황에 직면해 있다. 솔직히 말해 고객은 자신의 미래 재무 목표를 달성할 수 있는 가장 좋은 방법으로 설득당하길 원한다. 우리의 일은 투자 관련 아이디어를 고객에게 **판매**하는 것이며, 앞으로도 그럴 것이다.

나는 실제로 지난 20년 동안을, 다른 사람을 설득하는 기술을 관찰하거나 경험하는 데 바쳤다. 또, 과거 10년간은 남보다 설득력이 뛰어난 사람을 집중적으로 지켜보기도 했다. 나는 몇 가지 영업훈련 프로그램을 직접 경험했고, 전문 트레이너로서 시장 내 모든 영업시스템을 연구해왔다. 하지만 다른 사람이 나에게 어떤 시스템이 가장 좋은지 물어왔을 때 확신을 갖고 대답해주기는 정말 어려웠다. 다른 사람을 설득하는 방법에 대해 진지하게 골몰했던 사람이 그랬던 것처럼, 나도 복잡한 인간의 성격을 제대로 다룰 수 있는 시스템은 존재하지 않는다는 것을 알았기 때문이다.

어떻게 하면 설득기술을 제대로 습득할 수 있을지에 대한 고민 끝에 나는 과정이 가장 중요하다는 결론을 내렸다. 나는 재무상담 분야에 종사하는 사람이 설득 과정에 대한 훈련을 받게 되면 틀림없이 성공하리라고 확신했다. 이 설득 과정에는 구체적으로 세 가지 — 발굴, 제안, 문제해결 — 단계가 있다. 당신은 먼저 고객이 누구인지 알아야 하며, 발굴 과정에서 파악한 고객의 니드나 가치관과 일치된 방식으로 상품이나 서비스를 제안해야 한다. 그리고 마지막으로, 고객이 당신의 제안을 받아들여 구매하도록 도와야 한다.

다음으로, 나는 가치관의 이해야말로 고객을 설득할 때 꼭 알아야 할 결정적인 사항이라는 단순한 진리를 깨닫게 되었다. 부유한 투자자 911명을 연구한 러스 알란 프린스의 보고서를 통해 나는 이 부자 시장에서 나타나는 여러 가치관을 알 수 있었고, 그 가치관이 사람을 설득하는 데 얼마나 중요한지 알게 되었다. 빌 바크라크의 명저, 『가치관에 따른 판매(Value Based Selling)』도 가치관이 어떤 역할을 하는지 보여주고 있다. 빌은 재무상담사에게 가치관에 따른 판매가 얼마나 중요한지를 강조해왔다.

훈련을 통해 설득 과정을 익히고 고객의 가치관을 이해하는 것이 매우 중요하다는 사실을 인식하고 있던 차에, 이 책의 공저자인 미치 앤소니가 나에게 고객의 성격을 이해하는 것도 매우 중요하며 필요한 요소라는 점을 알려주었다. 나는 이 세 번째 요소가 설득기술을 향상시키려는 사람에게 가장 필요한 사항이라고 확신했다. 따라서 이 주제는 제15장에서 제22장까지 광범위하게 다루면서 사람의 성격이 의사소통에 어떤 영향을 미치는지를 알아볼 것이다.

이 책은 판매의 대가들이 사용했던 설득 과정과 가치관, 성격유형에 따른 접근법을 익혀 고객을 행동하게 만드는 매우 어려운 문제를 해결하고자 하는 하나의 시도다.

—게리 드모스

게리와 마찬가지로 나도 오랫동안 설득의 기술에 심취해왔다. 그것은 꿈을 실현하고 세상을 움직일 수 있는 기술인 듯하다. 우리는 서로를 잘 알게 되면서 어느 날부턴가 이 주제에 관해 열정적으로 대화를 하기 시작했다. 이 책은 바로 우리가 위대한 설득가가 일 대 일 면담이나 강연에서 활용한 원칙과 비법에 관해 나누었던 대화를 바탕으로 나오게 되었다.

지난 20년간 수백만 명에게 강의를 해오면서 나는 늘 설득기술에 대한 연구가 결코 끝이 없는 공부라고 생각하면서 조금씩 조금씩 기술을 발전시켜왔다. 이 주제를 탐구하면서 우리의 생활과 일에는 놀랄 만한 변화가 생겼으며, 다른 많은 금융전문가의 삶에도 변화가 나타나는 것을 보게 되었다.

제1부 설득의 기초에서는 능숙하게 남을 설득하는 사람이 갖춰야 할 네 가지 기본 요소— 확신, 준비, 구성, 전달— 에 대하여 이야기할 것이다. 만약 당신이 이제 막 금융인이 되었거나, 금융업이 상대적으로 생소하게 느껴진다면, 이 설득의 기초에 대해 확실히 배워둘 필요가 있을 것이다. 또한 당신이 이미 금융전문가로서 많은 경험을 쌓았다면, 설득에 대해 다시 한 번 복습함으로써 고객을 설득하는 능력에

대한 경쟁력을 지속적으로 유지할 수 있을 것이다.

제1부에서 이러한 기본 요소에 대하여 토론한 후, 제2부 '개인 고객 설득하기'에서는 일 대 일 설득 상황을 어떻게 꾸려나갈지에 대해서 고려해볼 만한 몇 가지 아이디어를 제시한다. 그리고 제3부 '단체 고객 설득하기'에서는 집단을 가장 효과적으로 다루는 법에 관한 몇 가지 일반적인 아이디어에 대해 논의할 것이다. 별도로 이 부분에서는 대중 앞에서 많은 사람이 가장 자주 하는 실수에 대해서도 다룰 것이다.

마지막으로 제4부 '설득력 있는 성격'에서는 설득의 전개 과정에서 매력적인 역할을 하는 성격에 대해 논의할 것이다.

우리는 설득의 전개 과정을 전체적으로 조망하면서 각 과정을 하나하나 세부적으로 보여주기 위해 이 책을 썼다. 따라서 각 설득 과정의 중요 원칙을 집중적으로 살피고 곱씹어보기 위해서는 한 번에 한 부분씩 읽을 필요가 있다. 이렇게 함으로써 개인 고객이나 단체 고객에 대한 설득의 전개 과정을 완전히 섭렵하는 데 필요한 원칙을 완벽하게 습득할 수 있을 것이다. 설득기술의 향상을 통해 자신이 누구이며 어떠한 신념을 갖고 있는지를 제대로 표현하게 되면, 당신의 경력은 비약적으로 발전할 것이다.

—미치 앤소니

감사의 글

나에게 이 책을 쓸 기회를 주시고 도와주신 다음 분들에게 감사의 말을 전하고자 한다.

- 빈번한 나의 출장을 늘 참아준 아내 로린과 내 아이들, 브랜든, 매트, 조나단, 리, 로렌, 타일러
- 평생 나를 지원해주신 부모님, 로버트와 자넷
- 밴 캠펜 사에 근무하는 동안 나를 믿어주셨던 밴 캠펜펀드 사의 전 사장, 빌 모리나리 씨
- 교육과 강의 분야로 진출하도록 용기를 북돋아주셨던 J.A.M.컨설팅 사 사장, 짐 모렐 씨
- 설득 과정에 대한 아이디어를 준 내 개인 컨설턴트, 스티브 미케즈 씨
- 이 책을 쓰도록 격려해준 공동 저자, 미치 앤소니 씨
- 편집 과정을 도와준 밴 캠펜컨설팅 사의 동료 주디 위골드, 카렌 르파루로, 잭 티어니, 크리스턴 뮬리 씨

—게리 드모스

물심양면으로 나를 도와준 내 아내 데비에게 무한한 감사를 보낸다. 그리고 이 책을 비롯한 다른 많은 책에 관심을 갖고 비판과 교정을 해주었던 신디 지그문트에게 감사드리고 싶다. 또한 독자의 요구를 충족시키기 위해 공동 저자인 게리 드모스가 보여준 확신과 열정적인 노력에 감사한다.

샌디 토머스, 루시 젠킨스, 로빈 버멀, 코트니 괴덜스, 트레이 톨케, 잭 키버즈를 비롯하여 이 작업을 무사히 끝낼 수 있도록 노력과 열의를 보여준 모든 이들에게 감사한다. 나는 이 모든 분들께 마음의 빚을 지고 있다.

—미치 앤소니

차례

제1부
설득의 기초

설득이 어떻게
세상을 움직이는가

'비누상자에서 연단으로'

사람들의 행동에 영향을 미치려면 설득, 친절하고 겸손한 설득이 필요하다.

—에이브러햄 링컨

"대학을 졸업하자마자 프록터앤갬블 사에 입사하여, 식료품 가게에서 아이보리 비누진열대 관리업무를 맡고 있었어요. 그때가 22살 때였지만 동안(童顔)이라 16살 정도로밖에 보이지 않았죠. 그러다 보니 사람들이 저를 프록터앤갬블 사의 직원이 아니라 그 가게 점원으로 착각하는 일이 종종 발생했어요. 그 날 아침에도 똑같은 일이 일어났죠. 그러나 그 일은 이제까지 제가 갖고 있었던 일과 직업에 대한 시각을 바꾼 계기가 되었어요.

할머니 한 분이 다가와 물었어요. '저, 양념 코너가 어디죠?'

저는, '아, 저는 이 가게 점원이 아니라 영업사원일 뿐입니다'라고 대답했죠. 그러자 '뭐일 뿐이라고요?'라고 그녀가 되물었어요.

'비누를 파는 영업사원일 뿐이라고요. 전 그냥 여기 아이보리 비누를 진열하러 왔어요'라고 대답했죠.

'그래요 젊은이, 그런데 한 가지 말해줄 게 있는데'라며 할머니는 설교를 시작했어요. '영업사원일 뿐이라는 말은 가당치 않아요. 판매하는 사람

이 세상을 움직여요. 생각해봐요. 오늘 아침 여기 오려고 난 집을 나왔어
요. 그런데 그 집은 원래 농부가 개발업자에게 팔았던 땅을 개발업자가 건
축업자에게 팔고, 건축업자가 다시 우리 부부에게 팔아서 우리가 살게 된
곳이에요. 또 나는 어떤 훌륭한 영업사원이 판 차를 타고, 그들이 판매한
원자재로 포장된 도로를 달려 여기에 왔어요. 젊은 양반, 이제 내 말을 이
해할거예요. 영업사원일 뿐이라고 말해선 안 되요. 상품과 서비스를 판매하는
사람은 우리의 삶을 더욱 풍요롭게 만들어야 해요. 만약 그렇게 하지 못한다
면 물건을 팔 자격이 없어요. 어쨌든 나는 당신이 판매하는 비누가 다른 사
람들의 삶의 질을 향상시키는 데 어떻게든 도움이 될 거라고 확신해요. 사
람이 자신의 삶의 질을 높이기 위해서는 설득당할 필요가 있다는 걸 명심
해요. 그러니까 당신은 사람을 설득하는 일에 종사하고 있는 거예요.'

저는 용기를 주신 할머니의 충고에 감사하면서, 그녀를 양념코너가 있
는 세 번째 진열대로 안내해드렸죠."

—게리 드모스

25년 전에 일어난 일이지만, 게리의 직장생활 초기에 일어났기에
그에겐 행운이었다. 우리는 판매가 설득과 밀접한 관계가 있다는 사
실을 깨닫지 못하고 이 업계에서 일하는 사람들을 무수히 보아왔다.
그들은 항상 타인의 삶에 무언의 부담을 주고 있다고 생각하기 때문
에 판매하는 것을 부담이나 짐을 지우는 것으로 생각한다. 그러나 비
누 진열대 옆에서 들은 짧은 설교를 통해 게리는 자기 자신과 직업
을 바라보던 시각을 새롭게 고민하게 되었다. 게리가 판매사원으로
넘쳐 나는 시장에서 '그저 그런' 상품을 파는 대수롭지 않은 사람으
로 자신을 바라봤다면, 그는 평범한 판매사원의 세계에서 헤어나지
못했을 것이다.

게리는 그 지혜로운 할머니가 들려준 이야기와 같은 견해를 일찍
이 어느 누구로부터도 들어본 적이 없었다. 판매전문가가 세상을 움
직인다. 누군가가 어딘가에서 어떤 사람이 마음을 바꾸도록 설득을

해야만 — 누군가가 판매해야만 — 변화가 일어난다. 많은 판매전문가가
자신의 위치를 서커스 호객꾼과 세금 징수원의 중간쯤으로 생각한다.
심지어 오늘날도, 우리는 일상적인 우리의 업무(사람을 설득하여 행동
하도록 하는 일)를 영업사원에게 붙어다니는 또 다른 이름으로 감추려
고 한다. 예를 들어 여러 회사를 대상으로 한 어떤 조사에 따르면 그
들은 판매직을 투자상담사(investment advisors)나 재무컨설턴트(finan-
cial consultants), 투자전문가(investment professionals), 혹은 투자자문가
(investment counsellors) 등으로 부르고 있었다. 그 당시 게리는 일반인
도 이처럼 전문 판매직 종사자를 하찮게 여길 것이라고 생각했다. 물
건을 파는 일은 누군가에게 당당하게 다가가 "안녕하세요. 저는 영업
사원(salesperson)입니다!"라고 소개할 수 있는 그런 성질의 직업이 아
니었다. 어떤 면에서는 대리인(representative)이라고 부르는 것이 더
마음에 들 수도 있겠지만, 이는 단지 영업사원을 겉만 그럴 듯 하게
포장하는 것일 뿐이었다. 그러나 게리는 그날 아침 얻은 교훈으로 자
신의 일이 사람들을 설득하는 일이라는 점을 분명하게 알게 되었다.
그는 스스로에게 "만약 내가 설득한 대로 사람들이 움직인다면 그
사람의 삶이 조금이라도 나아질까?"라고 자문해보았다. 이 과정에서
만약 게리가 자신의 일이 조그마한 차이라도 만들어낸다는 것을 확
신할 수 없다면, 그는 식료품 가게에서 만난 할머니의 말대로 물건을
팔 필요가 없는 것이다.

　게리는 비누를 팔아야 하는 합당한 이유를 깨닫게 되었다. 이를테
면 비누를 쓰지 않는 사람을 주위에서 본 적이 있는가? 그는 판매할
다른 상품에 대해서도 이 같은 합당한 판매동기를 찾았다. 또한 그는
이 직업이 더 나은 설득가가 되기 위한 출발점으로 매우 적절하다고
판단했다.

게리는 식료품 가게에 들어갈 때는 단순한 영업사원이었지만, 가게를 나올 때는 설득기술을 배우고자 하는 학생이 되어 있었다. 그렇게 우연히 나눈 짧은 대화를 통해서 그는 자신을 높이 평가하게 되었고, 단순히 생계를 유지하기 위해 일을 한다는 생각을 바꾸게 되었다. 그는 이제 상품이 아니라 설득 과정에 초점을 맞추었다. 즉, 그는 비누가 아니라 사람에 대해, 그리고 설득을 통해 사람을 움직이는 방법에 대해 배우고자 했다. 게리는 25년 전 아이보리 비누 진열대(Ivory soap) 옆에서 나눈 대화로, 마침내 연단(soapbox)에까지 서게 되었다. 그는 지금 연단에서 금융영업 전문가들에게 설득가의 역할을 좀 더 확실히 이해시키고 그 역할을 훌륭하게 수행하는 방법에 대해 가르치고 있다.

지금 어떤 사람인가보다 어떤 사람이 될 것인가가 중요하다. 왜냐하면 그것이 바로 그 사람의 미래이기 때문이다.

—시어도어 루스벨트

우리는 게리가 초보 영업사원일 때 들은 짧은 충고로 자신의 직업을 다르게 바라보게 되었음을 알게 되었다. 그는 이제 한 회사에서의 승진보다는 최고의 설득가가 되는 것을 목표로 삼게 되었고, 이렇게 시야를 넓히자 수많은 설득기회가 보이기 시작했다. 그리하여 고객에게 19센트짜리 비누를 판매한 지 약 20년이 지난 지금, 그는 금융 서비스업계에서 12억 달러짜리 회사를 매각하는 일에 종사하고 있다. 설득기술을 배우고자 하는 사람이나 독자가 나중에 알게 되겠지만, 게리의 결론은 다음과 같다. "상품이나 서비스의 가격에 상관없이, 모든 판매는 결국 동일한 과정, 즉 설득의 과정이다."

가장 먼 거리

다음에 상담할 때 당신과 고객 간의 거리를 잘 살펴보라. 당신이 책상이나 테이블 건너편에 앉아 있으면, 고객과의 거리는 약 1미터 정도가 될 것이다. 이 정도 거리면 물리적 단절은 물론이고, 철학, 동기, 가치관, 성격, 목표의 단절까지도 가져올 수 있다. 금융서비스업이란 당신에 대한 신뢰 수준에 따라 고객이 땀 흘려 벌어들인 돈과 그 돈으로 성취하고 싶은 목표를 갖고 당신에게 의뢰하는 일이다. 따라서 당신이 고객에게 신뢰할 만한 사람임을 확신시킬 수 있는 증거를 보여주지 못하는 한, 그들은 당신을 믿지 않는다. 이 중요한 1미터의 단절을 이른 바 가장 먼 거리라고 한다. 이 거리는 단 시간에 좁혀지지 않는다. 즉, 고객이 당신에게 재산을 맡긴다고 해서 이 간격(GAP)이 메워졌다고 생각해서는 안 된다. 가장 눈에 띄는 간격으로 볼 수 있는 것이 성(G: gender), 연령(A: age), 성격(P: personality)인데, 이 세 가지 요소는 당신이 고객과 성공적인 관계를 형성하기 위해 반드시 극복해야 할 부분이다. 분석력이 뛰어난 66세의 어느 남성고객을 대하듯이 45세의 기업가형 여성고객을 대해서는 안 된다. 지금도 많은 고객이 기존 재무상담사와의 관계를 끊거나 재무상담사에게 더 많은 재산을 위탁하지 않는 것은 그들이 이런 단절을 느끼고 있음을 입증하는 것이다.

구급차가 어디로 가는지 알기 위해서는 훈련이 필요하다.[*]

—무명씨

---

[*] 돈을 벌기 위해서는 훈련이 필요하다. 차를 견인하는 견인사업자나 소송을 대행해 주는 변호사는 구급차가 어디로 가는지를 아는 것이 수입과 직결된다. 이를 빗대어 표현한 말이다(이하 각주는 모두 옮긴이 주임).

당신의 사명은 당신과 고객 사이에 놓인 이 중요한 1미터의 간격을 좁히는 것이다. 고객과의 관계는 고정적이지 않다. 재무상담사와 고객 간의 거리는 항상 동적이며, 현재 그 관계가 얼마나 진전되었는가에 따라 더 멀어지기도 하고 가까워지기도 한다. 좋은 관계에서도 고객이 이야기할 때 세심한 주의를 기울이지 않으면 거리가 멀어질 수 있다. 반대로 병석에 누워 있는 고객 부모님의 건강 상태를 물어봄으로써 그 거리를 좁힐 수도 있다. 즉, 이 거리가 항상 유동적이라는 사실을 인식할 필요가 있다. 왜냐하면 당신이 현재 고객이나 잠재 고객이 인식하고 있는 거리를 항상 알 수 있는 것도 아니며 고객이 인식하는 배려 정도에 따라 달라질 수 있기 때문이다.

훌륭한 설득가는 직관적으로 이 '가장 먼 거리'를 인식하고, 그것이 얼마나 유동적인지 알고 있으며, 그 간격을 좁히려고 끊임없이 노력한다. 아무리 오랫동안 관계를 맺어왔다고 해도 그 관계를 당연하게 받아들이지 않는다. 즉, 훌륭한 설득가는 모든 관계가 기본적으로 동적이며, 이 중요한 1미터의 단절이 자신의 화술만으로 메워질 수 없음을 알고 있다. 많은 사람이 설득을 강연이나 의사소통, 화술과 같은 하나의 기술로 오해한다. 물론 설득력 있는 사람에게 정확하고 뛰어난 말솜씨와 의사소통능력이 요구되는 것은 분명하지만, 이것이 모든 문제를 해결해주는 것은 결코 아니다. 설득 과정에는 활력 넘치는 이야기말고도 훨씬 더 많은 것이 있다.

설득은 듣기, 입장 정하기, 말하기, 문제해결하기, 그리고 실행하기가 하나로 결합된 과정이다. 탁월한 설득가는 이 모든 과정을 실행에 옮긴다. 왜냐하면 고객은 설득가가 이미 알고 있는 것뿐만 아니라 고객을 제대로 배려하고 있는지도 알고 싶어 한다는 것을 이해하고 있기 때문이다. 따라서 당신이 역량 있고 고객의 재무적인 행복에 대해서도 신경 쓰고 있다는 것을 고객이 알게 되면, 이 가장 먼 거리도 완벽히 메워질 수 있다.

고객과 당신 사이에 가장 먼 거리인 이 중요한 1미터를 항상 인식하라. 이것을 인식하고 있는 것만으로도 당신은 당신이 풍기는 인상과 하게 될 말, 그리고 약속하는 방식에 대해 더욱 주의를 기울이게 될 것이다. 그 거리가 유동적이며 더 멀어지거나 좁혀질 수 있다는 것을 충분히 인식한다면, 당신은 더욱더 주의와 관심을 기울이고, 더 구체적으로 계획을 실행할 것이다. 모든 고객과 상담하는 매 순간순간 설득이 필요하다. 고객은 뒤로 물러서기도 하고 가까이 다가오기도 한다. 따라서 당신이 해야 할 일은 기회가 있을 때마다 그 거리를 줄이는 일이다.

당신은 무슨 일을 하는가

우리가 진정 사람을 설득하는 일을 하고 있다면 그들에게 무엇을 하도록 설득하고 있는지 스스로 생각해볼 필요가 있다. 우리 의견에 찬성하도록 설득하고 있는가, 아니면 행동에 옮기도록 설득하고 있는가? 사람을 설득하려는 시도는 그들의 행동에 얼마만큼 영향을 미치는가로 평가해야 한다. 우리가 말하고 제안한 것이 고객의 행동을 바꾸지 못한다면, 그것은 바람에 실려 가는 노랫소리에 불과하다. 고객이 행동하도록 설득하지 못한다면 우리가 받게 될 보상은 그저 스스로 떠든 이야기를 듣는 것이며, 이것도 금방 시들해져 결국 우리의 지갑도 곧 비게 될 것이다. 이는 고객이나 가망고객이 고개를 끄덕이며 동의한다고 말하는 것과, 계약서에 서명함으로써 고객이 처한 상황에서 실제로 행동하는 것은 완전히 다른 문제이기 때문이다. 훌륭한 설득가는 고객이 동의를 하고 계약서에 최종 서명하기까지 고객의 머릿속에 떠오르는 무언가를 이해하고 어떻게 영향을 미칠지를 알아야 한다. 우리는 제2장에서 그러한 순간에 고객이 무엇을 생각하며, 어떻게 하면 고객이 동의한 후 최종적으로 행동하도록 할 수 있는지를 이야기하겠다.

고객을 움직이는 정보

우리는 많은 금융전문가가 이런 중요한 문제를 도외시한 채 고객에게 제안하고 설득하는 모습을 지켜보았다. 그들은 이제까지 배운 것만 써먹으려고 하기 때문에, 딱딱한 토양 위에 지식의 씨앗을 뿌리고는 고객이 계약체결에 왜 그토록 신중한 모습을 보이는지 의아해 한다. 씨앗을 잘못 뿌린 것이다. 제시한 지식에 고객이 수긍하도록 할 만한, 즉 고객을 움직일 만한 정보가 없었던 것이다. 씨앗은 갑자기 사라지거나 바람에 날아가 버리며, 잠재고객이 결정을 내린다 해도 깊게 뿌리를 내릴 수도, 그 결정이 오래 지속되지도 못한다. 설득기술의 효과는 설득가의 말이 얼마나 카리스마 있고 얼마나 역동적인가가 아니라, 고객의 행동이 얼마나 확고하고 오랫동안 지속될 수 있는가에 따라 판단된다. 고객을 잘 설득하면 훨씬 오랫동안 — 어쩌면 평생 동안 — 더 많은 자산을 당신에게 위탁하는 고객을 보유할 것이다. 고객에게 적절한 자극과 혼란을 주는 과정, 즉 상황을 바꾸는 데 필요한 지식을 제공하고 그러한 변화를 이끌어내는 이 과정을 우리는 설득 드라마(제6장과 제7장에서 언급하기로 한다)라고 한다.

기회는 많다

　다음과 같은 질문으로 당신의 일을 면밀하고 분석적으로 관찰하라. "하루에 사람을 설득할 기회가 얼마나 자주 있는가? 한 달 동안은? 일 년 동안은?" 모든 상담과 전화, 메모, 편지에 대해, 그리고 당신뿐만 아니라 당신의 동료나 직원을 포함해서 말이다. 고객 또는 잠재고객과의 접촉은 하나의 설득기회이므로 당신은 그것을 생산성과 효율성을 최적화할 수 있는 기회로 활용해야 한다.

　게리는 회사 내에서 설득기회를 찾아보았을 때 그 기회가 엄청나게 많다는 것을 알고 놀랐다. 그가 근무하는 밴 캠펜 사에서는 사업 파트너와 가망 사업파트너가 매년 75만 건 이상의 전화통화를 하고 50만 건 이상의 대면 상담을 하기 때문에, 그에게는 매년 총 120만 건의 설득기회가 있었다. 당신이 모든 고객과의 접촉을 설득기회로 본다면, 설득의 예술적 측면과 과학적 측면을 직원에게 훈련시킬 필요가 있음을 절실하게 느끼게 될 것이다. 이러한 통찰력을 바탕으로 게리의 회사는 영업사원의 의사소통기술을 향상시키는 데 초점을 맞추고, 구체적으로 설득판매 및 발표실습이라는 강의기법을 훈련시키는 프로그램을 만들었다. 이 두 가지 프로그램은 지금 업계에 널리 보급되었으며, 회사 내부에서는 법인고객과 일반고객 영업사원을 훈련시키는 데 사용되고 있다.

　물론, 매년 120만 건의 설득기회를 갖지 못할 수도 있다. 하지만 현재 당신이 갖고 있는 설득기회가 얼마나 되는지 먼저 파악하고 각 설득기회를 최적화할 수 있다면, 당신의 사업은 의심할 여지없이 성장할 것이다. 고객이 문의할 때, 당신은 질문을 통해 새로운 대화의 장을 마련하는가? 고객에게 전화할 때, 가정이나 사업상 어떤 변화나 문제가 있는지 물어보는가? 사업확장을 위해 어떤 창조적인 아이디어를 교환하는가? 고객 앞에서 발표할 때 정보를 쏟아내기만 하는가 아니면 당신에게 유리한 어떤 기회를 만드는가? 장기고객에게 고객을 비롯한 가족, 또는 영향을 미치는 사람에게 해줄 수 있는 새로운 서비스 방법을 물어보는가? 당신이 고객에게 이익을 줄 수 있도록 설득하는 금융전문가라고 스스로 생각한다면, 어떤 대화의 기회도 놓쳐서는 안 된다.

날마다 당신에게 얼마나 많은 설득기회가 주어지는지 알면 놀랄 것이다. <그림 1-1>의 빈칸을 채워 사업상 활용할 수 있는 잠재적 설득기회를 계산해보고, 거기에 당신의 동료나 직원이 고객과 접촉하는 기회를 계산하여 더해보라.

이런 진단을 통해 많은 사람은 눈앞에 있는 기회를 더 분명하게 깨달을 수 있다. 많은 재무상담사나 투자상담사가 이러한 대화의 잠재적 측면을 인식하지 못한 채 매일 설득(판매)할 수 있는 기회를 놓치고 있다는 점에 주의해야 한다. 많은 금융전문가가 눈앞의 문제에만 초점을 맞춰 신규고객을 소개받을 최적의 기회를 놓치고, 문제해결을 요구하는 고객의 불만 전화를 새로운 판매기회로 전환하지 못하고 있음을 깨달았다. 어느 재무상담사는 다음과 같이 말했다.

"고객의 불만 전화에 대한 태도를 바꾼 것이 도움이 되었죠. 변화가 일어날 수 있는 첫 번째 단계가 현재 처한 상황에 대한 불만을 느끼는 것이라는 점에서 볼 때 고객이 문제가 있어 전화를 했을 때는 첫 번째 단계의 장애물을 통과한 상태가 되니까요. 그러면 전 곧 문제해결사 역할을 할 기회를 가지게 되는 거죠. 저는 '문제'를 제기하는 전화에 한숨을 쉬거나 피하려 하기보다는 긍정적인 측면을 찾기 시작했어요."

<그림 1-1> 사업상 잠재적인 설득기회 계산

```
┌─────────────────────────────────────────────────────────┐
│                                                           │
│   매일 외부로 전화하는 평균 통화 수 _____    │
│   매일 걸려오는 평균 통화 수 _____    │
│   매일 대면상담 횟수 _____     │
│   매일 외부로 발송하는 평균 편지 수 _____     │
│   매년 연설 또는 대중을 상대로 하는 제안 횟수 _____    │
│   대략적인 청중 수 _____      │
│   소계 _____ × 연간 220일 = 합계 _____     │
│   동료와 직원 합계 _____       │
│   총계 _____        │
│                                                           │
└─────────────────────────────────────────────────────────┘
```

이러한 태도는 우리 모두에게 성공을 안겨준다. 부정적이든 중립적이든 또는 긍정적이든 모든 대화를 당신의 설득능력을 측정하는 잣대로 삼아라. 그리고 반드시 설득력 있게 이야기할 필요는 없음을 잊지 마라. 단지 초점을 맞추고 — 현재 상황에 대한 긍정적인 응답이나 반응을 불러오는 데 초점을 맞추어야 한다 — 고객의 시야를 넓히고 주저하는 경향을 극복하도록 도와주어야 한다. 비록 갈등을 일으키는 상황일지라도 모든 대화를 더욱 세련된 설득기술을 익힐 수 있는 기회로 삼을 수 있도록 스스로를 격려하라.

훌륭한 기술

설득능력과 상관없이 직업적 성공을 거둘 수 있을까? 우리는 고객을 상대로 그들에게 최선의 이익을 주기 위해 일하고 있다는 것을 설득해야 하며, 파도가 요동칠 때 꽉 붙잡으라고 설득해야 한다. 또 상대에게 우리가 선택한 방향이 회사에 더 많은 이익을 남길 것이라고 설득해야 한다.

설득능력은 우리 직업상 반드시 필요한 요소이며, 가장 훌륭한 기술 중 하나이다. 대중 앞에서 청중을 매료시키고 완전히 좌지우지하며, 그들의 이익을 위하는 방향으로 행동하도록 이끌어주는 사람을 존경하지 않는 사람이 얼마나 있을까? 우리는 그러한 기술이 있는 목사나 강사, 정치가, 또는 일부 지도자를 보면서 "나도 저렇게 해낼 수만 있다면!" 하고 부러워한 적이 있을 것이다. 당신이 약간의 인간적인 매력을 갖춘 호감 있는 사람이라면 당신도 그렇게 될 수 있다. 설득은 배울 수 있는 기술이다. 우리는 이 설득기술을 가르치는 일을 오랫동안 해왔기 때문에 잘 안다. 많은 사람들이 설득의 예술적 측면과 과학적 측면을 매우 훌륭하게 적용하여 괄목할 만한 성과를 거두는 것을 지켜본 적도 많다.

금융서비스업에 종사하는 사람에게 갖고 싶은 기술 한 가지를 물어보면, 대다수가 고객 앞에서 말하는 능력, 즉 설득기술에 통달하고 싶다고 대답한다. 우리는 수많은 사람들이 이 기술을 개발하고 활용하여 상당한 영업성과를 거두는 것을 보아왔다. 다른 이들과는 달리, 논리 정연하고 설득력이 뛰어난 제안자에게는 다양한 기회의 문이 열려 있다. 배우고자 한다면 좋은 제안자 수준이 아니라 위대한 제안자가 될 수 있다. 그러나 이를 위해서는 당신이 지금까지 습득한 제안과 제안형식을 시험하는, 때로는 자존심에 상처를 입을 수도 있는 과정을 경험할 각오를 하고 이 과정을 통과해야만 한다.

우리는 지난 수년간 어설픈 제안자(말을 더듬고, 체계가 없고, 단조로운 목소리에 고객과 눈을 맞추지 못하는)가 훌륭하고 신뢰할 만한 강사로 성장하는 모습을 보아 왔다. 또한 우리는 타고난 제안자가 정교함과 세련됨을 갖춤으로써 연단 위에서 더욱 강력한 영향력을 발휘하는 것을 보아 왔다. 우리는 발표 실습 과정을 이수하는 수강생과 마찬가지로 이 책을 읽는 독자에 대해서도 똑같은 목표 — 역동적인 제안의 구성요소를 명확히 이해하고, 고객 앞에서 설득력 있는 확신과 강의능력으로 제안하는 것 — 를 가지고 있다. 누구나 고객에게 제안하는 기술과 대중 앞에서 강의하는 기술을 향상시킬 수 있다고 확신한다. 이러한 기술을 조금만 발전시켜도 더 많은 고객을 확보하고 신뢰를 높이며, 더 큰 명성을 얻는 동시에 수입을 늘릴 수 있다. 우리는 다른 사람이 행동하도록 확신을 심어주는 일에 종사하고 있다. 사람들은 확실히 설득되어야만 움직인다. 이제 이러한 설득사업을 진지하게 고민할 때가 되었다.

2 확신을 갖고 설득하기

설득력 있는 제안 기초 ①

모든 발전의 원동력은 열정이다. 열정이 있으면 성취가 있다. 그러나 열정이 없으면 오직 변명만 있을 뿐이다.

—헨리 포드

인생의 목표를 크게 세우면, 최선을 다해 모든 가능성에 도전할 것이다.

—데이비드 O. 맥케이

당신이 오랫동안 금융서비스업에 종사했다면 다양한 강사를 만났을 것이다. 나는 지난 20년간 전국영업회의에서 강의하면서 최고의 강사와 최악의 강사가 발표하는 모습을 지켜보았다.

발표기법훈련을 기획하면서 강렬한 인상을 주는 극소수의 강사와 평범한 강사를 구분할 수 있는 근거가 무엇인지를 고민해보았다. 그리고 관찰과 동료 강사를 대상으로 한 조사를 통해, 나는 가장 우수한 강사가 지닐 법한 네 가지 주요 특성을 찾아냈다. 이것이야말로 훌륭한 강사가 강의경력을 쌓아 가는 기초가 될 것이다. 다음 네 장을 읽으면서 확신, 준비, 구성 및 전달기술 부분에서 어느 정도 능력을 갖추고 있는지 자문해보라.

설득 과정에서 첫 번째 기초는 고객에게 전하는 확신의 정도가 설득에 큰 영향을 미친다는 점이다. 우리의 말과 행동에서 확신이 활활 타오르는 모습을 볼 때 사람들은 우리가 제시한 안을 더욱 신뢰하고 확신하게 된다.

옥스퍼드 사전의 정의에 따르면, 설득은 "믿도록 하는 것"이다. 대상이 한 사람이든 수천 명이든 효과적인 발표를 위한 첫 번째 기초는 당신이 청중에게 어느 정도 확신을 보여주느냐이다. 주제에 대한 확신이 있다면 청중을 설득시킬 수 있다. 웹스터 사전에 나오는 '설득하다'의 정의, 즉 "확실하다고 느끼도록 하는 것"은 이 확신이라는 문제에 대한 또 하나의 견해를 보여준다. 즉, 단순한 웅변만으로는 부족하다. 스스로의 확신에서 우러나오지 않는 미사여구로 가득 찬 발표는 꽃잎처럼 빨리 시들어버린다.

어느 목사의 강론실력이 세계적으로 유명하다는 말을 듣고 링컨의 친구가 링컨을 교회로 데리고 갔던 이야기가 있다. 그 친구의 예상대로 목사의 설교는 훌륭했다. 예배를 마치고 집으로 돌아오는 길에, 친구는 링컨에게 목사의 강론에 감명을 받았는지 물어보았다. 하지만 링컨은 "전혀 감명받지 않았어. 목사는 내게 훌륭한 일을 하라고 말하지 않았잖아"라고 대답했다.

강사가 확신에 차서 말하면 그의 목적의식과 열정은 청중의 정신과 영혼에까지 침투한다. 고객은 더 높은 경지, 더 나은 삶, 더 의미 있는 생활을 영위하도록 요구받기를 원한다. 정말 설득력 있는 재무상담사는 판매하는 상품이나 서비스를 더 풍요로운 삶과 연계시키는 방법을 알고 있다. 고객은 당신이 집중하여 확신에 차서 말하는 것을 보고 싶어 한다.

　말뿐만 아니라 걸음걸이에도 진정한 확신이 담겨 있어야 한다. 고객만족, 100% 만족보장이라는 공허하고 변덕스러운 약속에 대한 의심으로 가득 찬 사회에서, 당신의 열정을 판매하기 위해서는 설득력 있는 말 그 이상이 요구된다. 우리는 다른 사람의 말에 시간을 두고 기다리면서 그 진위 여부를 판단하도록 배워왔다. 그럼에도 고객은 강사의 말과 행동에서 진정한 확신을 찾아내려고 한다. 당신의 고객은 저마다 특징이 있기 때문에, 자신의 문제에 대한 틀에 박힌 대답을 바라지 않는다. 고객은 애써 번 돈을 날리고 싶지 않기 때문에, 단순히 그 일에 종사하는 사람에게서가 아니라, 직업에 대한 소명의식으로 충만하고 숭고한 목적으로 고객서비스를 한다고 느끼는 사람과 거래를 하고 싶어 한다.

중심 축으로서의 확신

　"몇 년 전 이 일을 시작한 지 얼마 되지 않았을 때 회사를 매각해 큰돈을 번 어느 신사와 만나기로 약속을 했어요. 그 사람의 친척이었던 제 고객이 소개시켜 준 거죠. 전 이 일을 성공리에 해낸다면 지금까지 경험하지 못한 큰 거래를 딸 수 있겠다는 생각에 성실하게 제안을 준비했어요. 얼마간 잡담을 하고 나서, 전 그가 번 돈으로 할 수 있는 투자에 대해 구체적으로 추천하기 시작했죠. 제 말이 끝나자 그가 말했어요. '추천한 상품 중에서 당신도 투자하고 있는 상품은 어느 것입니까?' 다행스럽게도 추천한 상품 중에 제가 투자하고 있는 펀드와 주식이 있었고, 그에 대한 제 투자명세서를 꺼내 보여주자 만사가 해결됐죠. 그 사람은 제가 판매하는 상품과 나 스스로 투자하는 상품 사이에 차이가 있는지를 확인하고자 했던 거죠. 이를 계기로 그 사람은 흔쾌히 저와 일하기로 했고, 나중에 그가 들려준 말에 따르면, 수년간 영업을 하면서 그는 고객에게 확신을 주기 위해서 써보지 않은 상품은 한 번도 팔지 않았다고 했어요.

이러한 경험으로 전 스스로 겉과 속이 다르게 이 일을 하고 있는 건 아닌지 철저하게 되돌아보게 되었죠. 그래서 제가 마음에 내키지 않거나 염려스러운, 또는 거부감이 드는 상품은 더 이상 판매하지 않았어요. 한결 마음이 편안해졌죠. 그러자 고객들도 곧 저의 확신을 느끼기 시작했고, 신뢰가 높아지면서 평판도 높아지게 되었죠."

—프레드 B., 재무컨설턴트

재무상담사는 목적의식이 열정에, 그리고 결과적으로 고객을 설득하려는 노력에 연료를 공급한다는 점을 안다. 상당히 성공한 재무상담사이자 베스트셀러, 『현명한 여성의 풍요로운 노후』의 저자 데이비드 바크는 자신의 성공이 "잘못된 것을 바르게 고치려는 타오르는 열정"에서 비롯된 것이라고 했다. 바크는 자신의 관찰과, 현명한 할머니의 가르침을 통해, 재산이 결국 여성의 손에 넘겨진다는 사실을 알게 되었다. 하지만 대부분의 여성은 대개 남성보다 오래 사는 데도 불구하고 최근까지 투자문제에 접할 기회가 거의 없었다.

바크는 이 불공정하고 불평등한 현실 속에서 기회를 포착하고, 여성이 경제적으로 책임질 수 있는 방법을 교육하는 일을 하기로 했다. 바크가 업계에 처음으로 이 아이디어를 제시했을 때는 회의론자들과 반대자들이 많았다. 하지만 이 일에 대한 데이비드의 열정과 추진력은 곧 이러한 회의론자들을 침묵시켰다. 여성들은 바크의 제안을 통해 재무분야에서 여성의 권한을 확대시키려는 그의 열정을 확실히 느낄 수 있었기 때문에 거기에 열광하기 시작했다. 그리하여 많은 여성 고객에게 확신을 심어준 데이비드는 일약 최고의 판매자가 되었다. 우리는 여성고객 시장과 그 접근방법에 대해 다른 사람의 제안도 들어보았지만, 바크의 메시지만큼 전달효과가 뛰어난 것은 없었다.

그 차이는 청중의 수와 상관없이 모든 설득력 있는 제안의 중심 축 인 열정과 확신에 있었다.

　보다 강력한 설득가가 되고 싶어 하는 사람에게 우리는 다음과 같 이 충고한다. 생각하는 것만으로 감동할 수 없는 주제라면, 고객에게 이야기해도 감동을 줄 수 없다.

성공담

　금융서비스업계에는 고객의 강렬한 니드를 발견하고 거기에 부응 하고자 열정적으로 일하는 사람의 이야기가 넘쳐난다. 이들은 자신 들의 이야기가 따뜻한 성공담으로 정착되면, 업계 전문가나 고객들 도 그런 이야기의 일부가 되고 싶어 한다는 사실을 알게 되었다.

　에드워드 D. 존스는 수년 전 어떤 불공평함을 깨닫고 그것을 기회 로 삼아 사업과 연계시킴으로써 오늘에까지 이르게 되었다. 그가 품 은 의문은 '왜 월가에서 3,200킬로미터 떨어진 소도시 사람은 대도 시에서 제공받을 수 있는 투자기회를 똑같이 얻을 수 없을까?'였다. 존스는 곧 도시 규모에 상관없이 전국을 대상으로 한 투자사업에 착 수했다. 그는 다른 회사가 수익을 창출할 수 없을 거라며 거들떠보지 도 않던 장소에 사무실을 개설했다. 그는 고객과 직접 만나 투자서비 스를 제공해야 한다고 생각했고, 그 생각은 적중했다. 오늘날 미국 대도시에서는 어디나 에드워드 존스의 지점을 볼 수 있으며, 이는 소 도시에서도 마찬가지다. 그들은 주민 모두가 이웃처럼 세대를 걸쳐 함께 살고 있는 작은 마을에도 지점을 열었다.

　당신이 남부 중앙 텍사스에서 16번 고속도로를 타고 달리다가 우

연히 인구가 877명밖에 되지 않는 밴데라에 들른다면, 그곳에 증권
회사 지점이 있으리라고는 생각조차 못할 것이다. 기껏해야 주유소
나 술집 두세 곳, 교회 한두 개를 볼 수 있을 거로 기대할 것이다.
하지만 카우보이 세계의 수도인 이 밴데라에서 당신은 농장주와 관
광업계*의 투자 니드를 충족시키면서 에드워드 존스의 지점을 키워
온 라마 실 3세를 만날 수 있다. 야영생활 애호가인 라마 실이 이사
한 텍사스의 구릉지대는 비록 인구는 적었지만 재무상담사로서의 기
회는 풍부했다. 어떤 지역이든 에드워드 존스 지점을 개설하기 위해
서는 최소 자산규모를 충족해야 하는데, 놀라운 것은 어떤 산업도 발
달할 것 같지 않은 이 작은 텍사스 마을에서 최소 자산규모의 세 배
에 이르는 실적을 올리고 있다는 점이다.

　어떤 회사도 이렇듯 하찮은 지역에 지점을 개설하려는 생각을 하
지 못했지만, 에드워드 존스 사는 다른 사람이 눈여겨보지 않았던 소
도시에서 기회를 발견했던 것이다. 에드워드 D. 존스는 몇 가지 사
전 조사 후, 광범위한 니드를 발견하고 자신이 구상한 바를 열정적으
로 추진해나갔다. 성공적인 사업형태는 고객과 고객에게 봉사하는
사람의 관심과 상상을 사로잡는 이야기를 들려준다.

　게리 회사의 성공담도 동일한 맥락이다. 한번은 회사 창업자, 밥
밴 캠펜이 고객에게 단위형 투자신탁**을 판매하려고 하자 그 고객
이 수익률을 보증해주면 투자신탁을 구매하겠다고 말했다. 이에 밴
캠펜은 고객의 요구에 맞는 상품을 찾기 위해 금융기관의 전 상품을
조사했지만 헛수고였다. 밴은 이 고객이 그런 상품을 요구한다면 비

---

　* 관광객을 위한 숙박시설이 있는 미국의 목장.
　** UITs(Unit Investment Trusts): 투자자로부터 모집한 자금을 신탁재산 단위별로 독
　　립하여 운용하는 투자신탁.

숫한 상황의 다른 고객도 마찬가지일 거라고 결론짓고, 그런 상품을 제공하기 위해 투자전문가들과 상담을 시작했다. 그들은 밴의 이 같은 생각을 열렬히 환영했다. 투자전문가들은 그의 아이디어가 고객에게 쉽게 전달될 수 있는 이야기라고 확신했다.

밥 밴 캠펜은 최저 이율이 보장된 단위형 투자신탁 상품이 고객의 니드에 맞다는 확신을 갖고 사업을 시작해서 업계에서 빠르게 명성을 얻어갔다. 그는 다른 전문가들에게도 이런 특화된 투자상품에 대해 역설했고, 이 이야기는 널리 퍼져나갔다. 그의 회사는 고객의 니드를 충족시킬 수 있는 또 다른 특화상품을 추가하고 있으며, 이 또한 업계 내 성공담으로 정착될 것이다. 이 책을 쓰는 현재 밴 캠펜사는 830만 달러 이상의 관리자산을 보유한 유망한 투자회사이다. 그곳에서 23년 동안 재직하면서 게리는 성공하기 위한 두 가지 열쇠는 바로 진정한 욕구를 충족시키는 상품과 열정적으로 그 상품을 이야기하는 사람이라는 점을 알게 되었다.

구매할 수밖에 없었어요

> 열정은 전염된다. 열정의 부족도 마찬가지다.
>
> ―무명씨

확신과 열정은 당신의 설득력 있는 제안의 첫 번째 기초를 쌓는 두 가지 중요한 요소 ― 모래와 물 ― 이다. 두 가지 중 하나가 없다면 아무 소용이 없다. 왜냐하면 확신은 고객이 원하는 해결책을 당신이 갖고 있음을 알고 있거나 최소한 그렇다고 믿고 있는 데 근거를 두고 있기 때문이다. 한 투자회사의 영업사원은 어느 재무상담사가 자신에게 "복음전도사처럼 열정적으로 팔았기 때문에 저는 '네'라고 할 수밖에 없어요"라고 말했다고 한다. 이 재무상담사는 강한 확신을 갖고 이야기하는 이면에 숨어 있는 열정을 본 것이다.

　당신이 팔고 있는 상품을 믿는가? 이 믿음은 당신이 상품에 대해 이야기할 때 드러나는 열정으로 판단할 수 있다. 흥분하여 펄쩍펄쩍 뛰라는 말이 아니라, 고객에게 당신이 지금 하고 있는 일에 대한 확고한 믿음을 줄 필요가 있다는 것이다. 입으로 말하면서 눈으로는 다른 생각에 빠져있다면 고객은 금방 눈치 챈다. 낡아빠진 똑같은 이야기를 수십 번은 했을 법한 목소리 속에서 그들은 이러한 단절을 감지한다. 이런 식으로는 고객의 흥미를 유발할 수 없으며 오히려 흥미를 잃게 만들 뿐이다. 선택권이 주어졌을 때 고객은 누구나 열정이 넘치는 사람과 일하고자 한다. 그들은 자기 곁에 십자군이 있는 것처럼 느낄 것이며, 자신에 대해 또는 현재의 과제에 대해 항상 관심을 기울이고 있는 누군가와 함께 하고 있다고 느낄 것이다.

　돈과 사람에 대한 당신의 철학은 무엇인가? 이러한 철학의 명확한 정립이야말로 당신이 고객에게 전달하려는 믿음과 확신의 강령 중 가장 중요한 항목이 된다. 고객은 재무상담사와 가치관이 일치하는지를 확인하기 위해 그의 철학적 접근방법을 알고 싶어 한다. "돈에 대한 제 믿음은……", 그리고 "돈에 대한 고객의 성향에 대한 제 생각은……"과 같이 말하면서 제안을 시작하는 재무상담사를 만난 적이 있다. 일단 고객이 철학적 연계성을 느끼면 남은 일은 오직 과정에 따라 진행하는 것뿐이다.

고객의 문제를 해결하려는 열정

문제해결 과정만큼 사람을 자극하는 일은 없다. 정확히 말하면 사람이 구매를 하는 가장 큰 이유는 문제를 해결하기 위해서이다. 고객은 문제가 있거나 문제에 부닥칠 것으로 예상되기 때문에 재무상담사를 찾는다. 따라서 재무상담사가 고객의 문제를 해결해주려는 열정과 그 해결책을 제시할 만한 통찰력을 갖추었다면 고객에겐 더할나위 없이 좋다. 고객이 흔쾌히 문제를 인정하지 않더라도 보이지 않는 곳에 문제가 도사리고 있음을 잊지 마라. 문제가 없다면 고객이 당신 앞에 앉아서 상담할 생각을 하지 않았을 것이다.

1980년대 초 농장위기가 발생했을 때, 미치는 연일 신문 지상을 장식하는 자살 기사를 읽고 전국자살방지전화(national suicide help line)를 설립하는 데 힘을 쏟았다. 그는 전화를 거는 사람의 심리 상태를 몸소 체험하기 위해 수개월 동안 그곳에서 일하기도 했다. 그리고 거기에서 사람의 본성과 문제해결방법 및 설득기술을 가장 잘 활용하는 몇 가지 방법을 알게 되었다.

그곳에 전화를 건 사람은 흔히 전화에 대고 "죽고 싶어, 난 총알이 든 총의 방아쇠를 당길 준비가 돼 있어"라고 말했다. 그러면 미치는 "전 당신이 한 이야기 중 딱 절반만 믿어요. 당신이 총을 갖고 있다는 사실은 믿지만, 죽고 싶다는 말은 절대 믿지 않아요"라고 대답했다. 이러면 전화한 사람은 "총을 갖고 있는 것도, 죽고 싶다는 것도 진심이야"라고 윽박지르며 되받아치고, 그중 몇몇은 통화 중에 방아쇠를 당기겠다며 위협하기도 했다. 이런 상황에서 미치는 대개 "진짜 죽으려고 했다면 여기에 전화를 걸지 않았을 거예요. 여기 전화 걸 정도의 용기와 결단이 있다는 것만으로도 당신은 살고 싶은 거예요"

라고 응수했다.

확실히 이런 식의 반박은 전화 건 사람이 좀 더 긍정적으로 생각하고 대화할 수 있도록 유도할 수 있었다. 미치는 이 문제를 연구하면서 자살을 기도하는 사람은 삶에 대한 두려움보다 죽고 싶지 않은 마음이 더 크다는 사실을 알았다. 미치는 그들에게 이런 얘기를 해주면서 살아야 한다는 점을 깨닫게 해주었다. 미치가 이 과정에서 배운 확신과 설득에 관한 교훈은 다양하면서도 깊은 의미가 있었다. 미치는 "그런 전화를 받으면 강의나 발표, 판매제안이 애들 장난처럼 느껴진다"고 자주 말했다.

설득과 확신에 관한 첫 번째 교훈은, 고객은 종종 스스로가 진짜 원하는 것을 아는 데 도움을 필요로 한다는 점이다. 그들은 도움이 필요하다고는 생각하지만 무엇이 필요한지는 구체적으로 말하지 못하는 경우가 많다. 따라서 당신은 확신과 열정을 갖고 고객이 가야 할 방향으로 움직일 수 있도록 도와줄 수 있다. 설득력 있는 상담원처럼 설득력 있는 재무상담사는, 종종 좌절감을 안겨주는 혼란스러운 재무 상태에서도 고객이 진정한 목표를 찾도록 도와준다. 당신이 고객의 실질적인 문제에 맞서려 하면 할수록, 고객은 당신이 자신의 재무 문제를 해결하는 데 도움을 주리라 믿을 것이다.

두 번째 교훈은 고객에게 확신을 주려면 사전 준비가 필요하다는 점이다. 당신은 바람직한 상황에 이를 수 있는 길을 고객보다 많이 알고 있어야 한다. 그렇지 않으면 재무상담사가 될 자격이 없다. 모든 고객에게 똑같이 하는 조언은 조언이 아니다. 그것은 초보 수준의 판매일 뿐이다. 고객이 안고 있는 문제와 필요한 대답을 연구해온 전문가는 동료 경쟁자보다 월등히 나은 위치를 차지할 것이다. 이 조사와 연습의 중요성에 대해서는 다음 장인 설득준비의 기초에서 더욱 자세하게 다루기로 하겠다.

위기에 처한 사람을 대상으로 한 조언을 통해 미치가 깨달은 마지막 교훈은 모든 재무상담사가 알아야 할 것으로, 고객의 반응은 재무상담사가 보여주는 신뢰 정도에 좌우된다는 점이다. 당신이 하는 일을 신뢰한다면 관심을 끌 만한 색다른 말을 할 수 있으며, 이를 통해 일에 대한 당신의 확신과 열정이 빛을 발할 것이다. 여기에는 반드시 사전 준비가 필요하다. 왜냐하면 사전 준비도 하지 않고 신뢰받는 재무상담사처럼 행세하려는 것은 쓸데없는 자만심에 불과하기 때문이다. 통찰력 있는 고객이라면 당신의 허식을 간파할 것이다. 지식이나 지혜가 부족한 사람은 결단과 확신에 찬 태도, 그리고 침착하고 자신감 있는 태도를 보이는 사람에게 의지하려고 한다. 고객이나 청중을 설득할 때 당신은 불굴의 신념을 갖고 그들의 눈을 봐야 한다. 당신이 사전 준비를 했다면 이제까지 경험상 효과적인 답을 알고 있다는 뜻을 전달해야 한다. 이러한 자신감을 보고 투자자는 두려움을 떨치고 두 다리를 쭉 펴고 잠잘 수 있게 된다.

너 자신을 알라

잠시 시간을 내 다음 분야 — 즉, 당신의 능력, 소속회사, 투자철학, 제공상품 — 에 대해 당신이 어느 정도 확신을 갖고 있는지 평가해보라.

- 재무상담사로서 어떤 목적을 갖고 일하는가?
- 돈이나 자산관리에 대한 나의 철학은 무엇인가?
- 고객에게 보여줄 나만의 강점과 능력은 무엇인가?
- 자신 있게 우리 회사를 추천할 수 있는 이유는 무엇인가?

- 나의 투자철학이 고객에게 가장 적합하다고 믿는 이유는 무엇인가?
- 나의 상품과 서비스가 고객에게 가장 적합하다고 믿는 이유는 무엇인가?

이것은 최고의 판매자가 고객을 대할 때 자신 있게 언급할 수 있는 여섯 가지 기본 항목이다.

재무상담사로서 당신의 확신 정도는 일련의 질문을 통해 강화되기도 하고 약화되기도 한다. 만약 설득에 대한 당신의 확신이 부족하다면 그것은 이러한 질문을 통해 적나라하게 드러날 것이다. 반면 숭고한 목적의식과 사려 깊은 가치관에 기반을 두고 있다면 그것 역시 여실히 드러날 것이다.

확신을 갖고 이끌어라

게리는 프록터앤갬블 사의 영업관리자로서 자신이 처음 맡았던 발표과제에 대해 이야기하길 좋아한다. 그는 23세에 영업관리자로 승진하여, 평균 나이가 45세인 60명의 영업조직 책임자가 되었다. 물론 말할 필요도 없이 모든 조직원이 게리가 그렇게 젊은 나이에 관리직을 맡게 된 사실을 반겼던 것은 아니었다. 16살로밖에 보이지 않는다는 사실도 별반 도움이 되지 않았다.

영업관리자로서 그의 첫 번째 발표과제는 지역영업회의에 참석하여 판매원들에게 라바 비누를 더 많이 팔도록 독려하는 일이었다. 그들이 이 풋내기 관리자에게 상품 중에서 가장 팔리지 않는 상품을 맡긴 것은 우연이 아니었다. 그 당시 라바 비누는 식료품 가게의 선반 맨 밑에, 그리고 가정이나 직장에서는 세면대 아래 놓여 있는 물품이었다. 식료품 가게 선반 맨 밑에 진열된 상품은 고객의 눈에 띄지 않기 때문에 잘 팔리지 않는다. 또한 세면대 밑에 놓여 있는 비누는 거의 쓰지 않고 2년에 한 번씩 새 비누로 교체하는 식이었기 때문에, 가게에서도 진열대 선반 가장 아래에 둘 수밖에 없었다.

게리는 몇 가지 조사를 해보기로 했다. 게리는 이미 지쳐버린 영업사원들이 밖으로 나가 라바 비누를 팔 수 있는 조그마한 동기라도 부여해주기 위해 장기간에 걸쳐 열심히 조사했다. 그리고 조사 과정에서 그는 프록터앤갬블 사의 전체 브랜드가 계열 상품을 어떤 사례로 만들어 특화시키는 데 뛰어난 면모를 보인다는 점을 발견했다. 게리는 라바 비누가 한 때 미국에서 가장 많이 판매된 상품이라는 것을 알게 되었다. 당시 미국은 공업과 농업이 주도하던 시대였기 때문에, 사람들은 손에 묻은 기름때와 얼룩을 라바 비누로 쉽게 닦아낼 수 있었다. 그러나 미국이 블루칼라에서 화이트칼라 국가로 변화하면서 라바 비누는, 세면대 위 비눗갑에서 세면대 아래로 옮겨져 내리막길을 걷게 되었다.

프록터앤갬블 사는 판매감소의 원인을 조사하는 과정에서 사람들이 하얀 비누가 지저분하게 보이기 때문에 세면대 위에 비누를 놓으려 하지 않는다는 점을 알아냈다. 그리고 이런 고민을 해결하기 위해서 때를 숨길 수 있는 녹색으로 비누색깔을 바꾸었다. 게리는 '새롭게 개선된 녹색 라바'의 판매를 촉진하는 데 필요한 중요한 단서를 얻었다고 느꼈다.

게리는 회의의 마지막 발표자였다. 다른 관리자 세 명은 발표할 상품에 대한 선택권이 있었지만, 게리는 선택의 여지없이 맨 마지막에 비누에 대해 발표해야 했다. 청중은 내심 게리의 발표가 수면제일 거라고 생각했다. 하지만 그것은 마치 잠을 깨우는 자명종과 같았다. 게리는 연구를 통해서 새로운 색상은 라바 비누를 다시 세면대의 가장 위쪽으로, 식료품 가게에 있는 선반의 더 높은 곳으로 옮겨놓을 것이라는 확신과 자신감을 얻었다. 게리는 영업사원에게 이러한 취지와 임무에 대해 이야기했다. 그의 폭발적인 열정과 확신은 곧 판매력으로 승화되었고, 그 영업팀은 수년간 판매했던 것보다 더 많은 라바 비누를 판매하게 되었다.

이처럼 풋내기(green) 영업관리자 한 명이 녹색(green) 비누에 대해 확신을 줄 수 있었다. 그렇다면, 당신은 당신이 판매하는 상품이나 서비스에 어떤 확신을 줄 수 있는가?

마지막으로 한 가지 생각할 점은 최고 판매자들이 갖고 있는 핵심적인 자질의 저변에는 인내심이 있다는 점이다. 금융서비스업에서 시간, 시장, 고객, 문제는 당신의 감정적 인내심의 한계를 끊임없이 시험할 것이다. 자기 자신과 회사, 투자철학, 판매상품과 서비스에 대한 군건한 확신이야말로 성공을 향한 안전한 방향타 역할을 할 것이다. 당신이 믿는 것이 무엇인지 명확하고 분명하게 말할 수 있다면, 두 번째 기초인 준비작업을 시작해야 한다.

행운이란 준비했던 것이 때를 만나는 것이다.
　　　　　　　　　　　　　　　　　　　　　　　　　　—무명씨

당신이 열의와 열정, 그리고 확신을 보여주면 사람들의 주목을 끌 수 있겠지만, 주제와 고객을 제대로 파악하지 못하면 고객은 급격하게 이탈할 것이다. 준비를 통해 열정은 더욱 강력해진다. 열정과 확신이 경주할 의지를 불러일으키는 것이라면 준비는 승리하기 위해 훈련을 하는 것이다. 확신이 영혼과 감성의 영역이라면, 준비는 지성의 영역이다. 당신이 확신을 가지고 이 설득의 경주에 참가한다면 경쟁자보다 최소한 절반 이상은 확실히 앞서 나갈 것이다.

3 전투준비

설득력 있는 제안 기초 ②

재무상담사에게 발표를 지도하는 스티브 미케즈는, 에이브러햄 링컨이 발표에 대한 준비를 통해 그의 인생과 국가의 운명에 어떤 영향을 미쳤는지에 대해 곧잘 이야기한다. 스티브는 역사를 평가하는 학자들에게 링컨의 연설 가운데 가장 강하고 영향력 있었던 연설이 무엇이었는지 물어본다면 아마 대체로 게티스버그 연설을 언급할 것이라고 말한다. 그러나 링컨의 삶과 국가 운명의 측면에서 볼 때, 가장 중요한 연설은 1860년 겨울 뉴욕 시 쿠퍼 재단이 개최한 토론회 연설이었다.

초창기에 에이브러햄 링컨의 연설은 가혹한 비판을 받았다. 하지만 그는 더 나은 연사가 되어 반드시 성공하리라고 마음먹었고, 이러한 자기 개발을 위해 일리노이 주 대법원에 자주 상소를 제기했다(오늘날까지 링컨은 이 법정에 가장 많이 출두한 변호사로 기록되어 있다).

쿠퍼 재단이 개최한 토론회에서 링컨의 상대는 대통령 선거에서 그의 상대 후보였던 스티븐 더글러스였다. 더글러스는 유창하고 세련된 연설을 하는 연사로 유명했는데, 이는 서툴고 홀쭉하며 세련되지 못한 외모로 동부 사람들에게 시골뜨기 취급을 받던 링컨과는 분명한 대조를 이루었다. 사실, 수많은 언론이 더글러스가 이 널리 알려진 행사에서 링컨을 박살 내주기를 학수고대하면서 모여들었다.

링컨은 이 토론회가 개최된다는 통지를 1859년 11월에 처음 받았으며 토론회는 3개월 후에 열릴 예정이었다. 토론회가 열리기 전까지 많은 동부 신문기자들은 링컨이 더글러스와 같이 수사와 논리에 뛰어난 사람과 논쟁을 벌여 자초하게 될 낭패에 대해 수많은 추측기사를 냈다. 그러나 이런 예견을 했던 사람들은 링컨이 연단을 정복하기 위해 얼마나 피나는 노력을 했는지 알지 못했다. 링컨은 이 행사의 중요성을 알고 있었기 때문에 석 달 동안 발표할 모든 용어와 단어의 미묘한 차이까지 신경 쓰며 준비했다. 그는 이 토론의 결과가 널리 보도될 것이며, 그의 인생에서 매우 중요한 경험이 될 것임을 알고 있었다.

링컨은 촌뜨기로 쿠퍼 재단에 와서 승리를 거머쥔 영웅이 되어 떠났다. 유력한 어느 기자는 동료들과 함께 재미 삼아 링컨을 보러 왔다가 그를 격찬하면서 자리를 떴다고 보도했다. 성실한 에이브*가 노예해방을 주제로 매우 열띤 강연을 하자, '재미 삼아' 온 어느 작가는 갑자기 '인디언처럼 고함지르며' 링컨을 응원했다. 참석자들은 성실하게 준비하여 극적으로 전달한 링컨의 연설에 매료되었다.

스티브 미케즈는 발표를 어떻게 준비하느냐가 대통령 후보 한 사람의 장래, 나아가 국가의 운명을 바꿀 수 있었다면, 이는 발표강의를 듣는 수강생에게도 마찬가지로 분명 좋은 기회가 될 것이라고 자

---

* 에이브러햄 링컨의 애칭.

주 환기시켰다. 또한 그는 링컨이 달라질 수 있었던 것은 천부적 재능 때문이 아니라 준비 때문이었다는 사실을 재무상담사들에게 자주 일깨워주었다. 1860년에 스티븐 더글러스가 더 뛰어난 연사라는 점을 의심한 사람은 아무도 없었지만, 역사는 지금 철저히 준비했던 링컨만을 기억한다.

준비 단계

성공적인 판매기술은 **90%**의 준비와 **10%**의 발표로 이루어진다.
—버트런드 **R.** 캔필드

강력한 발표를 준비하는 데는 개별적이면서도 서로 밀접한 관련이 있는 3단계의 과정이 필요하다. 이는 다음과 같다.

1. 정보 습득하기.
2. 정보를 자신의 것으로 소화하기.
3. 정보를 청중에게 이해시키기.

당신은 발표주제에 대해 청중보다 많이 — 훨씬 많이 — 알아야 한다. 이것이 당신이 피상적인 방법을 탈피하여 정보를 습득해야 하는 까닭이다. 당신은, 참석자가 당신을 발표하는 그 주제에 대한 지식과 지혜의 원천이라고 생각해주길 바란다. 당신이 말하는 내용을 다른 수백 명의 사람에게서 들을 수 있다면 청중은 당신을 처음부터 무시할 것이다. 이것이 당신이 정보를 습득해야 하는 이유이다.

개인적으로 들려줄 정보가 있어야 한다. 무언가를 피상적으로 아는 것과 제대로 아는 것 사이에는 경간*의 거리가 있다. 창세기 4장 1절에서 아담이 이브를 알게 되었다고 한 것은, 아담이 이브에 대한 정보를 수치화하여 인용할 수 있게 되었다는 것을 의미하지는 않는다. 많은 강사가 사실자료와 정보, 통계자료를 쏟아내지만, 그것을 완전히 자기 것으로 소화하지는 못한다. 따라서 강사가 틀에 박힌 정보만 반복해서 나열하고 있다고 느끼면 참석자는 그 제안에서 감정적으로 멀어진다. 이것이 정보를 자신의 것으로 소화해야 하는 이유이다.

당신이 고객의 동의와 실천을 얻어내지 못하는 발표를 한다면 당신이 준비하고 발표한 시간뿐만 아니라 고객의 시간까지도 낭비하는 것이다. 이는 참석자의 목표·경험·편견과 태도·욕구·능력·언어를 이해하지 못하여 동의나 실천을 이끌어내지 못했기 때문이다. 엄밀한 의미에서 많은 강사가 이러한 요소를 무시하고 발표하기 때문에 낭패를 본다. 강사가 특별한 니드를 해결하는 데 일반적인 해답만 제시한다고 느끼면, 참석자는 제대로 된 강사가 아니라면서 재빨리 떠나버린다. 당신이 청중에게 정보를 이해시키는 방법을 배워야만 하는 이유가 여기 있다. 이에 대해서는 제10장 '청중을 파악하라'에서 더욱 광범위하게 다루기로 하겠다.

준비할 의지가 없다면 승리하겠다는 의지도 소용이 없다.

—테인 요스트

이러한 모든 기술은 준비의 결과이다. 시간을 투자해 준비한다면 정보와 환경, 당신 자신, 그리고 참석자에 대해 차례차례 익숙해질 것이다. 준비에 필요한 자료를 조사하고 탐색하는 노력을 하고 싶지 않다면 귀 기울여 들을 사람은 없을 것이다.

---

* 교량 따위의 지주와 지주 사이의 거리.

훌륭한 강사로 성장할 만한 잠재력이 있는 사람도 철저하게 준비하지 않고 타고난 능력에만 의존하려 할 때 자신의 잠재력을 발휘하지 못하는 경우가 많다. 우리는 발표력을 타고난 사람에게, 그들이 준비하는 데 시간을 좀 더 투자했다면 훨씬 더 훌륭한 강사가 되었을 것이라고 말해준다. 중요한 설득기회를 갖고도 충분히 준비하지 않으면 재능을 낭비하는 것이다.

정보 습득하기

헨리 키신저(마이클 M. 클레퍼, 『발표를 하느니 차라리 죽는 게 낫다』)의 연설에 필요한 정보수집을 책임졌던 한 보좌관에 관한 이야기가 있다. 이 보좌관은 일주일 내내 고생스럽게 조사하여 키신저 박사에게 필요한 정보를 전달했지만, 한 시간도 지나지 않아 더 잘할 수 있을 것이라는 키신저의 메모와 함께 자료를 되돌려 받았다. 그래서 그 보좌관은 두 배의 노력을 들여 또 한 주를 밤늦게까지 고생한 후 자료를 제출했지만, 다시 더 손질할 필요가 있다는 메모와 함께 되돌아왔다. 그리하여 그는 또 다시 일주일 동안 피땀 흘려 보고서를 작성한 후 키신저 박사에게 직접 제출하면서 보고서를 작성하느라 3주 동안 거의 잠을 자지 못했으며, 이보다 더 훌륭한 원고는 더 이상 작성할 수 없을 것이라고 말했다.

"좋아, 그럼 이제 한번 읽어보지"라고 키신저는 말했다.

당신은 특정한 주제에 대해 참석자보다 얼마나 많이 잘 알고 있는가? 그 주제에 관해 몇 시간 동안 이야기할 수 있는가? 만약 설사 그렇다 하더라도 너무 오랫동안 말하지 마라. 그 대신 힘닿는 데까지 배워두

라. 미치의 호주 친구 중 한 사람이 다음과 같이 말했다. "참석자는 강의하고 있는 내용보다 더 많은 것을 보닛(bonnet) 속에 숨겨둔 강사의 이야기를 더 듣고 싶어 합니다. 그런 강사는 발표하는 내용보다 훨씬 더 많은 것을 알고 있다는 느낌을 주니까요." 보닛은 호주인들이 자동차 덮개를 가리킬 때 쓰는 말로, 우리가 말하고자 하는 핵심을 표현하는 데 중요한 은유가 된다. 당신이 하고자 하는 이야기가 당신이 아는 지식의 전부인가? 당신의 모든 재능(horsepower)을 다 발휘하는가? 만약 그렇다면, 당신은 청중의 마음이 당신을 지나쳐 버릴 수 있는 커다란 위험을 무릅쓰고 있다. 당신은 당신의 보닛 밑에 훨씬 더 많은 것이 있다는 인상을 주어야 한다. 바꾸어 말하면, 말로 하지는 않았지만 당신에게는 청중이 흥미를 갖고 듣고자 한다면 말해줄 수 있는 것이 훨씬 많다는 인상을 심어주어야 한다. 이를 위한 가장 확실한 방법은 발표 내용보다 더 많은 것을 아는 것이다. 청중을 장악하기 전에 먼저 그 주제를 파악하라.

스티브 미케즈는 정말 관심이 있는 주제에 대해서만 발표하라고 조언한다. 당신의 일은 참석자에게 정보를 전달하는 것이 아니라 에너지를 전달하는 것이다. 그것이 바로 우리가 설득력 있는 제안의 기본이자 가장 중요한 기초로 '확신'을 제시하는 이유이다.

정보를 얻는 방법에는 여러 가지가 있다.

- 주제와 관련된 모든 자료를 읽는다.
- 주제에 관해 자신보다 더 해박한 사람에게 자문을 구한다.
- 같은 주제로 연설하는 다른 강사의 발표를 경청한다.
- 경쟁자가 주제를 어떻게 평가하는지 들어본다.

어떤 특정 주제에 착실하게 전념하여, 매일 15분씩 2년간만 공부

해도 그 주제를 99%는 정복할 수 있다고 한다. 이 통계의 출처가 어디인지는 모르지만 대개는 그 통계를 믿는다. 우리는 고도의 전문 지식을 바탕으로 엄청난 성과를 거둔 많은 금융전문가를 만났다. 오늘날 시장에서 부자는 이런 틈새시장에 있다.

당신이 시장성이 있다고 판단한 어떤 전문 분야를 열심히 공부한다면 생각보다 훨씬 빨리 학생의 위치에서 전문가나 권위자로 부상할 것이다. 스스로 그런 분야에 헌신하고자 하는 욕구와 각오가 있는 사람은 그리 많지 않다. 따라서 당신이 그러한 사람이라면 이미 준비 단계의 첫 번째 난관(정보습득)을 통과한 것이다.

정보를 자신의 것으로 소화하기

작고한 위대한 음악가 루이 암스트롱이 언젠가 맨해튼 거리에서 팬을 만났다. 잠시 울먹이던 그 팬은 암스트롱에게 뉴욕 시에서 연주하는지 물었다.

"네, 오늘밤 카네기 홀에서요"라고 암스트롱이 대답했다. 그러자,

"대단하시네요. 카네기 홀에서 연주를 하려면 어떻게 해야 되죠?"라고 팬이 물었다. 암스트롱은,

"연습, 또 연습이죠"라고 대답했다.

연습 또 연습하라

참석자에게 좋은 인상을 주기 위해서는 연습을 해야 한다. 내용이 입에서 숨 쉬듯 자연스럽게 나올 때까지 연습하라. 우리는 교육생들

에게 "7의 법칙(실제로 발표하기 전에 최소한 일곱 번은 연습하라)을 명심하라"라고 말한다. 연습의 중요성은 제안할 때 사용하는 도구가 제대로 작동하지 않을 때 잘 나타난다. 언젠가 게리는 공개 세미나에서 휴대용 컴퓨터가 고장나는 바람에 단편적인 메모와 기억에 의존하여 제안을 해야 했던 적이 있다. 하지만 그는 평소에 연습을 통해 그 내용을 완전히 습득하고 있었기 때문에 어떤 실수도 없이 계획대로 제안을 마칠 수 있었다.

다음 장 '비행계획 수립'에서 당신은 초점이 맞고 일관성 있는 제안을 할 수 있는 통찰력을 얻을 수 있을 것이다. 준비단계에서는 우선 제안의 틀을 형성하는 구조를 보여주겠다. 정보를 소화하는 첫 단계는 모든 정보를 깔끔하고 보기 좋게 정리한 다음, 완전히 이해할 때까지 계속 연습하는 것이다.

정보를 청중에게 이해시키기

다음은 당신의 제안에 살과 피를 덧붙일 수 있는 뼈대이다. 어떤 제안에서도 이러한 준비 요소는 매우 중요하다. 이를 통해 참석자는 당신의 취지를 더 잘 이해할 수 있다.

- **주제**: 강의의 핵심을 담은 간결한 묘사.
- **도입**: 관심을 유도하는 소개.
- **본문**: 두세 가지 주요 내용, 그리고 각각의 내용을 뒷받침하는 유추, 이야기, 은유.
- **종결**: 강의를 통해 제시한 모든 내용을 강화하고 관심을 유도할 수 있는 요약.

주제설정

주제는 간결하면서도 참석자의 흥미를 자극할 수 있는 것이어야 한다. 당신이 발표할 회의가 주제에 따라 청중이 선택적으로 참석하는 자리라면, 이 주제 문구가 성패를 좌우한다. 간결하면서도 호기심을 불러일으킬 수 있는 주제를 제시하라. 당신이 "분산투자에 있어서 알파 및 베타 측정값의 추정적 역할에 대한 이해"를 주제로 발표를 한다면, 티타늄 주머니 필통을 가진 분석가 두세 명의 흥미를 끌 수 있을지는 모르나 회의실을 청중으로 꽉 채울 수는 없을 것이다. 잠재 고객이나 동료의 관심을 끌고 싶다면 당신은 "시장이 폭락할 때 손실을 피하는 법"과 같은 주제문구를 선택해야 할지도 모른다.

흥미를 일으키는 매우 정선된 주제를 250쪽 분량에 걸쳐 상세하게 설명한 사례는, 특히 최근 인기 있는 몇 권의 책에서 찾아볼 수 있다. 다음은 몇 가지 사례이다.

- 『포효하는 2000년대, 다가올 최고 호경기』, 해리 덴트 저.
- 『1분 관리자』, 켄 블랜챠드 저.
- 『숏게임* 숙달하기』, 데이브 펠즈 저.
- 『현명한 여성의 풍요로운 노후』, 데이비드 바크 저.

이런 제목의 공통점은 서너 개의 단어만으로 취지가 잘 드러나 잠재 고객의 흥미를 돋운다는 점이다. 좋은 주제 문구를 개발하는 것은 좋은 제목을 다는 것과 같다. 그것은 듣는 사람이 다음에 어떤 내용이 나올지 궁금해하도록 해야 한다.

스티브 미케즈는 독창적인 세미나 제목 몇 가지를 공짜로 제시했다. 다음은 그가 제시한 아이디어이다.

---

* 그린 위나 그 주위에서 하는 샷 플레이로 퍼팅, 벙커샷, 어프로치샷 등을 포함한다.

- 자기 자신에게 먼저 지불하라.
- 안전하게 파산하기.
- 세대에 걸쳐 부를 축적하는 열쇠.
- 위대한 은퇴 신화 일곱 가지(미치의 저서, 『새로운 은퇴』에서 인용).

어떤 주제문구를 만들어낼 때는 상상력을 자극할 수 있는 무언가를 찾아라. 아무도 당신의 발표를 들으러 오지 않는다면 그 강의가 아무리 훌륭해도 소용이 없다.

도입부

참석자의 주목을 끌고 관심을 불러일으키는 방법에는 여러 가지가 있다. 짤막한 퀴즈나 자기 평가, 간결한 인용구나 유머, 이야기, 또는 흥미를 자아내는 질문이나 사실을 이용할 수도 있다. 여기서 중요한 것은 도입부가 어느 정도 참석자와 관계가 있고 눈이 휘둥그레질 만큼 관심을 끌 수 있어야 한다는 점이다. 청중을 "혼란스럽게 만들어" 그들이 현 상태를 약간 불안하다고 느끼게 해야 한다. 청중의 행동에 변화를 일으키게 하는 첫 번째 단계는 그들에게 변할 필요가 있음을 인지시키는 것이다. 따라서 도입부는 어느 연설에서나 매우 중요하다. 이 주제에 대해서는 제12장 '낚싯바늘 꿰기'에서 광범위하게 다룰 것이다. 이 도입부는 이어지는 30분 내지 60분 동안 참석자를 당신의 배에 태울 수 있는 미끼라는 점을 명심하라. 빛이 나지도 않고 수면을 흔들지도 못하는 미끼를 던질 여유가 없다.

우리가 흔히 마주치는 설득력 없는 기술 중 하나는 강사가 나와서 코미디언처럼 농담을 하거나, 제안 주제와는 상관도 없는, 다 아는 농담을 하는 것이다. 이런 접근방법은 청중을 웃기고 긴장을 해소하면 제안을 순조롭게 시작할 수 있을 거라는 일반적인 주장에 따른 것이다. 맞는 말이다. 그러나 이는 사람을 웃긴 경험이 있고 그것을 주제와 직접 연계할 수 있는 자질을 갖춘 사람에게만 해당된다. 아무 효과도 없는 농담으로 시작하는 제안을 얼마나 많이 보았는가? 청중이 웃지 않으면 어떤 일이 벌어질지 누군가는 발표자에게 경고했어야 한다.

당신이 능숙한 익살꾼이 아니라면 당신이 왜 연설을 하며, 왜 그 주제를 이야기하려고 하는지를 열정적으로 설명하면서 제안을 시작하라. 참석자들은 서툰 농담보다 열정을 쏟아 성심껏 제안하는 것을 더 보고 싶어 한다. 도입부에서 청중이 모호한 상태에 빠지지 않고 관심을 갖도록 하기 위해서는 제12장을 참조하길 바란다. 도입부를 영화를 살짝 보여주는 예고편으로 생각하라. 청중은 그 예고편이 마음에 들지 않으면 영화를 보지 않을 것이다.

본문

발표문의 본문을 만들 때는 이성적으로나 감성적으로 또는 점진적인 방식으로 가능한 한 가장 흥미로운 사례를 만들어야 한다. 당신이 수집한 자료에서 가장 흥미로운 내용 세 가지를 추출하라. 그리고 이 내용을 뒷받침할 만한 이야기나 유추, 예시나 실례를 두세 가지 생각해내라. 다른 내용에 대해서도 마찬가지다.

당신이 할 일은, 마치 태양이 꽃을 비추면 꽃봉오리가 열리듯 이 세 가지 내용을 잘 조합하여 주제와의 연관성을 높이는 것이다. 스티브 미케즈는 당신이 이용한 각각의 소재에 대해 BIT 테스트를 해보라고 권한다. 다음 세 가지 질문을 통해 당신이 선택한 소재와 이야기, 예시를 걸러내는 작업을 하라.

1. **이익**(Benefit)**을 주는가?** 참석자가 듣고 조금이라도 이익을 얻을 수 있는가?
2. **독립적**(Independent)**인가?** 그 자체만으로 좋은 정보인가?
3. **주제를 뒷받침**(Theme building)**하는가?** 발표목적과 잘 연결되는가?

이 BIT 테스트를 통과하지 못하면, 그 소재를 버리고 다른 소재를 찾아보라.

발표문의 본문에서 또 하나 고려할 사항은 세 가지 내용이 하나하나 연관성을 갖고 소개되어야 한다는 것이다. 즉, 첫 번째 내용이 두 번째 내용의 기초가 되고 두 번째 내용이 세 번째 내용으로 연결되어야 한다. 대부분의 발표가 지리멸렬하고 짜임새가 없는 이유는 강의를 구성할 때 단계적으로 노출하는 기법을 알지 못하기 때문이다. 훌륭한 발표는 청중으로 하여금 더 적은 것을 바라게 하는 것이 아니라, 더 많은 것을 원하게 하는 것이다. 단계적인 노출기법을 활용하기 위해서는 다음 세 가지가 필요하다.

1. 왜 이 아이디어가 필요한지 설명하고 예시하라.
2. 아이디어를 구체적으로 설명하고 예시하라.
3. 참석자가 아이디어를 통해 받을 수 있는 혜택을 설명하고 예시하라.

이 사항을 익히기 전에 제9장을 먼저 읽기 바란다. 그러면 어떤 사실전달도 이야기 없이는 생명력을 지니지 못한다는 점을 알게 될 것이다. 당신이 알고 있는 몇 가지 사실은 당신과 타인의 경험담 속에 스며들 때 비로소 생명력을 얻게 된다.

실생활에서 소재를 발굴하라

재무상담사에게 발표준비 훈련을 시킬 때 가장 유익하고 참신했던 방법은 '경험 고고학(experiential archeology)'이다. 이 방법을 통해 우리는 참가자들에게 자신이 선택한 강의주제를 설명하는 데 도움이 되는 실제 경험을 찾아보게 했다. 어떤 준비 과정에서든 핵심은 제안할 때 사용할 이야기나 예시를 찾는 것이다. 고객은 금융 분야에서 흔해빠진 지루한 사실이나 숫자로 가득한 자료보다는, 이야기와 예시에 귀를 기울이고 싶어 한다. 사실과 수치는 이야기와 서로 균형을 유지해야 한다는 점을 명심하라. 당신은 이야깃거리는 많지만 뒷받침할 사실이 충분하지 않은 '가벼운 금융이야기(financial lite)'로 성공하기를 바라지는 않을 것이다. 이야기와 사실이 적절한 균형을 이루면, 제시하는 요점에 더욱 힘이 실리게 될 것이다. 따라서 제안을 할 때는 반드시 핵심 논점을 구체적으로 보여주는 관련 이야기를 들려줄 필요가 있다.

가장 훌륭한 이야기 원천 중 하나가 바로 당신이다. 우리는 당신이 열정적으로 말할 수 있고, 주장하는 핵심 논점과 관련 있는 경험담이나 상황을 당신의 실생활에서 찾아보길 권한다. 실생활에서 소재를 찾기 위해서는 과거에 당신이 이룬 주요한 성과나 실망했던, 또는 고생했던 일, 아니면 승리감을 맛보았던 일 등에 대한 기억을 되새겨 적절하게 잘 엮어내면 된다. 사람들은 다른 사람의 신상에 관해 이야기하길 좋아한다. 따라서 그런 이야기는 청중과 강사를 이어주는 역할을 한다. 여기서 강조하고 싶은 것은 시간을 투자하여 이야기와 사례를 준비하라는 것이다. 이것이 당신이 하는 제안의 성공여부를 결정할 것이다.

이렇게 개인적인 이야기로 풀어나가게 되면 설득효과는 배가 될 수 있다. 이런 과정에 따라 제안의 윤곽을 설정하면 당신의 제안은 커다란 효과를 거둘 것이다. 그러면 당신의 발표는 이제 더 이상 사실과 동떨어진 이야기나 증거가 없는 이론이 아닌, 실제 경험에서 우러나온 확실한 주장이 된다.

우리는 이러한 분명한 차이를 보여주기 위해 워크숍 참가자들에게 한 가지 생각을 두 가지 다른 방법으로 제안해보도록 요청했다. 다음은 그 진행 과정이다. 먼저 우리는 참가자들에게 "판매 과정에서의 지뢰와 금광"이라는 주제를 제시하고, 해야 할 일과 하지 않아야 할 일을 목록으로 작성하라고 했다. 다음으로 과거 자신이 영업사원을 접했을 때, 어떤 때 구매를 했고 어떤 때 구매하지 않았는지에 대해 의견을 말하도록 했다. 우리는 교육생들에게 자신의 경험을 되돌아볼 수 있는 시간(경험 고고학)을 주고 난 뒤에 자리에서 일어나 같은 주제로 다시 발표를 하게 했다.

발표자와 듣는 교육생에게 놀라운 변화가 일어났다. 그것은 영화를 직접 보는 것과 단순히 출연배우와 스텝명단(credit)을 읽는 것 간의 차이와 같다. 교육생들은 건조한 아이디어 목록보다 실생활의 경험에서 나온 이야기에 훨씬 더 흥미를 느꼈다. 이야기는 논점에 활력을 불어넣는다. 이러한 사실이 명백함에도, 많은 사람들이 고객 앞에서 논점을 예를 들어 생생하게 설명하지 못하는 것은 놀라운 일이다. 그들은 결국 맛좋고 먹음직스러운 요리보다는 아이디어만 있는 스프로 고객의 배를 실컷 채워준다. 실생활에 대한 이야기가 중요한 또 다른 이유는 우리가 걱정스럽게 대본을 암기할 필요가 없다는 점이다. 자신의 경험을 외우려 하는 사람이 있을까?

종결

더 이상 이야기할 자료가 없기 때문에 끝내겠다는 강의를 들어본 적이 있는가? 제안하던 이야기를 서둘러 끝내본 적이 있는가? 고객 앞에서 발표해본 사람은 이럴 때의 느낌을 익히 알고 있다. 용두사미 식(anticlimactic)의 결론은 참석자와 강사 모두에게 실망을 안겨준다. 이것을 피할 수 있는 방법은 무엇인가? 수많은 시간을 준비하고 연습하는 데 투자해놓고 기껏 불발에 그칠 폭죽을 터뜨려서는 안 된다. 이에 대해 우리는 경험상 "고객에게 전달한 아이디어를 실천할 구체적인 방법을 제시하는 것"이라는 결론을 얻었다.

우리가 만난 발표자들은 대부분 결론을 구체적으로 내리지 않았으며, 고객에게 구체적인 다음 단계를 제시하지도 않았다. 우리는 자주 "오늘 제가 드린 제안에 만족하셨는지요. 혹시 질문이 있으면 답변해 드리겠습니다"라는 말을 듣는다. 한번 생각해보라! 준비하느라고 그렇게 많은 시간을 투자했는데(발표 걱정에 소모한 감정적 에너지는 두말할 것도 없이), 왜 무언가를 하라고 요청조차 하지 않는가? 끝날 때까지 참석자를 이끄는 것이 우리의 목표다. 훌륭한 제안에 필요한 네 가지 기초를 바탕으로 한다면 참석자 대다수에게 행동할 준비를 하도록 해야 할 것이다. 참석자가 제안에 흥미를 느끼는지 아닌지는 주로 실천 여부에 달려있다. 실천할 수 없다면 그들은 쓸데없는 것으로 생각하고 마음 한 구석에 처박아둘 것이다.

우리는 발표를 마치고 15~30분 동안 참가자들의 대화 내용에 귀를 기울인다. 고객이 "그 사람 강의 멋지게 하는군"이라고 호평한다고 해서 목표를 달성한 것은 아니다. 당신의 목표는 참석자를 당신의 발표능력으로 열광시키는 것이 아니라 아이디어로 흥분시키는 것이다.

고객이 방금 들은 내용을 어떻게 활용할지 흥분하면서 이야기한 후 당신의 발표능력을 평가한다면, 당신은 훌륭한 발표를 한 것이다.

이렇게 서로 반응을 주고받는 제안이 팀역학(T.E.A.M dynamics)이다. 이는 성격 DNA를 이해한 후 다른 사람을 파악하고 이끄는 제안으로, 제안을 마치면 참석자는 그 정보를 적용하는 방법과 경력을 발전시키기 위해 사용할 수 있는 방법에 대해 이야기하느라 정신이 없다. 여기에서 고객은 자신과의 연관성을 찾는다. 우리는 이 제안에서 말한 모든 원칙을 요약해서 기억에 남을 정도로 연계시킨 마무리용 우화를 함께 사용한다. 이러한 종결방법은 지금까지 발표한 것을 간단히 하나로 묶을 수 있다.

결론은 ― 그것이 이야기든 예시든 유추든 아니면 다른 설득기술이든 ― 제안에서 배운 모든 것을 연결할 수 있어야 한다. 결코 사실이나 통계자료를 제시하면서 발표를 마무리하지 마라. 당신은 강연이 최고조에 도달할 때 당신의 제안이 고객의 양 뇌를 흥분시키기를 바란다. 참석자를 흥분시키는 단 한 가지 방법은 고객의 감정을 움직일 수 있는 이야기나 또 다른 수단으로 발표를 마무리하는 것이다. 제8장 '동의에서 실천으로'에서 당신은 사람이란 감정이 끌리기 전에는 행동하지 않는다는 사실을 알게 될 것이다. 고객에게 실천하도록 요청한 것이 흥미를 끌지 못하면 도입부에서 강의를 그만두는 것이 좋다.

이 종결기법을 잘 익혀 친구와 동료에게 시험해보라. 당신에게 솔직하게 말해줄 사람에게 물어보라. 당신은 청중이 만족해 의자에서 벌떡 일어날 때까지 계속해서 연습해야 한다. 아이디어가 절정에 이르도록 정교하게 다듬는 작업이 얼마나 중요한지는 아무리 강조해도 지나치지 않다. 시간이 흐르면 청중은 발표내용을 모두 기억하지는 못하더라도 사람들의 마지막 반응이 어땠는지는 기억할 것이다. 제안을 마치는 문구를 작성하면서 이런 사실을 잊어서는 안 된다.

강의를 통해 당신은 어떤 영감을 전달하고 싶어 한다. 그러나 에디슨이 말한 "천재는 1%의 영감과 99%의 땀으로 이루어진다"라는 금언을 명심하라. 그리고 선택하라. 발표 전에 땀을 흘릴 것인지 아니면 발표 도중에 땀을 흘릴 것인지. 이스라엘 군대에서 훈련에 임하는 병사들에게 했던 조언으로 이번 장을 마치고자 한다. "훈련에 더 많은 땀을 흘릴수록 전투 중 흘리게 될 피는 더 적어진다."

4 비행계획 수립

설득력 있는 제안 기초 ③

피를 끓게 하지 못하는 사소한 계획은 세우지 마라.

—데이비드 번햄

아인슈타인이 뉴욕 행 기차를 탔을 때의 이야기다. 차장이 아인슈타인에게 기차표를 보여달라고 하자 멍하니 앉아 있던 아인슈타인은 서류가방을 뒤지기 시작했다. 하지만 차장은 곧 아인슈타인을 알아보고 "괜찮습니다. 아인슈타인 박사님"이라고 말하고는 재빨리 지나갔다. 차장이 다시 돌아왔을 때 아인슈타인은 의자 위에 서류가방 두 개의 짐을 전부 꺼내 놓고 있었다. 차장은 다시 한 번 기차표는 중요하지 않다고 말했다. 그러자 아인슈타인은 "당신에겐 중요하지 않겠지만, 기차표를 찾지 못하면 행선지가 어딘지 모르는데?"라고 대답했다.

강사가 어디로 가고 있는지, 발표가 끝난 뒤 당신이 어디에 있는지도 알 수 없는 강의를 들어본 적이 있는가? 준비 단계에서 중요한 사항은 발표용 비행계획서를 작성하는 것이다. 따분하고 혼란스럽고 맥 빠지는 강의를 들은 기억을 떠올려보라. 그런 발표를 하는 강사는 계획도 없이 무작정 떠나는 여행(관광목장 주위를 끝없이 배회하는)을 하게 만들거나, 체계 없는 아이디어를 애써 꾸며내려고 한다. 그러한 행동은 무고한 승객들이 가득 타고 있는 배를 항해규칙도 익히지 않고 운항하는 것과 같다는 사실을 강사에게 상기시킬 필요가 있다.

이륙하기 전에 비행사는 비행계획을 세워야 한다. 이 계획은 최종 목적지와 목적지까지 갈 정확한 항로를 알려준다. "여기저기 떠돌다가 저 건너편으로 가볼 생각입니다"라는 식의 비행계획을 본 적은 없을 것이다. 비행계획엔 공식 진로가 있으며 예정된 목표지점이 있다. 모든 강사가 똑같은 발표를 한다면 한심스러운 일이 아닌가? 당신은 강의나 제안을 들으면서 스스로 끊임없이 이런 질문을 계속해 본 적이 없는가?

- 그런데, 요점은?
- 20분전에 끝났다면 더 좋지 않았을까?
- 좋아, 당신은 당신 역할을 다했어. 이젠 끝낼 시간이야.
- 당신에겐 흥미롭겠지만…….

자신의 강의 형태를 개발하면 명확성을 높이고 혼동을 없애 초점을 잘 맞출 수 있으며, 진정한 니드를 확인할 수 있다. 우리는 강사를 교육하면서 몇 가지 실용적인 법칙을 개발했다. 당신이 이 비행계획을 실천한다면 발표와 제안을 마칠 때 가시적인 성과와 고객의 동의를 얻을 것이다. 세 가지 법칙은 다음과 같다.

1. 목표를 설정하라.
2. 능숙하게 이륙하고, 비행하고, 착륙하라.
3. 승객에게 보여주고자 하는 것을 가리켜라.

목표를 설정하고 거기에 도달하는 방법을 배워라

괜찮은 즉석 발표를 준비하려면 약 2주가 걸린다.

—마크 트웨인

많은 강사가 청중에게 감명을 주지 못하는 이유는, 좋은 강사가 되기 위해 해야 할 준비와 연습 과정을 과소평가하기 때문이다. 바로 앞 장에 언급한 바와 같이 당신은 자료준비뿐만 아니라 스스로에 대한 준비도 해야 한다. 다음 장 '스타일이 있는 발표'에서는 발표자로서 음성과 외모, 태도와 스타일을 갖추는 방법을 소개할 것이다. 그전에 이번 장에서는 당신이 찾은 자료를 조합하여 유기적이고 논리적이며, 감정적으로 절정에 이를 수 있는 방법을 설명할 것이다.

옛날부터 내려오는 실용적인 발표방법은 다음과 같다.

- 청중에게 말하려고 하는 것을 말하라.
- 청중에게 말하라.
- 청중에게 말한 것을 말하라.

강사는 강의를 예측할 수 있어야 한다. 참석자가 언제 웃고, 언제 감상에 젖어 눈물을 흘릴지, 언제 놀라서 할 말을 잃게 될지를 정확히 알 수 있도록 자료의 순서를 정하여 준비할 필요가 있다. 이 과정은, 실수를 저지르지 않기 위해 점검표에 따라 체계적으로 검토한다는 점에서 비행사와 비슷하다. 강도 높은 훈련으로 유명한 이스라엘 군대의 금언을 명심하라. "훈련에 더 많은 땀을 흘릴수록 전투 중 흘리게 될 피는 더 적어진다."

우리는 재무상담사의 발표능력을 향상시키기 위해 예측 가능성을 키우는 훈련을 시킨다. 즉, 예측 가능성이 맞아떨어질 때까지 연습하는 것이다. 그리하여 제안자가 생각과 감정을 통제하는 정도에까지 도달하면 발표는 더 이상 힘들지 않고 재밌어진다. 청중을 문제의 심해(深海)에서 끌어올려, 문제를 극복하여 결국 그들의 찬사를 듣게 되는 일만큼 흥분되는 경험은 없다. 고객의 삶을 도와줄 수 있는 메시지를 유창하게 전달하여 그들이 깨달았다는 눈빛을 보게 되는 것은 아드레날린이 넘치는 일이다. 이런 흥분을 맛보기 위해 고통과 대가가 따르는 준비 과정을 거쳐야 한다.

몇 년 전 미치는 어떤 강의 후 심한 좌절감을 느낀 적이 있다. 그때까지 그는 약 10년 동안 전문적으로 강의를 했지만, 강의를 끝마치는 방식에 만족하지 못하고 있었다. 물론 어떤 때는 끝난 후 기립 박수를 받기도 했지만, 대부분은 그저 따뜻한 박수나 형식적인 박수를 받을 뿐이었다. 하지만 미치는 결코 청중을 탓하지 않고, 마지막에 열렬한 박수를 받는 훌륭한 강사들의 강의방식을 알아보기로 했다. 미치는 그들이 그러한 반응을 얻을 수 있다면 자신도 할 수 있다고 생각했다.

미치는 아일랜드 출신의 타고난 어느 강사의 강연을 경청하고서야 이에 대한 탐구를 끝낼 수 있었다. 미치는 그 사람의 강의에서 많은 요소를 발견했다. 이것에 대해서는 제13장에서 상세히 설명하겠다. 미치에게 일어난 가장 중요한 변화는 예측 가능한 강의(더 깊이 생각한 후 말하고, 즉흥적으로 결론이나 서론을 말하지 않기)를 하겠다고 결심한 점이었다. 주제를 벗어난 일회성 농담이나 일화를 이야기하는 것도 물론 좋지만 발표는 반드시 비행계획대로 진행되어야 한다는 점이었다. 미치는 모든 청중이 똑같은 깨달음을 얻을 수 있는 방식을 개발하여 예측 가능한 항로를 계속 유지하기로 결심했다. 그러한 결정으로 미치는 놀라운 효과를 얻게 되었다. 그리고 이러한 기법으로 연습한 강사들이 모두 효과를 거두었다.

목표를 결정하는 것이 중요한 또 다른 이유는 참석자가 무엇을 얻어서 돌아가게 할 것인지를 정확히 결정할 수 있다는 점이다. 목표는 단순하면서도 확실하게 감정과 연계되어야 한다. 감정과 연계되지 않으면 청중은 흥미를 잃고 실천에 필요한 동기를 갖지 못한다. 재무 상담사를 더 훌륭한 발표자로 키우는 교육을 하면서 알게 된 한 가지 중요한 요소는, 참석자에게 어떤 감정을 이끌어낼 것인지를 미리 결정해야 한다는 점이다. 자신감을 불어넣을 것인가? 희망을 줄 것인가? 삶을 통제하도록 동기를 부여할 것인가? 사전에 이 감정 목표를 분명히 할 수 없다면, 발표가 끝날 때까지 고객의 감정을 움직일 가능성은 없다.

고객이 습득하기를 바라는 교훈을 단순화하고 간결하게 만드는 일은 매우 중요하다. 우리가 만난 대부분의 강사는 너무 짧은 시간 내에 너무 많은 것을 성취하려고 한다. 그 결과 **쓰레기 같은 정보나 잡동사니 아이디어**를 제안하면서 강의를 마치게 된다. 하지만 이런 요소는 그 어떤 것도 참석자에게 즐거움이나 도움을 주지 못한다.

고객이 배운 것을 간단한 문장으로 표현할 수 있을 정도로 명확하게 제안할 필요가 있다. 당신의 발표는 비행계획처럼 서두에서 "이것이 여러분이 오늘 배울 내용입니다"라고 말할 수 있을 만큼 간결해야 하고, 이 약속을 끝까지 지킬 수 있어야 한다. 참석자가 항상 엄청나게 많은 정보를 듣고 싶어 하고 그 모두를 기억하리라고 과대평가하지 마라. 청중은 일반적으로 강의내용 중 10% 정도만 기억한다고 한다. 그리고 그들이 가장 오랫동안 기억하는 정보는 감정적으로 영향을 미친 이야기라는 점을 명심하라.

목적지에 도달하는 첫 번째 방법은 A, B지점 사이의 가장 짧은 항로를 선택하는 것이다. 이야기나 제안을 통해 주장하고 싶은 모든 요점을 숙지하고 "내 주장을 내세우는 데 이 정보가 반드시 필요한가?"
라고 스스로 물어보라. 만약 중요하지 않다면 버려라. 그리고 합리적
이고 간결하게 만들어라. 고객에게 백과사전을 암기하도록 강요하지
마라. 한 단어의 정의를 익히는 것만으로도 충분하다.

목적지를 분명히 하고 비행항로를 정하라. 최고의 강의는 아니더
라도 자기보다 더 많은 것을 해낸 경험이 있는 두세 사람에게서 배
워라. 예측이 가능해야 한다. 수정할 여지없는 완벽한 발표계획을 세
워라. 이것을 실천하는 유일한 방법은 지속적인 연습으로 약점이 어
디에 있는지를 파악하여 실수를 수정하는 것이다. 참석자가 몇 명이
든 일단 그 앞에서 한번 연습해보면 금방 배울 수 있다. 청중 앞에서
당황하게 되면 재빨리 고치려 하기도 하지만 오히려 포기하려 하기
도 한다. 당신은 실수로 어리석은 비행계획을 세울 수도 있겠지만 그
로 인해 자신감을 키울 수 있다.

우리는 사람들이 훌륭한 발표자로 성장해나가고, 그것이 개인적
자신감과 사업에 영향을 미치는 과정을 지켜보면서 큰 감동을 받는
다. 당신이 이 과정에 충실하게 임한다면 머지않아 발표하기 전에 정
확히 어떤 결과가 나올지 알게 될 것이다. 당신은 무엇을, 어떻게 말
할 것인지 알고 있으며, 필요 이상의 말을 하지 않게 된다. 당신의
비행계획은 예측 가능하기 때문에 조종할 때마다 항상 똑같은 위대
한 목적지에 도달한다.

능숙하게 이륙하고, 비행하고, 착륙하라

비행기에 탑승한 승객은 모두 어떤 목적지로 가고자 한다. 따라서

활주로에서 대기하거나 착륙하기 위해 선회하는 데 귀중한 시간을 낭비하는 것만큼 승객을 지치게 하는 일도 없다. 모든 제안의 초점은 문제해결에 맞춰져야 한다는 점을 잊지 마라. 즉, 모든 제안의 목적은 문제해결 지점에 도달하는 것이다. 이륙준비나 착륙대기 때문에 고객이 떠나지 않도록 하라.

대부분의 발표자는 해결해야 할 문제를 정확히 짚어내지 못하기 때문에 시작한 지 몇 분 만에 참석자의 관심을 잃고 만다. 문제가 없는데 누가, 왜 경청한단 말인가? 이렇게 되면 고객에게 감정적으로 호소할 수 있는 것은 아무것도 없다. 우리는 제12장 '낚싯바늘 꿰기'에서 이른바 '왜 고기가 물지 않을까'라는 특강을 마련하여 당신을 초대할 것이다. 강연을 시작하는 것은 마치 방 안에 뱀을 풀어놓은 것과 같다. 만약 당신이 뱀의 목을 재빨리 잡아 저지하지 못하면 뱀은 제안하는 내내 당신을 방해할 것이다.

고객을 혼란스럽게 만들어, 그리 좋은 것만으로는 충분하지 않다는 생각을 갖게 할 필요가 있다. 그러면 당신이 적절하게 개입하기 전까지 고객이나 청중은, 사람마다 정도의 차이는 있겠지만, 더 무기력한 상태에 빠질 것이다. 고객이나 청중이 잘 의식하지 못했던, 현재 일어나거나 앞으로 일어날 문제를 지적하라. 이렇게 하지 않으면 참석자는 제안을 귀 기울여 들을 어떤 동기도 부여받지 못한다.

이익을 볼 수 있는 것과 손해를 입을 수 있는 것 중 어느 것이 더 큰 동기부여 요인이 된다고 생각하는가? 사람은 이익을 보는 것보다 손해를 입을 수 있다는 위협 때문에 행동한다는 사실은 이미 여러 차례 입증된 바 있다. 200만 달러를 번다는 생각이 매우 효과적인 동기부여 요인이라면 모든 미국인은 한 푼이라도 절약하여 그 목표를 달성하려고 할 것이다. 그것은 대부분의 사람에게 산술적으로 가능한 목표이기 때문이다. 그런데 사실은 대부분이 이런 생각으로는 동기를 부여받지 않기 때문에 당연히 저축해야 할 금액을 저축하지 않는다.

고객이 더 많이 동기부여되는 모습을 보고 싶다면, 앞으로 일어날 문제와 그로 인해 잃어버릴 자유나 기회에 대해 이야기하라. 그러면 갑자기 무기력한 수많은 사람들이 똑바로 앉아 관심을 보이기 시작할 것이다. 그들은 매우 혼란스러웠기 때문에 해결책을 듣고 행동을 하려 할 것이다. 우리는 최근 소속 보험회사의 장기간병보험 판매로 대성공을 거둔 어느 재무상담사와 이야기를 나눈 적이 있다. 그는 장기간병비용으로 파산할 위험을 사전에 예방할 수 있는 방법을 라디오를 통해 매일 광고했다. 그러자 전화가 끊임없이 걸려왔다.

또, 우리가 알고 있는 어떤 재무상담사는 잠재 고객에게 자신의 직업을 얼마나 좋아하는지 물어보았다. 그러고는 선택의 여지가 있다면 얼마나 더 오래 일할 것인지 물어보았다. 그렇게 하면 현재의 일에 만족할 사람이 많지 않기 때문에 세 사람 중 둘은 혼란스러워하면서 어떤 조치를 취하고자 한다.

미치에게는 생명보험 판매능력으로 보험업계에서 인정받고 있는 친구가 한 명 있다. 그가 고객의 마음을 흔드는 기본적인 화법 가운데 하나는 "저도 생명보험이 좋아서 구매한 건 아닙니다. 집사람이 미망인이 되었을 때 지금처럼 살 수 있도록 하기 위해 구매했습니다"였다. 그러면 고객은 자신의 아내가 미망인이 되었을 때 낡은 옷을 걸치게 될 상황을 우려하며 대개 생명보험을 구매했다. 서두에서 고객의 마음을 동요시키지 못하면 발표의 중간과 끝에 쓸데없이 불필요한 말을 하게 될 것이다.

비행 중에는

이제 고객에게 동기를 부여할 만한 새로운 방법을 창안할 필요는 없다. 당신은 문제를 지적하고, 해결책을 공유하고, 문제해결 과정을 도와주면 된다. 고객의 마음을 동요시켜 일단 비행기를 이륙시키고 나면 누구도 이 시점에서는 비행기에서 내릴 수 없다. 이제 당신은 고객을 인질로 사로잡은 것이다.

비행은 당신이 제공하는 정보로, 고객이 특정한 어떤 문제를 해결하지 않으면 예상치 못한 결과와 위험을 경험하게 될 것이라는 점, 그리고 남보다 먼저 문제를 해결한 사람이 받게 될 보상에 대해서도 보여준다. 이 시점에서 드라마가 펼쳐지기 시작한다. 이야기를 하는 것도 많은 도움을 줄 것이다. 하지만 이때 이야기를 오로지 숫자로만 풀어나가서는 안 된다. 그 보다는 수많은 이야기를 하라. 이 지점에서는 참석자를 감성적으로 이끌 필요가 있다. 고객이나 청중의 관심을 끌 수 있는 극적인 효과를 주기 위해 이야기를 이용하는 방법에 대해서는 제9장에서 함께 살펴볼 것이다.

앞서 제7장에서는 고객에게 제시한 해결책을 고객의 삶과 연계시키는 방법에 대해 논의할 것이다. 옛 속담을 들어 설명하자면, 당신에게 아무리 세상에서 가장 좋은 신발이 있어도 고객의 발에 맞지 않으면 고객은 그것을 신지 않을 것이다. 아무리 좋은 제안도 고객과 관련된 문제가 아니라면 설득력이 없다. 고객은 다른 사람의 삶의 문제를 듣고 싶어 하지 않는다. 그들은 자신의 세계로 통하는 창 역할을 하는 이야기와 사례를 듣고 싶어 한다.

다시 땅으로 내려오기

마지막으로 안전하게 착륙해야 한다. 훌륭한 착륙은 매끄러우면서
도 마지막까지 승객을 편안하게 해주어야 한다. 명심하라. 박수를 받
았다고 판단을 잘못해서는 안 된다. 당신의 발표가 끝났기 때문에 박
수를 보내는 것인지도 모른다. 비행이 끝났을 때 박수가 나오는 경우
는 오직 승객이 무서운 경험을 겪었을 때뿐이다. 난기류로 비행기가
요동친 것은 조종사가 책임질 일이 아니지만, 발표라는 비행 중에 승
차감이 나쁘다면 이는 발표자의 잘못이다. 안전한 착륙이란 모든 갈
등이 해소되고 청중이 실천에 옮길 수 있는 명확한 행동계획을 갖고
내리는 것이다. 마찬가지로 제안에 있어서 착륙의 안전성 여부는 고
객이 살아가면서 당신의 아이디어를 얼마나 쉽게 실천하느냐에 따라
판단된다. 당신의 아이디어가 쓸모 없다면 비행은 계속해서 착륙 대
기선에 묶여 있다가 결국 그다지 순조롭지 않은 착륙을 하게 될 것
이다.

일 대 일로 판매하는 제안에서는 이러한 이륙, 비행, 착륙이 약간
다르게 표현된다.

1. **이륙**: 발굴 과정.
2. **비행**: 상품과 서비스 제안 과정.
3. **착륙**: 판매제안과 마무리 과정.

이 세 가지 제안 단계에 대해서는 제2부 '개인 고객 설득하기'에서
단계별로 한 개의 장을 할애하면서 비중 있게 다룰 것이다. 따라서
제6장부터 제9장까지 우리는 고객이 제안의 각 단계를 익히는 방법
과 제안과 관계가 없는 정보를 제거하는 방법에 대해 살펴보도록 하
겠다.

보여주고자 하는 것을 가리켜라

비행기 여행을 할 때 승객들은 기장이 창 밖에 있는 흥미로운 광경을 설명해주는 것을 즐긴다. 기장이 "왼쪽에 그랜드캐니언이 보입니다"라고 안내방송을 하지 않으면 이 웅장한 광경을 보지 못하고 지나쳐버릴 수도 있다. 자신의 생각에만 너무 몰두한 나머지 명백한 사실을 놓치고 만다. 이는 강의와 제안에서도 마찬가지다. 고객은 그들이 어느 방향으로 가고 있으며 도중에 무엇을 구경할지 당신이 지적해주기를 바란다.

이는 발표를 마무리할 시점에서 달성해야 할 두세 가지의 목표를 시작할 때 제시함으로써 가능해진다. 또한 가끔씩 멈춰 적절한 이야기를 하면서, "방금 무엇을 보셨습니까"라는 식으로 물어보면서 할 수도 있다. 강의할 때 비행사로서 그리고 여행안내자로서의 임무를 수행하는 것은 매우 중요하다. 당신이 목표로 하는 교훈을 청중이 쉽게 받아들일 것이라고는 단정하지 마라. 청중에게 당신이 말하려고 하는 것을 장황하게 말하라는 것이 아니다. 그보다 여러 가지 방식으로 요점을 바꿔 말하면서도 핵심은 항상 청중의 머릿속에 깊이 박혀 있도록 계속 강조하라는 말이다.

비행과 마찬가지로 이야기를 통해서도 청중이 서로 다른 고도를 경험해야 한다. 발표방법을 지도하는 스티브 미케즈는 잘 만들어진 발표는 세 단계, 또는 세 가지 수준으로 언급해야 한다고 지적한다.

1. 로고스: 지적 수준.
2. 파토스: 감성적 수준.
3. 에토스: 도덕성 수준.

지금 하고 있거나 앞으로 하고 싶은 강연을 유심히 살펴보고 이 고도 테스트에 합격할 수 있을지 확인하라. 발표가 청중의 지성, 감성, 도덕성에 호소하는가? 제안이 지적·감정적·도덕적으로 청중을 고무시키고 있는가? 지상에서뿐만 아니라 약 1킬로미터 상공에서도 고도에 따라 당신이 제시한 내용을 바라볼 수 있게 청중을 더 높은 고도로 안내하라.

강의의 궁극적인 목적은 더 높은 차원의 소명의식을 전달하는 것이다. 자신의 삶을 개선하거나, 타인의 삶을 향상시킴으로써 자신의 삶이 개선되도록 고객에게 요구하라. 효과적인 제안에는 실천목표가 있어야 한다. 그렇지 않으면 당신의 말은 허공에 울리는 메아리와 같다. 고객이 자부심을 느낄 수 있는 일을 실천하도록 요구하는 발표자가 되라.

고객에게 희망을 주어라

한번은 헝가리 육군 파견부대가 스위스 알프스 산맥에서 작전 도중 길을 잃었다. 하지만 이틀 동안 눈이 내리면서, 그 부대를 파견한 중대장은 부대원이 모두 죽었을 것으로 생각하고 거의 포기하게 되었다. 그러나 모든 대원들이 무사히 기지에 나타나자 중대장은 놀라면서도 안심했다. 중대장이 부대원들에게 어떻게 살아 돌아왔는지 물어보자, 처음에는 절망했지만 대원 한 사람이 호주머니에서 지도를 찾았고 그 지도가 희망을 주었다고 했다. 부대원들은 이틀 동안 야영을 한 후 폭설이 그치자 그 위치를 알 수 있게 되었다고 했다.

중대장은 그 지도를 보여달라고 했다. 그런데 지도를 자세히 살펴보니 그것은 알프스 산맥 지도가 아니라 피레네 산맥 지도였다. 그들은 잘못된 지도를 보고 길을 찾았던 것이다. 지도가 그들에게 용기를 주고 의지를 심어주었기 때문에 믿기 힘든 여행을 하면서 다시 기지로 돌아올 수 있었던 것이다. 이 지도의 가장 중요한 역할은 방향을 알려주는 것이 아니라 희망을 준 것이었다.

당신의 발표지도도 마찬가지여야 한다. 고객에게 어딘가에 도착하고, 무언가를 배워 더 좋은 곳으로 갈 수 있다는 희망을 불어넣어야 한다. 승객이 항해를 맘껏 즐길 수 있는 비행계획을 세워라. 우리는 계속 선회하는 비행기 속에 인질로 잡혀 많은 연설을 듣느라 고통을 받아왔다.

비행계획을 세우기 위해 다음 문장을 완성해보라.

- 고객의 감정에 ……한 영향을 미치고 싶다.
- 고객을 무기력증에서 탈출시킬 수 있는 방법은 ……이다.
- 고객이 기억했으면 하는 한두 가지는 ……이다.
- 감정적으로 깊은 감명을 주는 이야기는 ……이다.
- 나는 ……을 통해 고객에게 지적으로 영향을 주겠다.
- 나는 ……을 통해 고객에게 감성적으로 영향을 주겠다.
- 나는 ……을 통해 고객에게 도덕적으로 혹은 윤리적으로 영향을 주겠다.
- 완벽하고 예측 가능한 제안을 위해 나는 ……할 필요가 있다.

5 스타일이 있는 발표

설득력 있는 제안 기초 ④

세상의 절반은 할 말이 있어도 말하지 않으며, 나머지 절반은 할 말이 없어도 계속 말을 한다.

—로버트 프로스트

설득력 있는 제안을 구성하기 위한 마지막 기본 요소는 발표 스타일 — 자신의 아이디어를 각인시킬 방식 — 을 결정하고 개발하는 것이다. 우리는 흔히 강사에게서 두 가지 극단적인 모습을 본다.

- 진정 말할 만한 것은 있으나 카리스마가 부족하고 실생활에 연결 짓지 못하는 강사.
- 여러 사람 앞에서 타고난 역량을 발휘하기는 하지만 발표순서나 전체적인 조화를 고려하지 않는 강사.

앞에서 제시한 세 가지 기초, 즉 확신, 준비, 비행계획 수립은 마지막으로 스타일이 있는 발표를 통해 살아 숨 쉬게 된다. 다른 강사와 당신이 똑같아서는 안 된다. 당신만의 제안을 각인시킬 수 있는 독특한 스타일을 추구한다면 설득력 있는 발표자로 널리 알려질 가능성이 매우 높다. 다른 선수의 동작을 연구하는 농구 선수처럼 똑같은 동작을 훌륭하게 할 수 있다면 다른 사람의 기술을 배우는 것은 현명한 일이다. 제자리높이뛰기를 30센티미터밖에 할 수 없다면 360도 회전 덩크슛을 시도하지 마라. 즉, 당신에게 맞는 기술을 사용하라.

어떤 사람은 단체 분임 활동이나 단체 토론을 잘 하며, 또 어떤 사람은 기습적인 접근방법으로 청중을 매료시킨다. 또 다른 어떤 사람은 망설이는 배심원 앞에 선 뛰어난 변호사처럼 증거를 손에 쥐고 고객을 압도하기도 한다. 타고난 연기자나 코미디언 같은 성격의 소유자도 있다. 이러한 사람들은 청중 앞에 섰을 때 네온 불빛을 내뿜듯 빛을 발한다.

오락의 가치

게리는 재무상담사들을 훈련시킬 때, 그가 초창기에 보여주었던 매우 공격적인 스타일과 현재 스타일을 비교하길 좋아한다. "예전에 나는 강한 펀치를 날리면서 제안을 시작하고는 계속해서 두드리다가 결국 마지막에 가서 저뿐만 아니라 고객들도 완전히 지쳐 비틀거리는 제안을 했죠." 그 후에 게리는 경험이 풍부한 설득가의 비법을 알아냈다. 발표에서 성공하기 위해서는 에듀테인먼트(edutainment), 즉 오락과 교육의 특징을 결합한 요소가 필요하다. 좋든 싫든 오늘날 대부분의 집단은 리탈린*에 중독된 아이들과 같이 주의가 산만하며, 유익하고 재미있는 제안이 아니면 온갖 불평을 늘어놓는다.

* 과잉행동을 치료하고 집중력을 높여주는 약품.

그렇다면 당신이 재주를 부리고 춤을 춰야 한다는 말인가? 제안을 성공적으로 마치기 위해서 코미디언이 되어야 한다는 말인가? 아니다. 하지만 당신이 만약 뇌 전두엽 절제술을 시도한다면 청중에게 어느 정도 즐거움을 주거나 또는 진실의 바늘을 찌를 때 덜 아프도록 약간의 마취제를 주어야 한다. 이렇게 좀 더 능숙하게 이야기하고(제9장을 보라) 좀 더 가벼운 소재로 제안하는 것만으로도 대부분 달성할 수 있다.

고객으로 하여금 정보를 얻기 위해 먼 여행을 한다고 느끼게 할 필요도 있지만, 그 과정에서 그들을 즐겁게 할 필요도 있다. 이는 제안 스타일을 잘 선택함으로써 균형을 잡을 수 있다. 청중을 때리지 마라. 돼지도 먹을 때마다 머리를 때리면 여물통 근처로 오지 않는다. 20분 동안 지난 20년간 배운 모든 것을 고객에게 가르칠 필요는 없다. 스스로 편안해지는 스타일을 찾아라. 그러면 고객도 편안해 할 것이다. 당신 스스로가 편안하게 느끼는 수준 이상으로는 고객도 당신을 편안하게 느끼지 못한다.

연예산업 같이

자기만의 스타일을 개발하기 위해서는 자신의 성격과 일치하는 발표 형식을 만들어라. 연예인이 다른 사람의 관심을 끄는 특이한 재주(shtick)를 만들어내는 것과 같이 당신의 타고난 소질을 바탕으로 개발하라. 관심을 끄는 특이한 재주가 당신만의 독특한 캐릭터를 만들 수 있다. 발표할 때 이러한 형식을 전혀 고려해보지 않았다면 이제부터 생각해봐야 한다. 단체 고객 앞에서 하는 제안방식을 정하기 위해서는 수천 가지 캐릭터를 고려해봐야 한다.

OX 게임을 내고, 쉬는 시간에 격려하는 운동경기 감독처럼 행동하는 발표자도 있다. 어떤 사람들은 교수를 흉내 내고 싶어 하기도 했고, 어떤 사람은 교수와 전도사를 혼합한 듯한 행색을 하기도 했다. 군대 스타일을 좋아하여 지휘하는 장교와 같이 행진구령을 내리는 강사도 있었다. 스콧 웨스트는 자기를 웃음거리로 만드는 겸손한 판매기술에 정통했는데, 고객은 그런 그의 연설을 좋아한다. 돈 코넬리는 경험이 풍부하여, 어떤 것이 효과가 있고 효과가 없는지를 이야기할 수 있는 재주 많고 노련한 판매기술 전문가다. 우리는 카운셀러, 형사, 안락의자에 앉아 있는 노련한 정신과 의사, 전투기 조종사, 코미디언, 아이디어를 쉴 틈 없이 쏟아내는 아이디어맨, 흔들의자에 앉아 있는 할아버지, 그리고 엄마 같은 역할을 하려는 사람을 많이 보아왔다. 하지만 가장 생생한 제안을 할 수 있는 사람은 자신에게 가장 맞는 독특한 스타일을 정교하게 만드는 사람이다. 앞에서 말한 모든 캐릭터는 그 사람의 성격이나 배경과 일치할 때만 도움이 된다. 자신의 전문 분야에서 벗어난 스타일을 내세우지 마라.

나와 게리는 거의 20년 동안 전문가를 대상으로 강의를 해왔다. 둘 다 강사로서 성공했으나, 청중에게 접근하는 방법이 전혀 다르다. 제안하는 방식에는 정석이 없다. 이 장에서 살펴보겠지만, 자신의 스타일이 어떠한 것이든 간에 그것으로 성공하기 위해 필요한 여러 요소를 연마하기만 하면 된다. 게리는 주로 고무적인 이야기와 아이디어가 결합된 전략으로 성공하는 법을 가르치고 의욕을 북돋아주는 코치 역할을 한다. 그리하여 게리가 강의할 때면 청중은 게리가 토해내는 정열적인 기운을 들이마신다. 반면 나는 익살꾼과 철학자 사이를 오가는 스타일로, 청중이 웃음과 자기성찰을 반복하도록 하면서, 전자를 통해 후자로 나아간다.

당신의 경력과 성격, 능력을 살펴보고 가장 이상적이며 독특한 캐릭터를 설정하라. 이렇게 신경 써서 준비할 부분을 소홀히 한다면 다른 강사와 별반 다를 바 없다. 대부분은 자기만의 스타일을 개발하는 데 시간을 투자하지 않기 때문에 천편일률적인 발표를 하게 된다. 발표내용만으로 성공할 것이라고 믿는 사람이 많지만 — 물론 성공할지도 모르지만 — 그 가능성은 아주 낮다. 그러나 당신이 제대로 준비한 '당신만의' 내용과 차별화된 무대매너를 보여준다면 반드시 성공할 것이다.

당신만의 스타일을 어떻게 특화할 것인가? 누군가 고객에게 당신의 스타일을 물어온다면 고객은 어떻게 대답할 것인가? 당신의 성격, 기술, 경험과 배경을 잠시 생각해보라. 인상에 남는 캐릭터가 떠오르는지 살펴보라.

• 나의 발표 스타일은 ……하다.

스타일의 요소

훌륭한 주제를 찾는 것과 그것을 실생활에 적용하는 것은 전혀 다른 문제이다. 제안에 생명력을 불어넣는 유일한 도구는 스타일의 네 가지 요소, 즉 목소리와 눈빛, 몸짓, 그리고 소품이다. 게리는 목소리와 눈빛, 몸짓은 제안을 이끌어가는 엔진과 같다고 말한다. 당신이 아무리 좋은 차를 갖고 있을지라도, 그 차를 움직이는 데 필요한 물리적 도구를 충분히 활용하지 않는다면 움직이지 않을 것이다.

자주 인용되는 의사소통에 관한 통계에 따르면, 사람이 어떤 주제에 귀를 기울일 때 가장 많은 관심을 끄는 요소는 신체언어(45%), 목소리(38%), 내용(7%) 순이다. 생각해보라. 불안한 몸짓이나 불확실한 말투 때문에 누군가가 하는 말에 완전히 흥미를 잃은 적은 없는가? 몸짓과 눈빛, 그리고 목소리로 말하려는 내용에 확신을 주어야 한다. 그렇지 않으면 그 말은 아무런 의미 없이 사라진다.

시선 보내기

"최근에 어떤 회의에 참석한 적이 있습니다. 오전 회의를 마친 뒤, 휴게실에서 커피를 마시면서 마지막 강사에 대한 이야기를 했어요. 어떤 사람이 그 강사는 말하면서 눈을 계속 깜박거려 무슨 말을 하는지 집중할 수가 없었다고 했어요. 그 말을 듣자 모두들 웃으면서 같은 생각을 했다고 했죠. 심지어 어떤 사람은 그 서툰 강사가 1분 동안 눈을 몇 번이나 깜박거리는지 친구와 세어보기도 했다고 말했어요. 전 '다른 사람 앞에서 연설할 때 눈으로 보내는 메시지에 신경을 써야겠다'라고 생각하게 됐어요."

—니콜라스 E. 재무상담사

당신은 눈으로 어떤 메시지를 보내는가? 발표자는 흔히 눈으로 많은 실수를 저지른다.

- 청중의 일부만 쳐다본다.
- 시선을 피한다.
- 한 사람에게만 너무 오랫동안 시선을 보낸다.
- 눈빛이 불안해 보인다.

당신은 청중에게 **시선을 집중**하고자 한다. 눈으로 강의장 주위를 둘러보면 네 부류의 청중(관광객, 테러리스트, 경청자, 열성팬)과 마주칠 것이다. 관광객 부류는 그냥 지나치는 사람이기 때문에 그들의 시간만 뺏는 것이다. 테러리스트 부류는 당신의 말을 믿을 수 없다는 표

정을 지을 것이다. 경청자 부류는 이야기에 귀를 기울일 것이며, 열
성팬 부류는 몸짓이나 얼굴표정으로 "좋아요"라고 외쳐댈 것이다.
당신의 이야기에 관심이 있는 사람은 마지막 두 부류이다.

　발표에 추진력을 얻기 위해서는 경청자와 열성팬에게 시선을 집중
하라. 제안을 시작하면서 무관심하고 회의적인 대상에게 시선을 집
중한다면 당신은 힘과 정열을 소모하게 될 것이다. 하지만 이런 부정
적 부류의 사람들이 당신의 말에 몰두하는 것을 느끼게 되면, 짧게
시선을 던져라. 청중 가운데 당신에게 우호적이며 당신을 격려해주
는 사람을 찾아 그들과 시선을 마주쳐라. 청중의 99.9%는 당신이 성
공하기를 바란다는 점을 잊지 마라. 하지만 또한 99.9%는 당신과 처
지를 바꾸려고 하지 않는다. 이러한 자세로 제안을 시작하면 크게 나
아갈 것이다.

　시선은 자신감의 정도에 따라 여러 가지로 나타난다. 자신감이 없
으면 당신은 무기력하고 냉소적인 청중을 피하게 될 것이다. 하지만
제안 내용에 확고한 자신감이 있으면 이러한 청중에 대한 두려움이
사라져 이들의 반응을 보기 위해서 시선을 돌리기도 한다. 청중과 유
대를 맺고 강한 확신을 전달하기 위해서는 눈이 말하는 언어에 관심
을 기울여야 한다. 청중과 시선을 마주치지 못하면— 당신이 아무리
주제에 대해 깊이 확신하고 있더라도— 청중은 당신의 말을 믿지 않을
것이다. 마치 "해드리고 싶은 중요한 이야기가 있습니다. 들으시면
도움이 될 것입니다"라고 말하듯이 고객의 눈을 쳐다보라.

세상의 많은 목소리

　"기업 전문 변호사를 구할 때 전, 세 가지 요소, 즉 전문지식과 경험,

그리고 존경심이 느껴지는 목소리를 고려했어요. 전 부적절한 음색과 음조 때문에 관심을 끌지 못해 협상 과정에 좋지 않은 영향을 미치는 사례를 무수히 보아왔어요. 전 목소리가 성공 여부를 결정할 거라고 믿어요. 권위 있고 믿음직스러운 목소리를 가졌다면 분명 성공하죠. 다행히 전 상대방이 갑자기 자세를 바로잡고 관심을 보일 정도로 목소리가 낮고 정중한 변호사를 발견했죠."

—미치 앤소니

목소리는 발표의 중요한 수단이다. 우리는 더 많은 강사가 제안내용 만큼이나 목소리에도 관심을 기울이기를 바란다. 왜냐하면 목소리는 발표내용에 큰 효과를 주기 때문이다. 게리는 제안에서 목소리를 조정하는 주요 원칙 두 가지를 소개한다.

1. 효과를 주기 위해 억양을 조절한다.
2. 강조하기 위해 잠시 멈춘다.

많은 강사는 목소리의 억양을 조절하기보다는 음량만 높인다. 또 몇몇은 큰 소리로 말하면 발표의 요지가 잘 전달되고 청중에게 확신을 줄 수 있다고 생각한다. 그러나 큰 소리는 청중의 경계심을 키우고(사이렌 소리를 들을 때처럼), 방어자세를 취하게 하여 결국 고통을 주게 된다. 우리는 발표자가 설득하기 위해 소리 높여 외칠 때 청중의 반응을 지켜보았다. 그 기술은 효과가 없다.

청중이 경계심을 갖길 바란다면 제안할 때 핵심 부분에서 음량을 높이는 것이 아주 효과적이다. 그러나 억양 조절은 음량은 물론, 리듬, 음조, 운율 같은 요소가 포함된 예술이다. 훌륭한 발표자는 청중을 매료시키기 위해 음조와 속도를 조절하는 법을 배운 사람이다. 강조할 부분을 미리 정해 연습할 때에만 효과적으로 리듬에 맞는 억양 조절이 가능해진다.

목소리를 악기라고 생각하라. 자제력 있는 제안을 원한다고 해서 한 화음만 반복적으로 사용하여 단조롭게 연주하는 것 — 실제로 고객을 따분하게 한다 — 을 따라하고 싶지는 않을 것이다. 그렇다고 가능한 한 소란스럽고 힘들게 연주하고 싶지도 않을 것이다. 당신은 리듬을 타면서 청중을 끌어들이려고 할 것이다. 계속해서 청중의 관심을 끌기 위해서는 높고 낮은 음조를 오르내리면서 속도와 운율을 바꾸다가 높은 음조로 마무리해야 한다.

사회와 산업이 엄청난 속도로 변화하고 있기 때문에 미국인들은 이 분야에서 다소 뒤떨어져 있는 것 같다. 따라서 우리에게 강의하는 대다수의 강사는 정보를 전달하는 데만 급급하여 청중이 강연의 선율에 빠져볼 기회조차 갖지 못하게 한다. 미치는 아일랜드 사람들이 세상에서 가장 천부적인 재능을 가진 이야기꾼이며, 평범한 아일랜드 사람이 어떤 미국의 전문 연설가보다 훨씬 더 매력적이라는 사실을 알게 되었다. 거기에는 두 가지 이유가 있다. 첫째, 아일랜드 사투리에는 음악적인 운율이 있으며, 둘째, 아일랜드 사람들은 스토리셀링 기법에 뛰어나다. 제13장 '청중을 손바닥 위에 올려놓기'는 이 스토링셀링 기법을 개발하는 데 매우 유용할 것이다.

청중을 잠시 쉬게 하라

중간에 쉼표가 없는 노래는 좋은 노래가 아니다.

—무명씨

발표를 마친 뒤에 청중 하나가 다가와서 다음과 같이 말했다. "당신의 강의에서 가장 인상적이었던 순간은 아무 말도 하지 않을 때였습니다. 그 순간 우리는 모두 멈추고, 강의내용을 바탕으로 스스로 성찰해보게 되었습니다."

극적인 멈춤은 발표자가 사용할 수 있는 가장 강력한 도구임에도 아직 충분히 활용되지 못하고 있다. 그러나 앞에서 언급한 미국인의 속도 때문에 대부분의 강사는 정해진 시간 안에 되도록 많은 이야기를 하려 하고 이로 인해 대부분은 청중에게 아이디어를 받아들일 충분한 시간을 주지 못한다.

다른 사람의 행동이나 태도를 바꾸거나 조절하기 위해 강의를 한다면 적절한 시점에서 극적으로 멈추는 것이야말로 가장 좋은 무기다. 발표를 하다가 중요한 현실이나 감동적인 어떤 진리를 전달하는 시점에 이르면, 입을 다물고 청중에게 생각할 시간을 주어라. 강의를 잠시 중단하는 순간 일어나는 효과에 놀랄 것이다. 많은 강사는 청중이 반성하고 싶어 하는 순간에 연단에 서서 그들을 빤히 쳐다보는 일이 불편하기 때문에 이러한 기법을 활용하지 못한다. 강의할 때 중요한 순간에 아무 말도 하지 않는 것은 다른 어떤 말보다 효과가 크다는 것을 명심하라.

몸짓, 소품, 그리고 도구

우리는 몸동작에 어떤 규칙이 있는지 늘 궁금해한다. 하지만 거기에는 단순한 한 가지 지침 밖에 없다. 그것은 바로 하지 말아야 할 동작에 집중하지 않고 목적의식에 따라 움직이는 것이다. 청중에게 주제에 열중하고 있음을 보여주면서 청중이 당신을 좋아올 정도까지 충분히 움직여라.

제안할 때 선택한 소품과 도구에 따라 당신의 동작은 달라질 것이

다. 준비 과정에서 이러한 점을 경시해서는 안 된다. 다음과 같이 자
문해보라.

- 어떤 소품이 내가 제안할 내용과 가장 잘 어울리는가?
- 어떤 소품이 내 성격과 가장 잘 어울리는가?
- 어떤 소품이 내 강의스타일과 가장 잘 어울리는가?

"언젠가 소품을 잘 못 다뤄 완전히 웃음거리가 된 강사를 본 적이 있어
요. 그는 파워포인트 슬라이드를 비추는 프로젝터를 가지고 있었는데, 제
가 처음 주목한 건 강사가 파워포인트 슬라이드의 오른쪽에서 강의를 하
다가 필요한 것을 찾으려면 앞으로 나와야 한다는 점이었죠. 특히 주의를
산만하게 했던 요소는 그가 이야기할 때 청중 쪽으로 걸어나왔다가, 슬라
이드를 바꿀 때는 프로젝터를 향해 뒷걸음치면서 매번 프로젝터 받침대
에 걸려 넘어질 뻔했다는 점이었어요. 이런 일이 무려 **아홉** 번이나 일어났
죠. 전 이런 최악의 상황은 처음 봤어요. 그 강사는 걷는 법부터 배우고
나서 파워포인트와 프로젝터를 사용했어야 했죠. 그런데, 앗 이럴 수가,
그 연사가 바로 공저자 미치 앤소니라니."

—게리 드모스

"그래요, 내 잘못이에요, 게리. 사실 나는 파워포인트를 정말 싫어해요.
할 수 없이 파워포인트를 사용할 때면 늘 이야기에 방해가 되는 그 상황
이 힘들었어요. 플립 차트와 높은 걸상이 내가 가장 좋아하는 소품이죠.
이야기할 때마다 전 걸상(내가 빌 코스비라고 부르는)에 앉아요. 예전부터
내가 걸상을 향해 걸어가면 청중은 이내 제 이야기에 기대를 하기 시작하
죠. 내가 걸상에 앉으면 그들은 편안함을 느끼고 기대가 커져요. 전 사례
와 간단한 수치, 또는 사실을 설명할 수 있는 플립 차트를 즐겨 사용해요.
파워포인트는 설득력이 부족해요. 제가 제안하는 스타일상, 영상은 내 이
야기에 대한 관심을 떨어뜨리기 때문에 이 같은 종류의 기계는 나쁠뿐만 아
니라 청중에게도 도움이 안 되죠.

또한 전 많은 강사들이 강의할 때 파워포인트를 사용한다는 사실에 문
제를 제기하고 싶어요. 화려한 그래픽과 이미지로 대중을 열광시키기보다

는 스토리셀링 능력과 발표기법을 개발하는 게 훨씬 더 유리할 거예요. 청중은 시각적인 것을 원하기 때문에 이것을 이용해야 한다는 말을 자주 듣죠. 하지만 아니에요. 무엇보다도 가장 훌륭한 시각적 요소는 매력적인 스토리셀러가 되어 청중이 상상 속에서 그림을 그리게 하는 것이죠. 당신이 표현하려는 사람, 장소, 사건을 청중이 상상할 수 있게 하세요. 그것이 진정한 시각적 효과예요."

—미치 앤소니

게리에게 효과가 있다고 해서 미치에게도 효과가 있는 것은 아니다. 우리에게 효과가 있지만 당신에게 그렇지 않을 수 있다. 당신은 제안내용, 성격, 그리고 스타일을 평가하고 어떤 소품이 가장 적합한지 결정해야 한다. 제안할 때는 무엇보다 당신이 누구인지를 표현해야 한다. 발표를 마무리할 때까지 청중의 관심을 잡아둘 수 있도록, 자료나 소품, 그리고 스타일의 요소가 하나의 커다란 파도가 되어 청중을 휩쓸어야 한다.

특정 소품이 필요하다고 단정하지 마라. 소품은 고객을 효과적으로 설득할 목적으로 사용되어야 한다. 만약 당신이 소품을 사용하길 원하지 않는다면 연기력을 계발할 필요가 있을 것이다. 어떤 소품이나 도구, 기술이든, 더욱 역동적인 제안을 할 수 있을 때 그것을 사용하라.

게리는 가장 좋은 도구는 전자기기가 아니라 자신의 몸이라는 점을 일깨우고 싶어 한다. 목소리의 위력을 충분히 활용하는 방법을 배워라. 청중을 매료시키고 논리적으로 납득시키기 위해 당신의 눈을 활용하라. 긍정적인 에너지와 열광적인 분위기를 만들기 위해 당신의 몸짓을 활용하라. 다른 사람과 차별화된 당신만의 독특한 스타일을 개발하면 청중은 당신을 기억할 것이다. 역동적인 몸짓을 충분히

활용하여 발표한다면 고객은 당신의 핵심을 기억할 것이다. 청중이
당신과 당신의 말을 기억한다면, 당신은 당신만의 스타일로 제안하고
있는 것이다.

제2부
개인 고객 설득하기

6 배우와 드라마 소개

설득 드라마 제1막

사람은 보는 관점에 따라 (a)···모두 똑같기도 하고, (b)···약간 다르기도 하며, (c)···전혀 다르기도 하다.

—C. 클러크홈, H. 머레이

개인에게 제안하는 과정은 여러 가지 면에서 3막으로 구성된 연극과 닮았다. 제1막에서 배우와 드라마를 소개하고, 제2막에서 다양한 드라마가 펼쳐지며, 제3막에서는 갈등이 해소된다. 영업전문가의 설득 과정도 이와 비슷하다. 즉, 설득 과정은 발굴(배우와 드라마 소개), 제안(드라마 설명), 갈등을 해소하는 마무리(종결)단계로 이루어진다.

드라마의 필수요소가 얼마나 우수한가에 따라 연극의 가치를 판단하게 되듯이, 고객은 당신이 설득과 제안의 무대에서 얼마나 훌륭하게 자기 자신을 제안하느냐에 따라 당신의 능력을 평가할 것이다. 영화나 연극을 볼 때, 배우의 배역 특성이 충분히 드러나지 않고 피상적으로 설정되면 관객은 즉시 이야기에 흥미를 잃게 된다. 뻔히 알 수 있는 틀에 박힌 듯한 방법으로 드라마를 전개한다면, 그것은 지금까지 보아온 다른 수백 가지 영화와 전혀 다를 바 없기 때문에 금방 지루해진다. 우리가 90분 동안 관심을 갖고 보기 위해서는 그 이야기는 어느 정도 우리와 관련성이 있어야 한다. 마지막에 갈등을 해소하지 않고 영화가 끝난다면 관객은 불만족스럽게 자리를 뜰 것이다. 이러한 감정은 일반적으로 재무상담사와 고객의 대화에서 나타나는 감정과 매우 유사하다. 그렇다면 당신은 3막으로 된 고객 제안 과정에서 필요한 능력을 어떻게 갖출 것인가?

제1막 배우와 드라마 소개

당신은 시간을 내서 고객이 어떤 사람인지 파악하는가? 아니면 기본적인 사실 확인만 한 채 상품제안을 강행하려고 하는가? 제1막에서 당신이 고객과 유대관계를 맺으려면 그가 누구이며, 진짜 바라는 것이 무엇인지를 찾아내야 한다. 당신은 제안할 때 자신을 얼마나 보여주는가? 전문가적인 면모와 인간적인 면모를 모두 보여주는가? 고객이 일상에서 겪는 금전적인 문제에 관심을 기울이는가? 고객이 원하는 것과 당신이 제공하는 것 간에 상관관계가 있는가?

제2막 드라마 전개

제안이 틀에 박힌 듯 단조로운가? 고객이 당신의 제안을 다른 수천 명의 재무상담사에게서 이미 들었거나 들을 수 있는 것이라고 느끼는가? 그렇다면 고객은 당신의 이야기에 금방 흥미를 잃을 것이다. 재무상담사로서 당신의 역할에 열정과 신뢰를 갖고 있는가? 당신의 말과 행동은 일치하는가? 재무상담사의 임무에 충실하다면 당신의 제안은 회사에서 일러준 판매화법을 그대로 읽는 것보다 훨씬 더 설득력이 있을 것이다. 고객은 피부로 느낄 정도로 열정적인 재무상담사에게 관심을 기울인다.

제3막 갈등해소

고객이 돌아갈 때 앞으로 행복하게 살게 되리라 느끼게 했는가? 제안을 경청한 뒤 더 큰 희망을 안고 떠났는가? 이것이 바로 고객이 찾아오는 첫 번째 이유이다. 고객은 더 부유하고 자유로운 삶을 원한다. 고객은 당장 닥친 큰 문제를 해결하려고 한다. 따라서 당신은 그들의 갈등을 발견하고 해결해주어야 한다. 고객은 갈등을 축소하거나 은폐하려 하지만, 이는 겉으로 보이는 행동일 뿐이다. 곧 금전적인 문제로 갈등을 겪지 않을 거라면 그들은 당신 사무실까지 찾아오지 않았을 것이다. 판매를 하고 싶다면 당신의 상품과 서비스가 이 갈등을 해소할 수 있는 힘이 되어야 한다. 당신이 하는 일과 고객이 원하고 필요로 하는 것을 감정적으로 연계시키는 방법을 터득할 때, 당신은 제안을 멋지게 마무리할 것이다.

고객은 누구인가

"가끔 동료들에게, 길을 가는 한 직장인에게 또 다른 직장인이 길을 막고서 '돈이 얼마나 있으세요?'라고 퉁명스럽게 묻는 상황을 상상해보라고 해요. 질문을 받은 사람은 '네 일이나 잘해. 알아서 뭐하게'라고 대답했죠. 그리고 질문을 한 사람은 자신의 금융자격증과 고객의 돈을 관리해온 수년간의 경력을 들먹입니다. 그는 질문받은 사람이 잘 아는 몇몇 사람의 이름을 거론하기도 했어요. 그리고 그가 돈을 맡으면 엄청난 성과를 올려줄 수 있다고 덧붙였죠. 질문받은 사람은 그 사람의 성과가 모두 좋고, 또 사실일 수도 있지만, 정작 자기 자신의 돈으로는 제대로 성과를 내지 못했다고 말했어요. 전 재무상담사 사업분야에서도 이런 이야기만큼이나 눈에 거슬리고 강압적인 몇몇 제안을 경험한 적이 있어요. 고객은 누구나 유일하고 가치 있는 사람으로 대우받고 싶어 한다는 걸 다른 동료, 특히 젊은 재무상담사에게 말해주고 싶어요. 돈이 아니라 사람이 핵심이죠."
—시몬 J., 재무상담사

먼저 고객을 발굴하는 과정을 살펴보기에 앞서 무엇을 찾을 것인가부터 정해야 한다. 대부분의 재무상담사는 자산과 부채, 수입, 목표와 장래 희망 따위의 사실을 파악하는 데 시간을 낭비한다. 하지만 성공한 재무상담사는 고객의 재산이나 계획이 아니라 그러한 사실 이면에 숨어 있는 것을 파악하면서 고객을 더 잘 알고자 한다. 그들은 고객과 신뢰를 형성하는 길은 단순히 고객의 재산이 얼마인지를 파악함으로써가 아니라 그들이 누구인지를 파악함으로써 가능하다는 것을 안다. 이런 재무상담사는 <그림 6-1>에 나타난 바와 같이 우리가 MVP 접근법이라 부르는 상담법을 활용한다.

M-방법(Methodology)

성공적인 재무상담사는 믿음을 주는 방법으로 고객의 정곡을 찌르는 제안을 하기 위해 필요한 정보를 확인한다. 그들은 자기 자신은 물론 고객에게도 편안함을 줄 수 있는 판매 과정을 따른다. 이러한 재무상담사에게는 상품과 서비스를 제안하는 방법이 따로 있지만, 그 접근법이 피상적이기 때문에 탐색에 필요한 다른 요소를 대신할 수 없다는 점도 알고 있다.

<그림 6-1> MVP 접근법

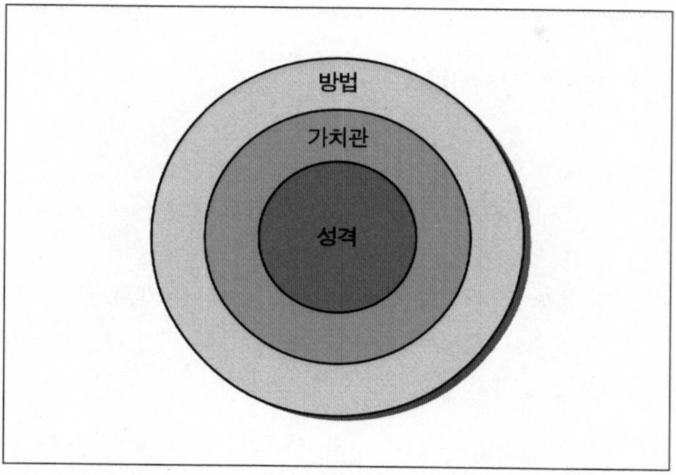

V-가치관(Values)

성공적인 재무상담사는 고객의 가치관을 재무 용어만으로는 평가할 수 없다는 점을 이해한다. 고객마다 성공을 규정짓는 가치관과 원칙이 다르기 때문이다. 현명한 재무상담사라면 이러한 가치관을 찾아낼 수 있는 질문을 해야 한다.

P-성격(Personality)

고객의 마음속에는 소위 성격 DNA라는 것이 있다. 이것은 각 개인이 편안하게 느끼는 사람의 유형이나 감수하고자 하는 위험의 종류, 선호하는 의사소통방식, 그리고 편하거나 불편한 절차 등을 규정해주는 것이다. 따라서 고객을 기쁘게 하기 위해서는 반드시 이것을 알아야 한다. 사람들을 대하는 이런 특별한 기술을 배운다면 당신은 고객과 성공적으로 의사소통할 수 있는 열쇠를 찾아낸 몇 안 되는 재무상담사가 될 것이다. 필수 불가결한 이러한 설득기술을 익힐 수 있도록 이 책 전반에 걸쳐 이에 대해 설명하도록 하겠다.

그들의 세계를 탐색하라

말하는 동안에는 아무것도 배울 수 없다.

—무명씨

우리는 10년간 (수백 명의 재무상담사가 근무한) 회사의 최고 영업사원 자리를 지켜온 어느 재무상담사를 만났다. 시상식장에서 우리는 그가 일년 내내 최우수 영업사원이었으며 2위와의 격차도 매우 컸다는 사실을 알게 되었다. 우리는 그의 성공비결의 핵심이 무엇인지 물어보았다. 그러자 그의 대답은 놀라우면서도 매우 훌륭했다. 그는 성공비결의 핵심을 호기심이라고 대답했다.

"저는 사람에 대한 호기심이 아주 많습니다"라고 그는 우리에게 이야기했다. "어릴 적 어떻게 살았고, 지금은 어떻게 살고 있으며, 살아오면서 어떤 경험을 했고, 앞으로 어떻게 살고 싶은지, 어떤 것에 열광하는지, 자식들이 독립해서 어떻게 사는지 또는 어떻게 독립할 것인지 알고 싶어 합니다. 저는 고객을 가능한 한 많이 알고 싶습니다. 겉치레(꾸며낸 이야기)가 아닙니다. 그저 저라는 사람이 원래 그렇습니다. 저는 고객이 저의 순수한 관심과 호기심을 알고 여기에 끌린다고 생각합니다."

당신은 고객 — 재산이 아니라 그 재산을 모은 사람의 삶 — 에 대해 얼마나 많은 호기심을 보이는가? 당신의 모든 것을 알고자 했던 사람, 즉 진정으로 당신에게 관심을 보인 사람과 가장 최근에 나눴던 대화를 상기해보라. 그러나 최근에 이런 대화를 나눈 기억이 없다 해도 너무 걱정할 필요는 없다. 당신 자신만 그런 것은 아니니 말이다.

사람은 누구나 자아도취적 성향을 갖고 태어나며, 자기 자신에 대해 이야기하고 싶어 한다. "질리도록 내 이야기만 했네요, 그럼 이제부터 당신이 내 이야기를 좀 해줄래요?"라고 말하는 사람이 바로 이런 자아도취적 성향의 가장 좋은 예이다.

> 이기적인: 타인의 이기심에 대한 배려가 없는
>
> ―암브로스 비어스

　우리는 영업전문가와 고객이 이야기를 나눌 때, 양측이 이야기하는 비중이 얼마나 되는지를 60초 단위로 연구한 어느 컨설턴트의 발표를 들은 적이 있다. <그림 6-2>에서 우리는 실망스러운 결과를 접하게 된다. 대부분의 시간을 쓴, 아니 정확히 말하면 **지배**한 사람은 영업전문가였다. 이러한 통계를 어떻게 설명해야 할까? 금융서비스업계에도 이러한 통계가 적용될까? 보통 재무상담사는 고객보다 자신이 더 중요하다고 생각하는 것일까? 재무상담사가 자신의 목소리에 반하기라도 한 것일까? 아니면 그저 자기가 아는 유일한 설득 방법 ― 말, 말, 말, 그리고 또 말하기 ― 을 그대로 행동에 옮긴 것일까?

　누군가가 대화의 80% 이상을 장악하고 있다면 어떤 느낌이 들까? 화가 날까? 좌절할까? 지루해할까? 이런 감정이 일반적으로 나타나겠지만, 그러고는 곧 나 자신이 별로 중요하지 않은 존재라는 감정이 핵심을 이루게 될 것이다. 따라서 고객을 발굴하는 기술을 갈고 닦고자 한다면, 고객 스스로가 자신이 소중한 존재라고 느끼게 하는 것을 목표로 해야 한다.

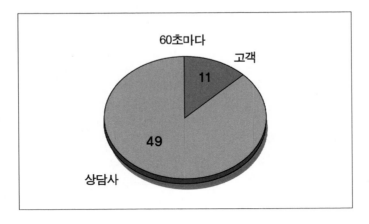

<그림 6-2>고객과 상담사 간의 대화시간

가치관 파악하기

『재무상담사를 위한 스토리셀링』*에서 저자 미치 앤소니와 스콧 웨스트는 최고의 재무상담사가 고객에게 하는 가장 훌륭한 질문이 무엇인지 찾고자 했다. 그들은 재무상담사가 고객의 배경이나 귀중하게 여기는 가치관, 원칙을 찾는 데 도움을 주는 질문유형을 선별했다. 어떤 재무상담사든 항상 저지를 수 있는 잘못은 고객에게 적절한 질문을 하지 않는 것이다. 예를 들어 별 생각 없이 고객의 기분을 나쁘게 하는 주식이나 회사 또는 아이디어를 제안하면 골치 아픈 일이 생길 수 있다. 재무상담사의 면전에서 제안이 거부당할 때 발생하는 이런 말썽거리를 우리는 **지뢰**라고 한다. 우리가 제시하는 질문으로 상담을 시작하면 당신은 결국 **금광**, 즉 적절한 질문을 할 때 고객이 보여줄 니드의 영역을 개발하게 될 것이다. 지뢰밭으로 걸어가는 재

---

* 스콧 웨스트, 미치 앤소니, 『재무상담사를 위한 스토리셀링』(김선호, 조영삼, 이형종 옮김), 서울출판미디어, 2003.

무상담사와 금광으로 걸어가는 재무상담사의 차이는 고객에게 그들이 하는 질문을 보면 알 수 있다. 다음은 재무상담사가 금을 캐낼 수 있는 가장 좋은 열 가지 질문이다.

고향이 어디입니까? 이 간단한 질문으로 많은 정보를 얻을 것이다. 무엇보다 먼저 고객 — 특히 노인고객 — 은 고향에 대한 이야기를 좋아한다. 다음으로 사람의 가치관은 자신이 자란 지역과 밀접한 관계가 있다. 가족과 함께 농장에서 자란 사람은 열두 번이나 기지를 옮겨다닌 군인 가정에서 자란 사람과 많이 다르다. 우리에게 진정 필요한 것은 고객과 연계할 수 있는 방법을 찾는 일이다. 몇 다리만 거치면 세상 사람은 다 아는 사람일 수 있다. 어느 재무상담사는 자신이 알고 있는 사람을 고객도 알고 있는 경우가 많다는 사실에 놀랐다고 했다. 이러한 정보는 대부분 이 질문을 통해 알게 된 것이다. 고객과 고향에 대해 이야기하다보면, 고객의 가치관은 물론, 때로는 고객과의 어떤 공통점을 발견하기도 한다.

어떤 일을 해오셨습니까? 이 질문을 통해 지금까지 고객이 살아온 인생경로를 알 수 있다. 고객이 선택하거나 거부했던 직업에 대한 이야기를 통해 그들의 가치관과 우선 순위를 알 수 있다. 또한 고객의 대답을 통해 가치관은 물론, 성격, 야망, 희망에 대해 더 명확하게 인식할 수 있다. 대부분의 사람은 자신이 하는 일이나 경험했던 일을 통해 자신의 정체성을 형성한다. 만약 경력에 대한 질문을 빠뜨린다면 관계를 맺을 기회도 놓칠 수 있다. 사람은 다른 사람이 자신이 일군 성과를 인정하고 존경해주기를 바란다. 사람은 누구나 독특한 직업경력과 흥미로운 이야깃거리를 갖고 있다. 따라서 현명한 재무상담사는 이에 대해 질문하고 경청한다.

지금까지 살아오면서 재무와 관련해서 내린 결정 중 가장 잘한 일은 무엇이었습니까? 이 질문을 할 때는 고객이 자조적인 미소를 띠더라도 가만히 지켜보아야 한다. 그러면 그들은 정반대의 상황 — 즉, 그들이 내렸던 가장 잘못된 결정사례 — 을 이야기해줄 수도 있다. 사람은 누구나 자신의 성공사례에 대해 말하고 싶어 한다. 또 가슴속에 묻어두었던 재무적 어려움을 덜어내고자 하기도 한다. 따라서 고객의 대답을 통해 그들이 지닌 재무적 지식의 폭과 넓이, 그리고 수용할 수 있는 위험의 정도를 상세하게 알 수 있다.

돈에 대해서는 어떤 원칙이 있습니까? 이 질문은 고객이 정보를 얻는 원천이 어디인지, 부모나 친척, 친구인지 아니면 금융 관련 자료나 잡지, 라디오, TV, 인터넷인지를 파악하는 데 도움을 준다. 또한 이 질문을 통해 고객의 투자지침을 알 수 있다. 그들이 소비를 지향하는지 아니면 저축을 지향하는지, 막대한 유산을 상속할 것인지, 자선단체에 남길 것인지 아니면 생전에 모두 사용할 것인지 말이다. 어떤 사람은 기꺼이 모험을 감수하는 데 반해 재산을 철저하게 보호하려는 사람도 있다. 어떤 사람은 결코 은퇴하지 않으려는 데 반해 되도록 빨리 은퇴하고 싶어 하는 사람도 있다. 이러한 질문에 대한 답변을 통해 우리는 고객이 어떤 원칙에 입각해 있는지 알 수 있다.

투자원칙상 기피하는 대상이 있습니까? 이 질문은 오늘날의 고객에게 특히 중요하다. 투자상담사와 재무상담사에게 이 질문의 중요도를 물어보면 10~20% 정도라고 말한다. 하지만 고객에게 개인적인 윤리

관상 반감을 느끼는 어떤 투자대상이 있는지를 물어보면 60%가 그렇다고 대답한다. 사회적 가치투자(SRI: Socially Responsible Investing)는 요즘 인기를 얻고 있는 개념이다. 이는 투자자가 정해진 환경이나 윤리, 도덕규범을 준수하는 회사에만 투자하는 방법이다. ≪월스트리트 저널≫은 도미니 사회적 주식펀드(Domini Social Equity Fund)*가 3년간 연 수익률 32.6%를 기록해 65개 우수 펀드 중 하나로 선정되었다고 보도하였다. 이 기사를 읽은 후 많은 사람들이 가치관에 따라 투자를 할 때 재무적으로뿐만 아니라 도덕적으로 보상받을 수 있다고 믿게 되었다.

자손들에게 딱 한 가지 재무원칙을 가르쳐준다면 무엇을 가르치시겠습니까? 이 질문에 대한 대답을 살펴보면 고객이 살면서 경제적으로 겪었던 중요한 이정표가 무엇인지 알 수 있다. 재무상담사는 다음과 같은 답변을 듣게 된다. "쉽게 벌면 쉽게 쓰는 법이야. 돈을 벌기 위해 열심히 일한 사람일수록 번 돈을 지키기 위해 더 열심히 일하지." "인생을 즐기려면 돈을 써야 해. 은행계좌의 잔고가 최고의 추억거리가 되진 못하니까." "열심히 일하듯이 돈도 열심히 투자해야 해." 이런 질문을 하면 두 가지 효과가 있다. 첫째, 당신이 고객이 배운 가치를 존중하고 있다는 것을 보여주며, 둘째, 당신이 재무적 문제에 관한 지혜를 잘 이해하고 있다는 증거를 보여줄 수 있다. 오늘날의 고객, 특히 부유한 노인 고객은 지식 이상의 것을 찾고 있다. 그들은 지혜를 추구한다.

---

* 뉴욕에 있는 도미니 사회 투자회사가 운영하는 펀드로, 사회복지와 환경요소를 투자결정에 반영하는 개인과 기관투자가 재산을 관리한다.

돈으로 무엇을 하고 싶습니까? 돈은 목적이 아니다. 그것은 수단이다. 돈은 모셔놓기 위해서가 아니라 더 나은 삶을 살기 위해 있는 것이다. 그렇다면 문제는 돈으로 무엇을 하고 싶은가 이다. 돈과 부의축적은 늘 감정적 문제와 깊이 관련되어 있다. 자유나 안전, 혹은 기회를 돈으로 사려고 하지 않는가? 이런 식의 질문으로 당신은 단순히 고객의 돈을 관리하는 사람이 아니라 그 돈으로 꿈을 함께 만들어가는 동반자가 될 것이다.

다른 사람을 부양할 책임을 지고 있습니까? 이는 우리가 살고 있는시대, 특히 책임감에 허덕이고 있는 베이비부머*들에게 아주 딱 맞는질문이다. 왜냐하면 그들은 대부분 아이를 늦게 가졌을 뿐만 아니라부모가 더 오래 사는 바람에 금전적인 압박에 시달리고 있기 때문이다. 베이비붐 시대에 태어난 고객은 은퇴한 후 바라는 대로 넉넉한삶을 꾸리지 못하는 부모에게 책임감을 느끼고 그들을 부양한다. 매달 300달러에서 400달러씩 자식으로부터 지원을 받을 수 있는 부모는 행복한 편이다. 일부는 '부모를 위한 연금'을 비롯하여 여타 나이든 부모님을 부양할 수 있는 방안을 마련하고 있다. 따라서 이 질문을 통해 당신은 부모 부양뿐만 아니라 자녀의 대학 교육비저축 계획에 대해서도 도움을 줄 수 있는 사람이 될 수 있다.

돈이 얼마나 있으면 충분할지 생각해보신 적이 있습니까? 아무리 돈이 많아도 만족하지 못하는 사람이 있는 반면, 현재의 재산과 수입만으로 충분하다고 생각하는, 단출한 생활을 좋아하는 사람도 있다. 많은 사람은 어떤 형태로든 유산을 남기고 싶어 한다. 이러한 현상은 신

---

* 베이비붐 시대(1946년~1965년 사이)에 태어난 사람.

탁이나 기부문화의 발달로 이어질 것이다. 베이비붐 세대는 삶에 새
로운 의미를 부여하려고 계속해서 노력하고 있다. 따라서 많은 사람
이 자선이나 기부를 통해 삶의 목적을 찾고자 할 것이다. 현명한 재
무상담사라면 이런 질문으로 대화를 시작하면서 친밀한 유대관계를
맺는 것은 물론, 그들에게 어떤 도움을 줄 수 있다는 것도 알고 있다.

재무상담사에게 무엇을 기대하십니까? 베테랑 재무상담사이자 재무
상담사들의 스승인 존 세스티나는 고객에게 항상 이런 질문을 한다.
"지금을 우리가 함께 일하기로 한 지 12개월이 지난 시점이라고 가
정해보죠. 지난 1년을 되돌아볼 때 제가 고객님을 위해 무엇을 했나
요?" 세스티나는 고객이 과거에 무엇을 바란다고 말했던지 간에 진
정으로 고객이 원하는 것은 이 질문으로 이끌어낼 수 있다고 말한다.
이것은 상담을 마무리하는 가장 좋은 질문이다. 왜냐하면 고객이 무
엇을 바라는지를 재무상담사가 확실히 아는 게 양측 모두에게 편한
일이기 때문이다.

재무상담사와 거래를 끊은 고객의 87%는 재무상담사와의 유대관
계를 그 이유로 들었다. 이런 일을 방지하기 위한 최상의 방법은 고
객에게 당신이 재무상담사로서 어떤 역할을 해야 한다고 생각하는지
말해달라고 하는 것이다. 만약 고객의 대답이 현실적이지 않다면 곧
바로 수정해주고, 그게 아니라면 최소한 고객의 기대치를 충족시키
기 위해 필요한 일을 알게 될 것이다.

이는 모두 고객의 삶에 관한 질문이다. 게리는 고객에게 하는 질문
이 곧 그들에게 제안할 때 그리는 그림의 뼈대 역할을 한다는 사실
을 알려주고자 한다. 훌륭한 제안은 독창성과 영감이 담겨 있는 예술

<그림 6-3> 색칠하고자 하는 그림 구상하기

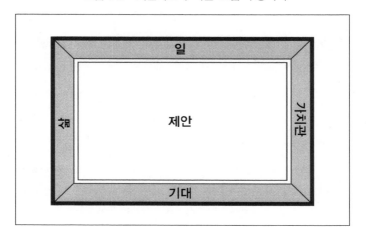

작품일 수도 있다. 그러나 무엇보다도 중요한 것은 그 주제를 모든 관점에서 이해해야 한다는 점이다. 뼈대를 세우는 일은 하나의 건설 작업이다. 즉, 거기에는 정확한 탐색과 작업 과정이 필요하다. 이 장에서 제시한 질문들은 그 뼈대를 세우는 데 유용할 것이다. 당신이 고객을 파악하면서 세우고자 하는 네 가지 뼈대는 그들의 삶, 일, 가치관, 그리고 기대(<그림 6-3 참조>)이다. 따라서, 재치 있는 질문으로 이 뼈대를 세운다면 제안을 시작할 준비를 갖춘 셈이다.

탐색은 고객의 생활 전반에 걸쳐 이루어져야 하기 때문에 우리는 앞의 질문을 LIFE 발굴모델(Life Inventory of Fomulative Experiences; 공식화된 인생경험 목록)이라고 한다. 어떤 사람의 투자 가능 자산을 판단하려면 계산기만 있으면 된다. 그러나 어떻게 그 자산을 취득했고 그 자산으로 앞으로 무엇을 하고 싶어 하는지를 이해하려면 더 많은 것, 즉 고객에 대한 호기심, 직관, 지성, 상상력, 진심 어린 관심이 필요하다. 고객은 재무상담사가 자신을 완전히 이해하고 있다고 생각

하게 되면 빠른 시간 내에 재무상담사를 믿고 재산관리를 위탁할 것
이다.

발굴 과정을 착실하게 진행한다면 고객의 삶 각 단계에서 전개되는
다양한 드라마를 볼 것이다. 이제 당신은 당신의 상품과 서비스를 갖
고 본격적으로 드라마가 시작하는 제2막에 대한 준비를 갖춘 셈이다.

7 드라마 전개

설득 드라마 제2막

상품을 제안할 때 당신의 이야기가 고객의 니드와 직접 연결되지 않는다면 그것은 시간과 언어의 낭비일 뿐이다. 아무리 당신이 제안하는 자료가 고급 인쇄지에 다양한 색상으로 포장되어 있다고 해도 그것이 고객의 실생활과 아무 관련이 없다면 쓰레기에 불과하다. 고객을 움직이는 것은 **관련성**이다. 상품과 서비스를 제안하면서 사용하는 언어는 고객의 마음과 정서에 정확히 들어맞아야 한다.

고객의 의도를 얼마나 잘 충족시킬 수 있는가는 오직 질문과 관찰을 얼마나 잘 할 수 있느냐에 달려 있다. 바로 앞 장에서 했던 조언에 따라 당신이 고객이 누구이며 무엇을 가지고 있는지를 파악하는 질문을 한다면 — 그리고 그들의 대답 내용과 그 방식에 주의를 기울인다면 — 당신은 제안할 준비가 제대로 된 셈이며, 이제 추측해야 할 일은 거의 없을 것이다. 당신의 고객은 자신의 니드를 모두 밝혔기 때문에 당신이 한마디 한마디 할 때마다 더 자발적으로 반응하며 수용적인 태도를 취할 것이다. 당신의 제안은 고객의 삶에 펼쳐지는 드라마가 되어야 한다. 이 장에서는 고객이 직면한 문제에 직접 초점을 맞추어 제안을 하는 원칙에 대해 알아보겠다.

제안원칙① **목표를 파악하라**

게리는 최근 제안을 할 때, 첫 마디부터 제안방향을 빗겨나가기가 얼마나 쉬운가를 생생하게 보여주는 일을 경험했다. 이 경험을 통해 그는 제안할 때 첫 마디가 고객과 연결되지 못하면 고객이 바로 마음속으로 자기와 관련 없는 일이라고 단정해버린다는 사실을 알게 되었다. 시카고에서 개최된 성대한 보트 쇼에서 게리는 그의 친구와 함께 자신의 눈을 사로잡은 보트 한 대를 본 일이 있다. 그 배의 영업사원은 고객을 제대로 알지 못하면서 대뜸 이런 말을 내뱉었다. "이 보트의 기술적 특징이 궁금하다면 거기에 대해 설명해드리겠습니다." 만약 고객이 엔지니어나 엔진 또는 배의 설계에 관심 있는 30년 경력의 해군 출신이었다면 이런 말로 제안을 시작하는 것이 훌륭했을 것이다. 하지만 분명 게리와 같은 사람에게 그것은 적절하지 않았다. 게리는 매우 정열적이고 의욕이 넘치며, 장난기 많고 말이 많은 사람으로, 엔진의 사양이나 다른 세부 사항에 대해서는 관심이 없었다. 그는 그저 그 보트를 어떤 용도로 사용할 것인가에 대해 얘기하고 싶었다.

게리와 마찬가지로 영업전문가였던 그의 친구도 그 영업사원을 서투른 제안으로 흥미를 잃게 만든 사람이라고 비난했다. 그 영업사원은 첫 한마디 말 때문에 엄청난 영업손실을 입은 것이다. 그는 게리가 왜 거액의 돈을 들여 보트를 사고 싶어 하는지 알아볼 생각도 하지 않았다. 또한 게리가 어떤 성격의 소유자인지를 파악하려는 관찰도 하지 않았다. 그 결과, 게리와 그의 친구는 떠나버렸지만 그 영업사원은 자신이 왜 실패했는지 알 수 없었다. 제안을 시작하는 문구는 물론, 제안할 때 쓰는 어떤 말도 고객의 삶이나 성격과 직접적으로 연관되지 못한다면 공허한 것에 지나지 않는다. 지금까지의 경험으로 볼 때, 제안에서 절대 놓쳐서는 안 되는 첫 번째 원칙이 바로 이것이다. 당신의 상품이나 서비스가 고객의 실생활에 어떻게 부합되는지를 먼저 파악한 후, 제안을 시작하라.

확신이 없다면 말하기 전에 먼저 질문부터 해야 한다. 앞의 이야기에서 그 영업사원이 만약 "이 보트를 어디에 사용하실 겁니까?"라고 한마디만 물어보았다면 그는 매력적인 제안을 할 수도 있었을 것이다. 정글의 법칙 — 날 위한 건 뭐가 있지?(WIIFM; What's in It for Me)라는 법칙 — 을 피하면서 영업 세계에서 살아남으려는 것은 완전히 바보 같은 짓이다. 하지만 수천 명의 상품과 서비스 판매자는 오직 자신의 이익(What's in It for Them)만을 생각하면서 제안을 시작한다. 이러한 자기 중심적 접근법을 가진 사람은 마음속으로 고객보다 자신의 이익을 우선시하기 때문에, 고객이 그들과 거래하고 싶어 하지 않는다는 점을 깨닫지 못한다. 고객은 말로 하지 않은 관심사까지도 직관적으로 알아서 도움을 주는 전문가와 거래를 하고 싶어 한다. 고객 니드를 확실하게 파악하지 못했다면 제안을 시작할 생각도 하지 마라. 고객에게 무엇이 필요하고, 왜 필요한지를 확신할 때까지 계속해서 고객에 대해 탐구하라. 설득력 있는 제안은 어둠 속에서 화살을 쏘는 것이 아니라 레이저로 유도되는 미사일을 발사하는 것이다.

제안원칙② **미리 가정하지 마라**

   기본적으로 고객이 무엇을 원하고, 왜 필요로 하는지를 알아야 설득력 있는 제안을 할 수 있다. 모든 사람이 똑같은 이유로 투자계획을 세우지 않는다. 모두가 같은 방법을 생각할지 모르지만 그 방법을 통해 이루고자 하는 목적은 다양하다. 어떤 사람은 자신이 좋아하는 일을 그만두지 않으려고 투자계획을 세우고 어떤 사람은 하던 일을 그만두고 싶어서 투자계획을 세운다. 어떤 사람은 미래의 여유와 취미생활을 즐기기 위해 투자를 하는가 하면, 또 어떤 사람은 자신이 부양할 가족이 있기 때문에 투자를 한다. 이 밖에도 늙어서 빈털터리가 될까 두려워 투자하는 사람이 있는가 하면, 돈이 불어나는 것을 보고 싶어서 저축을 하는 사람도 있다. 이런 식의 대조를 통해 알 수 있듯이 바람의 방향을 알면 당신이 제안하는 배가 어떻게 항해할지 알기가 훨씬 쉽다.

   다음 이야기를 통해 고객이 어떤 상품을 원하는 이유를 안다고 단정하고서 그 상품으로 상황을 해결하려 하는 것이 얼마나 위험한지 알 수 있다.

   보험설계사가 우리 부부 앞에 앉더니 자녀의 대학교육을 준비하기 위해서는 생명보험과 투자상품을 구입해야 한다고 설명하기 시작했어요. 하지만 전 이 남자가 우리가 자녀의 교육자금에 대해 어떻게 생각하는지는 묻지도 않고 어떤 것을 해야 한다고 말하는 것은 다소 주제넘은 행동이라고 생각했죠. 아내와 저 둘 다 거의 부모님의 도움 없이 학교를 마쳤고, 이에 대해 이미 많은 이야기를 나누었기 때문에 스스로 학비를 조달했던 경험이 직업의식을 강화하고 원만한 성격을 형성하는 데 필요하다고 느끼고 있었거든요. 또한 부모님께 학비를 받았던 많은 학교 동창들이 오히려 배울 수 있는 기회를 놓치고 흥청망청 지내는 것을 보고 우리 애는 대학진학을 위해 스스로 벌어 학비를 댄 후 부족한 부분은 학자금 대출을 받기로 결정했죠. 만약 그 보험설계사가 물어봤다면 우린 이렇게 얘기했을 거예요. 결국 그는 우리에게 상품을 판매하지 못했죠.

반면 우리를 방문했던 다른 보험설계사는 살아온 이야기부터 물어보면서 상담을 시작했습니다. 그에게는 가장 좋은 방법인 듯 했어요. 그는 제 아내가 결혼한 지 6개월 만인 21살 때 첫 남편이 암으로 죽었다는 사실을 알게 되었어요. 전 남편은 죽기 전에 생명보험증권의 보험수익자를 부모에서 아내로 하는 수익자 변경신청을 하지 않았죠. 그랬더니 그의 부모는 몇 가지 터무니없는 이유를 들어 사망보험금을 가로챘고, 미망인, 즉 지금의 제 아내는 남편의 사망보험금을 한푼도 받지 못한 채 빈털터리가 되었습니다.

그 때문에 아내는 지금도 제가 그녀보다 먼저 죽을 경우 발생할 생계 문제를 비롯한 복잡한 문제에 대해 두려워하고 있습니다. 그녀의 불안을 해소하는 데 생명보험 가입 금액의 많고 적음은 전혀 문제가 되지 않았죠.

그 보험설계사가 생명보험상품을 팔 수 있었던 건 우리에게 질문을 했기 때문이죠(미치 앤소니, 스콧 웨스트, 『재무상담사를 위한 스토리셀링』(김선호 외 옮김), 서울출판미디어, 2003, 104~105쪽).

전자의 이야기에서와 같이 고객이 원하는 것과 원하는 이유를 알고 있다고 단정해버리면 당신은 살얼음판에서 스케이트를 타는 것처럼 위험해진다. 즉, 빠지는 건 시간문제다. 가장 설득력 있는 제안은 이런 종류의 정보를 이미 포함하고 있다.

답변하기 전에 먼저 질문하라

우리는 대부분 한두 번 정도 귀찮은 판매제안을 받아본 경험이 있다. 하지만 아마도 좀 더 귀찮은 경우는 고객이 그 상품에 대한 욕구가 있는지, 그리고 있다면 왜 그 상품을 원하는지 알아보지도 않고,

상품의 혜택과 특징을 나열하면서 판매를 제안하는 상황일 것이다. 똑같은 상품을 어떤 사람은 실용적인 필요에 따라 구매할 것이고 어떤 사람은 감정적인 욕구에 따라 구매할 것이다. 우리는 이를 분명히 해야 하는데, 왜냐하면 모든 판매제안에는 답(해결책)이 있고 답(해결책)을 안다는 것은 질문을 안다는 것으로, 이 질문은 고객마다 달라야 하기 때문이다.

여러 가지 특징과 혜택을 제시하기 전에 먼저 고객의 관심을 엿볼수 있는 질문을 하라. 다음은 몇 가지 예이다. "과세 소득을 낮추고 싶습니까?" "대학 학자금 저축 프로그램에 관심이 있습니까?" "예순 둘쯤, 아니면 언제쯤 은퇴할 계획이십니까?" "가족 중 누군가에게 평생 재무적인 지원을 해야 하는 것으로 고민하십니까?" "재산의 일부를 자선 사업에 사용할 의향이 있으십니까?"

이러한 질문을 비롯한 많은 질문을 짐작하지 말고 물어봐야 한다. 어떤 고객의 관심사가 당신과 똑같거나, 당신이 생각하는 그대로일 거라고 짐작하는 것은 어리석기 짝이 없는 일이다. 모두가 납세에 대해 고민하는 것은 아니다. 그것을 애국적인 의무라고 여기는 고객도 있다. 또한 모두가 대학 학자금 저축에 관심이 있는 것은 아니다. 자녀가 구시대적인 방식대로 스스로 돈을 벌어서 준비해야 한다고 생각하는 사람들도 있다. 그리고 누구나 다 은퇴하고 싶어 하는 것은 아니다(베이비붐 세대의 80%는 일을 전혀 하지 않는 완전한 은퇴를 생각하지 않는다고 말한다). 죽을 때까지 일하고 싶어 하는 고객도 있다. 마찬가지로 모든 사람이 유산을 남기고 싶어 하는 것은 아니다. 또 전 재산을 소진한 후 장의사에게 지급한 수표가 부도처리되길 원하는 고객도 있다.

따라서 결론은 이렇다. 일반화의 함정에 빠지지 않도록 고객의 니드가 무엇인지, 그리고 그 니드의 이면에 숨어 있는 진짜 이유가 무엇인지 정확히 파악할 수 있도록 제안을 계획하고, 상품과 서비스를 고객의 니드에 맞춰라.

제안원칙③ 고객의 삶을 단순화하라

현대인은 바쁘다. 또한 그들의 삶은 대체로 혼란 그 자체이며, 거의 모든 사람이 숨쉴 공간을 찾는다. 그러므로 그들은 재무적 삶과 일상 생활을 단순화할 수 있다면 어떤 제안도 선뜻 받아들일 것이다. 따라서 판매하는 상품이나 서비스, 그리고 그것으로 고객의 삶을 편하게 하는 방안 사이에 직접적인 상관 관계를 도출해내는 것이 중요하다.

인생은 사소한 것으로 낭비된다. 단순화, 단순화하라.
—헨리 와즈워스 롱펠로

많은 사람이 시간을 들여 재무 문제를 정리하지 않기 때문에, 또는 재무 문제를 잘 정리했을 때 어떤 효과가 있는지 전혀 모르기 때문에 늘 돈이나 투자에 대한 스트레스를 안고 산다. 현명한 재무상담사는 제안할 때 이러한 문제를 언급하기 때문에 그와 함께 하면 걱정과 후회, 혼란이 줄 것이라고 느끼게 한다.

투자자산이 여기저기 흩어져 있어서 어머니께서 나무만 보시고 정작 숲을 보지 못하시는 것 같아 함께 재무상담사를 찾아갔습니다. 어머니는 일단 사업을 정리하고 조금 쉰 후 새로운 사업을 시작하고 싶어 하셨지만 투자를 워낙 복잡하게 분산해놓아 언제 일을 시작할 수 있을지, 그리고 과연 할 수 있는지 도무지 알 수 없었어요. 어머니는 투자명세서로 가득한 서류철을 재무상담사에게 가져가서 책상 위에 펼쳐놓았어요. 그러자 재무상담사는 각 계좌 명세서를 보면서 "이것보다 더 나은 수익을 제공해드릴 수 있습니다", "그렇게 하시지요"라며 설명을 덧붙였어요. 그 재무상담사는 하나씩 훑어보면서 더 좋은 대안과 그 대안을 어떻게 실행할 것인지에 대해 말해줬어요.

상담이 끝날 무렵 어머니는 매우 초조해하셨죠. 나중에 어머니는 "여기에 올 때보다 더 절망적이야. 그가 말한 대로 하면, 어떤 투자는 조기해약으로 수수료는 물론 세금까지 내야 할 거야. 그에게 모든 문제에 대안이 있는 것 같긴 하지만 난 아직도 사업을 언제 정리할 수 있을지 모르겠구나. 난 그저 내가 원하는 일을 언제 할 수 있을지 알고 싶을 따름이야"라고 말씀하셨어요.

—에드. B., 39세

고객은 누구나 "원하는 것을 언제 할 수 있을까?"라는 다소 막연한 의문을 마음 한 구석에 어렴풋이 갖고 있으며, 늘 그 질문에 대한 답변을 원한다. 당신이 다른 100만 가지 질문에는 대답하면서도, 정작 이 중요한 질문에 대한 답을 유보한다면 고객은 불만을 터뜨릴 것이다.

다음은 고객이 자신의 삶을 단순화시켜 볼 수 있도록 도와주는 몇 가지 지침이다.

- 전체 그림을 볼 수 있도록 한다.
- 목표에 도달하기까지 얼마나 걸리는지를 알려준다.
- 정보수집에 도움을 주고 이 정보를 되도록 간단한 용어로 분류·요약하도록 한다.
- 돈과 관련된 스트레스를 해소할 수 있도록 도움을 준다.

빈스 롬바르디가 항상 "이것이 축구공이다……"라는 말로 훈련캠
프를 시작하는 것처럼, 설득력 있는 재무상담사는 먼저 개인재무관
리의 기초를 강조해야 한다. 대부분의 고객은 상세한 내용이나 전문
용어, 그리고 세부적인 투자선택 사항에 대해서까지 알고 싶어 하지
않지만 자신의 현 상태가 현명한 개인재무관리의 기본 요소를 잘 반
영하고 있는지는 파악하고자 한다. 고객은 목표달성을 위해 해야 하
는 일에 대한 개략적인 구도를 파악하길 원한다. 전설적인 그린 베이
패커 팀의 러닝 백이었던 폴 호닝이 패커 팀에 들어갔을 때, 그곳에
있는 경기교본*이 전미미식축구연맹 소속 다른 팀이 흔히 갖고 있는
교본 내용의 4분의 1밖에 되지 않을 정도로 얇다는 것을 알고 매우
놀랐다. 그가 롬바르디 감독에게 이에 관해 묻자 감독은 "우리는 다
른 사람보다 몇 가지만 더 잘하면 돼. 너에게도 몇 가지 달리기 방식
이 있겠지만, 실제 시합에서는 선택할 수 있는 방법이 무수히 많지.
그러니까 벌어지는 상황에 즉각적으로 대응할 수만 있으면 되는 거
지"라고 대답했다.

우리가 고객에게 제공하는 교본은 롬바르디의 것과 같아야 한다.
다시 말해 이해하기 쉽고 시장에서 일어나는 일에 유연하게 대처할
수 있어야 한다. 간결하고 쉽게 이해할 수 있는 용어로 설명하면서
수많은 나무 사이로 고객이 숲을 볼 수 있도록 도와주는 재무상담사
에게는 결코 고객이 끊이지 않을 것이다.

---

* 미식축구 팀의 공격과 수비에 관한 작전을 그림으로 간단히 설명한 책.

제안원칙 ④ **고객의 현재와 미래를 잇는 다리가 되라**

저는 고객에게 현재 그들의 재무 상황과 그들이 원하는 재무 상태를 이어주는 다리 역할을 하고 싶습니다. 저는 스스로를 공상가이자 타고난 일꾼이라고 생각해요. 전 고객이 어디로 가고 싶은지에 대한 명확한 비전을 제시하려고 하죠. 왜냐하면 고객이 특별히 지향하는 바가 없다면 제가 개입할 여지가 없으니까요. 다리 건너편이 어떤 곳인지 모른다면 고객과 함께 다리를 세워봐야 아무 소용이 없습니다. 또한 저는 다리를 건설하는 데 필요한 가장 이상적인 자재를 구입하도록 돕는다는 측면에서 고객의 일꾼입니다. 고객마다 지향하는 비전이 다르기 때문에 필요한 자재도 제 각각이죠. 저는 고객이 현 위치에서 나아가고자 하는 곳으로 이동하는 것을 돕는 데 힘이 되었으면 합니다.

—랜더 P., 재무상담사

고객에게 당신의 가치를 알게 하려면, 제안할 때 다음과 같은 사항을 겸비해야 한다.

- 고객의 목표지점과 시기를 구체적으로 파악하라.
- 고객의 현 위치를 보여주라.
- 고객에게 목표지점과 현 위치 사이의 간극을 극복하는 방법을 설명하라.

고객은 당신이 무엇을 제시하여 그들의 재산을 관리하려 하는지 궁금해한다. 그것이 주식, 뮤추얼펀드, 채권, 연금, 보험상품을 제공하는 당신의 능력일까? 당신은 고객 혼자, 또는 판매자격증이 있는 다른 50만 재무상담사나 투자상담사와도 해낼 수 없었던 일을 고객을 위해 할 수 있을까?

고객이 당신과 꼭 거래하고 싶은 마음이 들게 하기 위해 무엇을 제시하는가? 분산 포트폴리오를 제시하여 돈을 다양한 종류의 자산으로 분산시키려고 하는가? 물론 이것은 신중한 방법이다. 하지만 결코 남과 차별화된 서비스는 아니다. 몇몇 재무상담사는 이런 관점에 반대할지 모른다. "글쎄, 투자상품 판매와 위험분산은 우리 일의 핵심이죠." 이는 거의 대부분의 다른 금융전문가가 하는 일의 핵심이다. 따라서 당신이 제안할 때는 이것을 부차적 기능으로 설정해야 하며, 오히려 해야 할 일의 핵심은 고객이 현 위치에서 목표지점으로 가도록 돕는 것이다. 그리고 일단 이러한 핵심을 설정한 후 고객에게 그것을 달성하기 위해 필요한 상품을 확고하게 설명할 필요가 있다.

고객의 목표지점과 시기를 구체적으로 파악하라

조지 번스에게 87번째 생일 날 무엇을 하고 싶은지 물었다. 그는 '친자 확인 소송'이라고 대답했다.

고객이 진정 무엇을 원하는지, 그리고 왜 그것을 원하는지 파악하라. 고객이 재무적 자유를 원하는가? 실직이나 장애를 얻게 되더라도 수입이 안정적이길 원하는가? 부모나 자녀의 재무적 독립을 위해 애쓰고 있는가? 아니면 보다 균형 있는 삶을 위해 굴레에서 벗어나려 하는가? 일단 고객의 생활에서 이러한 큰 줄기를 발견하고 나면, 그것은 당신의 제안에서 반짝이는 북극성이 된다. 그리하여 모든 행동과 말은 고객이 이 지점에 도달하도록 돕는 데 맞춰진다.

일단 고객의 삶에 중요한 목표를 확실히 정하면 고객이 목표에 도달하기까지 걸릴 시간을 설정할 필요가 있다. 기한을 정하지 않은 목표는 새해 아침에 했던 결심처럼 추진력을 발휘하지 못한다. 그러나 고객이 "쉰 살쯤에는 재무적으로 자유로워져 내 꿈을 실현해보고 싶습니다"라고 말한다면, 앞으로 건설할 다리의 기초를 세운 셈이다. 기한을 설정하면 고객은 긴박감을 갖게 된다. 일단 이 질문에 대한 대답을 듣고 나면 당신은 다리를 건설하는 두 번째 단계로 넘어가 고객에게 그들의 현 위치를 보여주어야 한다.

고객의 현 위치를 보여주라

목표의 현실성을 점검하는 것을 게을리 하지 마라. 고객은 이따금 씩 비현실적인 목표를 세우기도 하기 때문이다. 현재 6만 달러의 소득에 4만 5,000달러의 투자자산을 보유하고, 쉰다섯에 은퇴할 생각인 마흔네 살의 고객을 예로 들어보자. 우선 이 고객이 목표를 달성하는 데 드는 비용과 시간에 대해 현실적으로 접근하게 만들 필요가 있다. 이 고객에게 더 현실적인 목표는 돈 버는 기간을 연장하기 위해 좀 더 오래 할 수 있고 즐길 수 있는 일을 찾는 것일 수도 있다. 대부분의 고객은 자신의 목표와 관련하여 자신이 어디에 있는지 정확하게 알지 못하며, 그 목표에 도달하는 데 얼마의 비용이 드는지도 차분히 계산할 줄 모르는 경우가 많은데, 하물며 시간이 얼마나 걸릴지야…….

이 단계에서는 고객의 재무 상태를 상당히 높은 곳에서 내려다보아야 한다. 그리고 이 상황에서 당신은 다음과 같은 식으로 제안해야 한다.

"제가 제대로 이해한 거라면 고객님께서는 ○○를 할 수 있는 위치에 이르기를 바라며, 그것을 되도록 ○○내에 이룩하고 싶어 합니다. 제가 고객님의 현 재무 상태를 살펴보고 목표에 도달하기 위해 통상 소요되는 기간과 비교해본 바로는, 고객님께서 얼마나 공격적인 수단을 선택하느냐에 따라 ○○년에서 ○○년의 시간이 걸릴 것으로 생각됩니다. 과거에도 이런 경험이 있었는데 계획을 세우고 끈기 있게 밀고 나가면 충분히 해낼 수 있습니다."

이제 당신은 다음을 추진하기 위한 기초공사를 마쳤다.

- 고객의 목표달성을 위한 계획수립.
- 계획에 맞는 구체적 실행.
- 일정표 작성.

제안 도중 이 중대한 시점에서 고객이 관심을 보인다면, 당신은 다리를 놓는 데 필요한 자재만 공급하면 된다. 왜냐하면 관심을 통해 사실상 고객은 이미 다리의 설계도에 동의한 것이기 때문이다.

고객에게 목표지점과 현 위치 사이의 간극을 극복하는 방법을 설명하라

다리 하나를 건설하는 데 여러 가지 특별한 자재가 필요하듯이 재무적 다리를 건설하는 데도 펀드나 보험상품과 같은 다양한 투자 수단이 필요하다. 먼저 핵심 목표—즉, 고객이 도달하고자 하는 최종 지점—를 정한 뒤, 거기에 도달하기 위해서 어떤 자재가 가장 적합한지 파악해야 한다. 어느 펀드가 가장 우수한 성과를 보였는지, 투자원칙에 충실한지, 또는 일관성 있게 잘 관리되고 있는지를 계속해서 확인할 만큼 시간이 넉넉한 사람은 거의 없다. 또한 어떤 정보가 더 믿을 만하고 어떤 정보가 소수에게만 이익이 되는 수단인지 알기 위해 다량의 금융정보와 홍보선전물을 선별해서 살펴볼 만큼 시간이 많은 사람도 거의 없다. 재무 상태의 균형을 유지하고 끊임없이 점검하면서, 재차 균형을 유지하는 데 필요한 모든 일을 하고자 하는 사람은 거의 없다. 그렇기 때문에 당신의 가치가 황금처럼 빛나는 것이다. 당신은 이러한 궂은일을 하면서 항상 실적과 성실성을 겸비하고,

타당한 정보를 선별하여 투자가 얼마나 잘 진행되고 있는지를 확인해야 한다.

당신의 임무는 고객에게 가장 우수한 자재(투자상품)를 제공하는 것뿐만 아니라 어느 것이 가장 우수한 자재인지 결정하는 기준을 알려주는 것이기도 하다. 우리는 자신이 제안하는 투자상품을 직접 조사하면서 이 임무를 수행하는 재무상담사를 안다. 그는 포브스에 실린 등락 시장의 뮤추얼 펀드에 관한 기사 "리포트 카드"를 가장 좋아한다. 그는 이 리포트 카드가 시장의 상황에 따라 기업이 어떤 성과를 낼지를 직관적으로 알고자 하는 고객에게 가장 적합하다고 말한다. 고객은 강세장에서는 잘 나가다가 약세장에서 헤매는 펀드를 원하지 않는다. 재무상담사로서 당신은 자재와 그것을 선택하게 된 이유를 제시하여 고객의 신뢰를 얻어야 한다.

설득력 있는 제안은 고객이 느끼는 니드를 충족시킬 수 있는 제안이다. 고객의 계획과 당신이 제안하는 계획이 일치해야 한다. 괴로운 현실을 탈출하여 늘 꿈꿔왔던 곳으로 여행하도록 독려하는 사람을 기피할 고객은 거의 없다. 고객이 마음속으로 원하는 것을 정확하게 설명하고, 거기에 이르는 가장 확실한 방법을 제시한다면 양측의 협력관계는 한층 더 돋보일 것이다. 설득력 있는 재무상담사는 고객이 원하는 바는 물론 그것을 얻는 방법까지도 확실하게 알려줄 수 있는 사람이며, 무엇보다 이 과정에서 자신의 역할이 필수적임을 보여주는 사람이다.

8 갈등해소: 동의에서 실천으로

설득 드라마 제3막

고객이 스스로를 위해 행동하도록 도와줄 때 그들은 비로소 직면한 문제를 해결할 수 있다. 고객이 행동하지 않으면 고객발굴과 제안 과정은 아무런 쓸모가 없다. 이번 장에서는 고객이 행동할 이유와 실천할 동기를 찾도록 도와주는 방법에 대해 예시해보겠다.

다음과 같은 이야기가 전해진다. 수년 전, 세계에서 가장 뛰어난 줄타기 곡예사가 막 나이아가라 폭포를 건너려 하고 있었다. 바람이 세게 불자 모여 있는 관중이 더욱 흥분하기 시작했다. 그러자 웅성거리는 관중 소리를 듣고 곡예사가 물었다. "이렇게 옆바람이 세게 불어도 제가 이 밧줄 위로 걸어 폭포를 건널 수 있다고 믿습니까?"

"물론 해낼 수 있지요!"라고 관중은 격려했다.

곡예사는 관중이 돈을 더 꺼내놓기를 바라면서 물었다. "제 앞에 있는 외바퀴 수레를 밀고 간다면요. 그래도 해낼 수 있다고 믿습니까?"

"해낼 수 있다니까요, 최고의 곡예사잖아요!"라고 관중은 더욱 열광하면서 외쳤다.

곡예사는 폭발적인 기대를 느끼면서 더욱 비아냥거렸다. "그럼, 마지막
으로 하나 더 추가하겠습니다. 이렇게 바람을 맞으면서 외바퀴 수레에 한
사람을 태우고 밧줄을 가로질러 갈 수 있을까요?"

그 광경을 실제로 볼 것이라 기대한 관중은 용기를 북돋아주기 위해
외쳐댔다. "당신은 최고의 곡예사예요. 그걸 할 수 있는 사람은 당신뿐입
니다."

"좋아요." 곡예사는 대답했다. "여러분 말씀대로 해보겠습니다. 그럼
여러분 중 누가 이 외바퀴 수레를 타시겠습니까?"

이 업계에 종사하는 사람이라면 다 알겠지만 동의하는 것과 행동
에 옮기는 것은 상당한 거리가 있다. 그 거리가 정확히 얼마나 되는
지는 아무도 모르지만, 대략 약 45센티미터, 즉 머리와 가슴 사이의
거리일 것이다. 의사결정이 감정적인 여과장치를 거쳐 이루어지지
않으면 소비나 투자를 결정하지 않는다. 실제로 신경과학에 따르면,
사람들이 정보를 처리할 때 두뇌의 정보 흐름은 대뇌 중심부(이성의
자리)에 기록되기 전에 먼저 대뇌 변연계 중심부(감정의 자리)로 들어
간다. 간단히 말하자면 사람들은 대화할 때 먼저 느끼고 난 다음 이
성적으로 생각한다. 따라서 당신은 논리의 문을 두드리기 전에 감정
의 문을 먼저 통과해야 한다. 감정을 함부로 다루면 대화가 단절되거
나 심한 좌절감을 느낀다. 이 장에서 읽을 내용 중 몇 가지는 판매를
마무리하는 과정에 대해 이미 당신이 배운 내용을 그대로 보여줄 것
이다. 판매를 마무리하지 못했다면 그것은 십중팔구 당신이 어떤 연
관성을 찾지 못했기 때문이다. 연관성 없는 제안자료로 거래를 호소
해보았자 무슨 소용이 있겠는가?

설득을 시도하는 과정에서 많은 전문가가 실수하는 부분이 바로
이 지점이다. 즉, 그들은 의사결정 과정에서 감정의 역할을 이해하지
못하고 있다. 사실만을 나열한 지루한 제안이나 지식으로 고객을 압

도한 나머지 정작 중요한 감정적 문제를 도외시한 것이다. 능숙한 재무상담사는 의사결정 과정에서 감정이 중요한 역할을 한다는 것을 안다. 당신의 말에 동의하도록 유도하는 것과 고객이 그 말에 따라 행동하는 것은 전혀 별개의 문제다. 고객이 외바퀴 수레를 타지 않으려 한다면 애써 설득해봤자 소용없다.

이성과 감정의 레슬링

당신이 고객, 또는 잠재 고객과 상담할 때 그들의 머릿속에선 한창 레슬링 경기가 진행되고 있다. 한쪽 뇌에서는 "이치에 맞는가?"라고 묻고, 다른 쪽 뇌에서는 "이것이 옳은가?"라고 묻는다. 어느 쪽 뇌가 이 논쟁에서 99%의 확률로 승리할까? 증거가 압도적으로 불리하더라도 아마 "이것이 옳은가?"라는 질문이 승리할 것이다. 우리 모두는 어떤 의사결정이나 선택을 할 때, 이성적으로 생각한 방향과 감정 레이더가 가리키는 방향이 서로 달랐던 경험이 있을 것이다. 이는 왜 그 결정이 옳지 않은지 정확하게 설명할 수는 없지만, 썩 좋지는 않다고 느끼는 경우이다. 그럴 때 우리는 이를 행동으로 옮기지 않는다.

이 레슬링은 이성과 감정이 겨루는 경기이다. 사실자료, 통계, 등급, 도표와 역사 등은 뇌의 이성적인 부분에는 호소하지만 감정적인 부분에는 반드시 그렇지 않다. 우리 뇌의 감정적인 부분은 몇 가지만 거론하면, 성실성, 신뢰성, 호감, 의사소통의 용이, 이해능력과 가치 부합적 요소 따위를 감지하는 안테나를 세워놓고 있다. 만약 당신이 이러한 측면 중 하나라도 맞지 않다고 생각하면, 고객은 당신과 일하려 하지 않고 당신이 제공하는 것을 회피할 것이다. 고객이 어떤 결정을 내리기 위해서는, 먼저 당신과 당신의 회사, 당신의 아이디어와 경험을 편안하게 느끼는 것이 필요하다. 이런 데 대한 감정이 편안하지 않다면 고객은 더 많은 시간이나 정보가 필요하다는 핑계를 대기 시작할 것이다. 하지만 그들이 편안하게 느끼는 어떤 시점에 도달하면 고객은 당신이 끌어내려고 설득했던 그 결정을 내리기 쉽다.

어떤 개인이나 집단에게 멋진 제안을 했다고 생각했음에도 수포로 돌아간 적이 있는가? 고객은 동의하는 것처럼 고개를 끄덕였지만 정작 계약서에는 서명을 하지 않았던 적이 있는가? 이런 경험이 지나치게 잦아지면 재무상담사는 가망 고객과의 거래에서 소극적으로 대처하게 되고, 감정적 목표를 놓칠 가능성이 높다. 당신은 잠시 멈추고 스스로에게 물어봐야 한다. "왜 그들이 그런 결정을 내릴까? 안전하다고 느끼기에? 미래에 대한 희망을 갖기 위해? 좋아 보여서? 자기 처남에게 자랑하기 위해?" 사람을 설득할 때는 반드시 충족시켜야 할 감정적 주제가 있으며, 이 감정적 목표대상을 확인하지 못하면 어둠 속에서 헤매는 것과 다를 바가 없게 된다. 우리는 설득의 이 첫 번째 원칙 — 의사결정 과정에서는 감정이 논리에 앞선다 — 에서 눈을 떼서는 안 된다.

"고객 제안에 많은 노력을 기울였습니다. 정보를 잘 정리하고, 좋은 정보를 확보하면 아이디어가 분명히 드러나는 논리적인 제안을 할 수 있었죠. 그런데 한 가지 문제가 있었어요. 고객이 사질 않는 겁니다. 마치 어둠 속에서 활을 쏘는 것 같았어요. 좌절했죠. 전문가답게 훌륭한 제안을 했지만 결과는 비전문가와 같다고 느꼈어요. 이런 느낌은 저와 저의 아이디어에만 역점을 두던 것을 고객과 그들의 아이디어로 방향을 바꾸자 해결되더군요. 저의 지식과 경험으로 고객에게 인상을 남기기보다는 그들의 지식과 경험을 이해하려고 노력했어요. 그들의 생활과 생각을 알아보는 동안 감정적인 관심도 생기더군요. 제 생각을 강요하는 대신 고객의 문제를

해결하는 데 초점을 맞춘 거죠. 판매원에서 설득가로 발전하는 순간이었
어요."

　　　　　　　　　　　　　　　　　　　—트로이 L., 재무상담사

이 재무상담사는 뛰어난 설득가로 성장하기 위해 기초가 되는 사
항을 많이 깨닫게 되었다. 발표기법훈련을 마친 금융전문가는 다음
과 같은 원칙을 배운다.

- 이것은 당신이 아니라 그들에 관한 것이다. 당신은 고객을 돕는 데 관심
  이 있는가, 아니면 고객에게 깊은 인상을 주는 데 관심이 있는가?
- **중요한 것은 당신이 아니라 고객이다.** 고객에게 가장 심각한 문제가 무엇
  인지 모른다면 당신의 제안은 주사위 던지기와 같다.

당신의 제안이 감정적으로 제대로 적중했는가? 이에 대한 해답은
한 가지 질문으로 가능하다. 고객의 결정을 이끌어냈는가? 당신이 고
객과 함께 있고 고객이 당신과 함께 있다면 당신은 적중한 것이다.
그러나 만약 결정을 이끌어내지 못했다면, 아무리 당신이 생각하기
에 그 제안이 훌륭했다 하더라도 감정적인 목표를 벗어났을 가능성
이 크다. 의사결정은 감정적으로 편안한 정도에 근거한다. 다시 말해
서, 감정은 의사결정이란 기차를 끌고 가는 엔진이며, 논리는 뒤를
따르는 화물차다. 이 일에서 성공하려면 당신은 반드시 당신 자신과
당신의 생각, 그리고 당신의 태도가 고객에게 적절한 느낌을 주는지
진지하게 확인해야 한다.

직선적인 논리의 오류

> 모든 사람이 똑같은 생각을 한다면, 아무도 생각하지 않는 것이다.
> —벤저민 프랭클린

다음으로 우리는 왜 수많은 제안이 목표하는 대상을 명중하지 못하여 고객이 주저하거나 결정을 미루는지 논의하고자 한다. 고객이 주저하면 판매 과정을 진행하기가 어렵고 영업실적에도 악영향을 미친다. 우리는 기존 판매교육방식에 문제가 있다고 생각한다. 기본적인 판매방법은 감정적인 목표에 도달하기 위해서 직선적인 논리를 이용한다. 그러나 직선적인 제안은 종종 고객이 느끼는 중요한 감정적 욕구를 놓쳐 결과적으로 고객이 결정을 보류하게 만들기 때문에 비효과적인 경우가 많다. <그림 8-1>은 대부분의 판매제안에서 사용하는 직선적인 접근방법의 예이다.

이 전통적인 판매제안은 다음과 같이 진행된다.

재무상담사는 판매할 상품의 몇 가지 특징(A)과 고객이 이 상품을 사야 할 몇 가지 이유(B)에 대해 설명한다. 그러면 고객은 무엇인가 해야 한다는 이유에 압도되면서 방어자세를 취하며 불만을 터뜨리기 시작한다. 이렇게 되면 재무상담사는 마무리 해법으로 그 불만에 답하고는(C), 의사결정을 확보하고자 한다(D).

이것이 바로 대부분의 판매 전문가가 배운 직선적인 논리다. 그러나 냉정하게 보면 이 논리에는 결함이 있다. 즉, 인간의 뇌가 어떻게 작동하는지, 그리고 의사결정 과정에서 고객이 가장 중요하게 여기는 욕구가 무엇인지에 대해 제대로 인식하지 못한 것이다. 우리가 수많은 불만에 부딪치는 이유는 설득을 할 때 그럴 빌미가 될 만한 자료를 제시하기 때문이다. 뇌는 두 부분으로 나뉘어 있으며 각각 다른

<그림 8-1> 직선적인 판매 과정

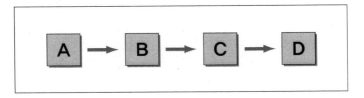

기능을 담당한다. 왼쪽 뇌는 계산, 비교, 이성적 사고, 분석기능을 담당하며, 오른쪽 뇌는 감각, 느낌, 문맥의 이해, 연관 기능을 담당한다. 즉, 오른쪽 뇌가 좀 더 직관적인 기능이 발달한 곳으로 의사결정을 자극하는 요소가 잠재되어 있다. "하라, 하지 말라" 또는 "위험을 감수하라, 위험을 피하라"와 같은 결정은 뇌의 이성적 부분이 이러한 결정사항에 서명하도록 손에 지시를 내리기에 앞서 감성적인 부분에서 먼저 결정되어야 할 문제다.

의사결정에 이르기 위해 오로지 왼쪽 뇌의 논리만 사용한다면 그것은 인간 두뇌의 구조를 무시하는 것이다. 뇌는 행동에 앞서 감정적으로 그 의사결정이 가장 훌륭하다고 만족스러워 해야 한다. 당신이 왼쪽 뇌에 더 많은 정보(도표, 통계 등)를 입력할수록 왼쪽 뇌는 더 많이 분석하고 더 많이 판단하며 더 오래 지체할 것이다. 우리가 만난 대부분의 재무상담사는 재무설계를 왼쪽 뇌의 역할(숫자, 퍼센트, 사실, 역사)이라고 여기고 왼쪽 뇌와 관련된 자료를 지나치게 많이 사용하고 있었다. 하지만 실제 고객은 숫자와 도표를 다루는 당신의 솜씨 때문이 아니라 당신과 당신의 스타일을 편하게 느끼기 때문에 설득된다. 성공하고 싶다면 이 설득의 두 번째 원칙 — 정보가 많다고 해서 의사결정이 더 빨라지는 것은 아니다 — 을 이해하라.

뇌의 이성적 부분에 더 많은 정보와 증거를 입력할수록 더 많은 방어작용이 일어난다. 따라서 유입되는 정보가 너무 많아지면 분석 기능이 마비된다. 예를 들자면, 재무상담사가 "이 펀드는 189개 유사한 펀드 중에서 21번째입니다"라고 고객에게 알려주면, 뇌의 이성적 부분은 "왜 내가 최고 우량 펀드를 사려고 하지 않지?"라고 생각하며 고민하게 된다. 하지만 동일한 고객에게 최고의 펀드를 팔기 위해 "이 펀드가 이 분야 최고의 펀드입니다"라고 말하면 그는 "항상 최고일 순 없지. 투자하자마자 바로 싸구려 펀드가 될 수도 있어"라며 방어자세로 바뀐다.

　감정적인 목표를 확인하고 명중할 때까지는 이 같은 이성적 싸움이 계속된다. 일단 감정 목표를 명중시키면 모든 이론적 논리는 침묵하고 고객은 의사결정에 편안함을 느끼게 된다. 의사결정을 하기까지의 감정적 장애물을 어떻게 극복할 것인가? 그것은 감정적으로 먼저 만족한 다음 이성적으로 만족하는 고객의 욕구만족 순서대로 제안방식을 바꿀 때 가능하다.

직관적 도약

　당신이 가장 먼저 할 일은 고객과 통계 여행을 하는 것이 아니라, 고객이 구매결정을 할 때 편안함을 느끼는 요소가 무엇인지를 알아내는 것이다. 이 조사는 대부분 고객발굴 단계에서 이루어진다. 이에 대해서는 제6장 '배우와 드라마 소개'에서 상세하게 살펴보았다. 감정적인 목표를 확인하는 또 다른 수단이 있다면 그것은 고객이 편안하게 느끼는 영역(comfort zone)에 정곡을 찌르는 질문을 던지는 것이다. 우리가 만났던 크게 성공한 한 재무상담사가 사용했던 다음 사례

를 보자. 그는 자신이 너무 자세한 설명으로 고객을 지루하게 하기보
다는 다음과 같은 식으로 제안하곤 했다.

"고객님, 고객님께서 어떤 투자수단을 가장 편안하게 느끼시는지
알기 위해 한 가지 상황을 제시하겠습니다. 고객님께서 호반에 있는
멋진 아파트로 이사를 하려고 하며, 이사할 수 있는 곳에 3개 층이
있다고 가정하겠습니다. 파노라마 같은 광경이 펼쳐지는 가장 꼭대
기 층, 비상사태 발생 시 재빨리 대피할 수 있는 1층, 그리고 이 둘
의 이점을 살린 가운데층이 있다면, 이 중 어느 것을 고르시겠습니
까?"

그러면 고객은 어느 층을 고를지 재무상담사에게 대답할 것이고,
재무상담사는 계속한다. "이 질문을 통해 고객님께서 어느 정도의 위
험을 감수하실 수 있는지 파악할 수 있었습니다. 지금부터 고객님께서
편안하게 느끼는 영역에 있는 펀드와 전략을 보여드리고자 합니다. 수
익률이 높은 투자도 중요하지만 마음 편하게 잠을 자는 것도 중요하
니까요." 이 현명한 재무상담사는 이런 식으로 상품을 추천했기 때문
에 고객의 불만을 거의 사지 않았다. 재무상담사는 먼저 감정적인 목
표를 발견한 후 그 감정에 부합하는 상품을 나열했던 것이다. 이런 접
근방법을 통해 재무상담사는 두 가지 직관적인 도약을 이루었다.

1. 자신이 감정적으로 편안하게 느끼는 영역에 맞는 상품을 사용해야 한다
   는 점을 고객도 이제 이해한다.
2. 고객의 의사결정 과정을 이끈 감정에 대해 재무상담사도 이제 같은 입장
   에 있다.

중서부에 있는 공장 근로자에게 401(k)플랜*을 판매하는 내 친구

---

* 미국의 대표적 퇴직연금제도로, 종업원이 퇴직할 때 일정액의 퇴직금을 받는 것
  (확정 급부형)이 아니라 매년 일정액을 적립(확정 기여형)하면 회사가 여기에 일정

톰은 고객과 함께 직관적으로 도약한 또 다른 훌륭한 사례를 하나 알려주었다. 톰은 힘들었던 설득 경험에 대해 이렇게 말했다.

"저는 종종 공장을 방문하면서 401(k)가 무엇인지, 구체적으로 401(k)플랜에 있는 모든 투자 선택안과 각 투자 선택안의 기능 및 조건 등에 대해 20분 만에 설명했습니다. 고객의 표정을 단 한마디로 표현하자면, '복잡, 무관심'이었죠. 말할 필요도 없이 제 실적은 좋지 않았어요.

어느 날 문득 전 고객이 쉽게 관심을 가질 수 있도록 제안을 단순화해야겠다는 생각을 했죠. 그러고 나서 맨 처음 만난 사람에게 말했죠. '두 가지 질문을 드리고 싶군요. 먼저 제가 만약 매주 금요일 오후 이곳에서 고객님을 만나, 고객님이 테이블 위에 올려놓은 만큼의 돈을 지급한다면 고객님은 얼마를 가져오시거나 또는 가져오실 수 있나요?'

이 질문은 401(k)에서 회사가 정확히 무엇을 제공하는지 종업원들에게 알려주게 되었고, 곧 대화에 활력을 불어넣었습니다. 종업원들은 공짜로 돈을 받을 수 있다는 것을 모르고 지나쳤다는 사실이 얼마나 어리석었는가를 깨달았죠. 종업원들은 이 상상 속의 금요일 만남에서 얼마를 내놓으면 될지를 오랫동안 생각하기 시작했어요.

그런 후 저는 또 물어보았습니다. '제한속도가 시속 90km로 정해져 있었던 때를 기억하실 겁니다. 제한속도가 시속 90km였을 때 당신은 그 법을 지켜 시속 90km로 운전하셨습니까, 아니면 실제로 어디가 위험한 지점인지를 알고 시속 100km로 운전하셨습니까? 그것도 아니면 당신은 속도측정감지기를 켜놓고 페달을 최고 속도까지 밟았습니까?'

이 질문에 대한 고객의 대답을 통해 우리는 그들의 위험 감수 수준을 알 수 있습니다. 그러면 저는 그 수준에 따라 적합한 투자상품을 언급하죠. 예를 들어 '이 펀드는 시속 100km로 운전하는 펀드입니다. 위험 수위는 중간 정도이기 때문에 시속 90km로 운전하는 것보다는 가고 싶은 곳에 더 빨리 갈 수 있습니다.' 고객은 이런 식의 제안을 쉽게 이해할 수 있

비율을 추가 제공하여 퇴직 후 적립된 금액을 연금으로 수령하는 방식이다. 사업주가 추가로 제공하는 금액은 종업원 연 적립액의 10%에서 100%까지 회사별로 차이가 있으며, 매년 적립된 금액에 대해서는 종업원 스스로가 투자선택을 해야 한다.

었기 때문에 좋아했고, 전 실적을 올릴 수 있어 좋았습니다. 50%도 못 미치던 가입률이 95%까지 상승했습니다. 401(k)플랜에 참여한 거의 모든 종업원들이 기여금을 최대한 낸 거죠."

이 이야기는 설득의 세 번째 원칙이자 마지막 원칙 — 의사결정은 적절한 감정코드로 연주할 때 이루어진다 — 을 완벽하게 예시해준다. 톰이 제안을 단순화하고 목표를 지적인 부분에서 감정적인 부분으로 옮긴 결과 놀라운 성과를 거두었다. 톰이 오직 이성적인 방법만으로 제안했을 때는 별다른 효과가 없었다. 하지만 "공짜 돈을 놓치는 사람은 바보다", "얼마나 큰 위험을 감수하며 살아갈 수 있는가?"라는 식의 감정적인 목표를 제기하자, 즉시 고객이 호응을 보내기 시작했다. 갑자기 톰이 말한 모든 것이 합리적으로 들리게 된 것이다.

감정적 구매가 일어나기 전까지 고객은 이론적 근거를 따질 것이다. 그러나 감정적 구매가 일어난 뒤에는 스스로 내린 결정을 합리화할 것이다. 설득의 대가는 고객이 스스로를 설득하여 의사를 결정하는 것이 다른 사람에게 설득되어 의사결정을 강요받는 것보다 훨씬 더 바람직하다는 사실을 알고 있다. 모든 인간은 감정적인 면에서 서로 유사하다. 우리는 가진 것을 잃고 싶어 하지 않으며, 좋은 기회를 놓치고 싶어 하지 않는다. 또한 선물로 받은 물건을 흠잡고 싶어 하지 않으며, 저녁에 편히 쉬고 싶어 하며, 늙어서 가난해지기를 바라지 않는다. 현명한 재무상담사는 적절한 감정코드를 건드릴 때까지는 고객이 절대 동의하지 않는다는 사실을 알고 있다.

당신의 제안이 끝났다고 해서 고객의 마음속에서도 그 제안이 마무리된 것은 아니다. 그것은 고객의 마음속에 있는 적절한 감정코드나 테마를 자극할 때 비로소 종결된다. 이러한 현상은 처음 2분, 또는 마지막 2분 동안 일어날 수 있다. 그 현상이 언제 일어나든, 그때가 고객의 마음속에서 거래가 성립되는 시점이다.

재무상담사가 종종 거절당하는 이유는 고객과 중요한 감정적 유대관계를 맺기도 전에 고객에게 먼저 거래를 재촉하기 때문이다. 당신은 특별한 니드를 드러내고, 특별한 해결책을 제공하고, 특별한 무언가를 실행하도록 당부하면서 제안을 끝내야 한다. 고객과 감정적인 유대관계를 맺을 때에만, 안심하고 고객에게 특별한 무언가를 당부하며 제안을 끝낼 수 있다. 고객 발굴 과정을 무사히 마치고 제안한다면 계약을 권유하는 일은 아주 자연스럽고 쉽다.

고객이 동의에서 실천으로 나아가길 바란다면, 이성적인 호소와 더불어 감정적인 호소도 충분히 하면서 제안을 시작해야 한다.

9 이야기의 위력

    뇌 연구가인 노벨상 수상자 로저 스페리는 30년 전 동료와 함께 간질병 환자를 대상으로 좌뇌와 우뇌를 분리하는 연구를 했다. 연구진은 좌뇌와 우뇌를 연결하는 뇌량(腦梁)을 절단했고, 결국 좌뇌와 우뇌는 서로 대화할 수 없게 되었으며, 이를 통해 좌뇌와 우뇌의 다양한 기능을 관찰할 수 있는 보기 드문 연구기회를 얻게 되었다. 한 실험에서 뇌의 각 부분을 뇌파기록기에 연결하고 다양한 자극에 대한 좌뇌와 우뇌의 반응을 관찰해보았다. 그 결과 통계자료나 사실자료를 읽을 때 좌뇌는 전기 반응을 일으킨 반면, 우뇌는 말 그대로 자고 있거나 거의 움직이지 않았다. 그런데 연구진이 어떤 이야기를 시작하자마자 우뇌는 즉각적으로 왕성한 활동을 시작했고, 좌뇌도 활동적인 상태를 그대로 유지했다.

    우리가 거래를 할 때 고객을 설득하기 위한 주요 수단으로 도표나 사실, 그리고 통계만 사용하는 것은 반쪽 뇌만으로 과제를 해결하려하는 것이다. 스페리의 뇌 분할 실험을 통해 우리는 듣는 사람의 관심을 이끌어내려 할 때 영향을 미칠 곳이 어디인지를 알 수 있다. 자료가 통계, 사실, 숫자로만 가득하다면 한쪽 뇌에만 흥미를 유발할 뿐이다. 제안을 상당히 오랫동안 했을 때 고객이 혼수상태에 빠진 듯 보이는 것은 바로 이 때문이다. 데이터, 통계, 사실의 장황한 나열 등과 같은 방법만으로 제안을 한다면 그야말로 고객이나 청중의 뇌 반쪽을 잠재우고 있는 것으로, 이것은 진정한 설득을 하는 올바른 방법이 아니다.

스페리 연구팀이 "이야기 하나 할게요"라고 말하자 갑자기 양 뇌 모두가 작동하기 시작했다. "이야기 하나 할게요"라는 말은 마법의 언어다. 우리는 고객에게 이 마법의 언어로 제안을 시작하라고 가르친다. 설사 자극적인 통계치를 제시하면서 시작하고 싶더라도 고객에게 "이 숫자에 관한 이야기를 하나 할게요"라는 말로 시작하기를 권한다. 왜일까? 그것은 설득 과정에서 사람의 양쪽 뇌를 다 동원하지 않고는 행동하도록 만들기가 너무 어렵기 때문이다. 이것은 뇌 회로의 문제이면서 뇌가 작동하는 방식이다. 어떤 사람을 설득하려고 한다면 뇌의 생리학 법칙에 맞춰 시작하는 것이 이치에 맞다. 당신이 제안할 때 이야기를 더 잘 활용하는 방법을 배워야 하는 또 다른 이유는, 당신의 능력을 고객의 우뇌와 어떻게 연계시키느냐가 여기에 달려 있기 때문이다.

위험한 사업

우리는 고객이 위험을 측정하고 미래를 내다본 후, 오늘의 결정이 향후 20년간 어떤 영향을 미칠 것인가를 마음속에 그려보기를 바란다. 고객의 이러한 능력은 우뇌에 있다. 그렇기 때문에 우리는 그 능력을 발휘하게 만드는 언어를 반드시 배워야 한다.

일반적으로 우리는 금융상품을 판매할 때 이성(리퍼 사의 도표, 모닝스타 사의 순위 등)의 언어로 말한다. 그러나 이성적인 판단을 하는 좌뇌는 적절한 감정코드를 접할 때까지 아무런 결정을 내리지 않는다. 좌뇌는 처음부터 끝까지 분석만 할 것이다. 그리고 분석을 위해 더 많은 정보를 제공하면 할수록 좌뇌는 더욱 느려질 것이다. 좌뇌가 지배하는 사람은 웬만큼의 정보에도 충분히 만족하지 못하며 의사결정을 내리는 데 힘들어 한다. 그들은 결정을 하느라 분석하고 비판하고 고민하지만 정작 결정을 내리지는 못한다. 반면 우뇌는 모든 것을 완전하게 통합하여 하나의 그림으로 형상화한다. 우뇌는 직관적으로 볼 때 그 아이디어가 옳다고 느껴지면 도약을 허용한다. 그리고 일단 이러한 감정적인 의사결정이 내려지면, 좌뇌가 다시 개입하여 이 의사결정을 계획하고 조직하면서 실행한다.

이것은 우리에게 양 뇌의 언어, 즉 숫자를 다루고 계획을 세우는 좌뇌의 언어와, 맥락을 만들고 상상력을 자극하며, 감정적으로 연계시키는 우뇌의 언어를 모두 활용하여 말할 필요가 있음을 가르쳐 준다. 금융서비스 산업에 종사하는 사람은 우뇌의 언어로 말하는 데 매우 서툴다. 따라서 금융전문가는 사실과 감정에 관한 의사소통 개념을 확실하게 이해하고 있는 마케팅 전문가나 광고 담당자의 언어를 학습하는 것이 바람직하다. 우뇌가 의사결정과 위험 감수 등을 담당한다는 것을 이해하면 우뇌의 언어 즉, 이야기, 예시, 은유, 큰 그림으로 표현하는 능력 등을 개발하는 것이 필요하다는 점을 알게 될 것이다. 이러한 설득수단에 정통할 수 있느냐 없느냐는 당신의 삶에 큰 영향을 미칠 것이다.

설득을 위한 이러한 언어는 고객의 관심을 끌기 위해서 뿐만 아니라 그들의 생각을 깨우치기 위해서도 중요하다. 우리가 판매하는 상품과 서비스를 명쾌하고 간결한 말로 설명하는 것은 중요하다. 만약 이를 제대로 해내지 못한다면 고객과 청중은 혼란스러워 하며 그 때문에 의사결정을 미루고 후회하게 될 것이다. 미국 증권거래위원회가 실시한 연구에 따르면, 고객 중 33%는 확신이 없는 상태에서 상품을 구매하도록 강요받았으며, 25%는 재무상담사의 말을 이해하지 못했다고 응답했다. 당신이 설득 관련 업종에서 성공하고 싶다면 전문용어나 고객이 이해할 수 없는 말로 설득을 해서는 안 된다. 천재적인 설득가가 되기 위한 확실한 보증수표 가운데 하나는 복잡한 아이디어를 명료하고 이해하기 쉽게 축약하는 능력이다.

당신이 할 이야기는 무엇인가

당신이 하는 제안을 한번 살펴보라. 한 사람을 대상으로 하든 여러 사람을 대상으로 하든 상관없다. 당신은 사실과 숫자만을 내뱉고 있는가 아니면 적절한 사례와 이야기로 고객의 흥미를 끌고 있는가? 당신은 지식을 줄 뿐만 아니라 상상력도 유발하는 자료를 사용하는가? 당신의 제안이 이성의 컴퓨터는 물론 감정 유발인자도 자극하는가?

영업전문가의 스토리셀링 능력을 향상시키기 위해 우리가 즐겨 사용하는 한 가지 방식은 교육생을 자극하여 금융서비스업계의 유추로 활용 가능한 자기 경험의 일면을 생각하게 하는 것이다. 이를 위해 우리는 짧은 자서전식 질문지를 채워보도록 하고 있다. 이런 연습을 통해 우리는 그들이 하는 제안의 질적 수준이 사뭇 달라진 모습을 보고 매우 놀랐다.

다음으로 사실과 숫자를 보완하기 위해 이야기를 활용함으로써 설득기술을 향상시킨 좋은 사례를 소개하겠다. 게리는 발표자 양성 과정을 교육하면서, 참가자 모두에게 금융서비스를 주제로 짧은 제안을 하도록 한 다음, 끝날 때 다시 그들이 효과적인 설득을 위해 배운 여러 가지 기술을 활용하여 똑같은 주제로 제안을 하는 방식을 이용했다. 이곳에서 게리는 잭이라는 재무상담사를 만났는데, 이러한 방식을 통해 잭의 처음 제안과 과거의 경험을 독특하게 적용하여 발표한 두 번째 제안 사이의 차이는 그룹 전체에 놀라운 효과를 안겨다 주었다.

잭의 첫 번째 제안은 자산 배분의 중요성에 관한 것이었다. 그는 평이한 말로 여러 가지 종류의 자산을 설명하고, 위험 감수 수준에 따라 그것을 배분하도록 제안했다. 이 제안에 특별한 문제는 없었다. 단지 활력이 없는, 다른 어떤 수백만의 재무상담사라도 할 수 있는 평범한 제안이었을 뿐이다. 그의 제안은 매일 듣는 수천 가지의 제안과 다르지 않았다. 당신이 알고 있는 사실이나 수치를 보완하기 위해 이야기를 더 많이 활용하면 할수록 제안의 위력은 더욱 커진다. 왜일까? 그로 인해 뇌 전체가 움직이고 집중력을 높일 수 있기 때문이다.

그러면 당신은 곧 이어 '어디에서 이런 이야기를 찾을까?'라는 의문을 품게 될 것이다. 이에 대해 우리는 **자신의 삶을 탐사하기**, 즉 자신의 주장을 효과적으로 예시할 수 있는 경험을 찾기 위해 과거를 깊이 파헤쳐보는 훈련방법을 추천한다. 고객은 이야기를 듣고 싶어한다. 스토리셀링 능력 향상에 시간을 투자한다면, 더 많은 고객의 주목을 끌어 보상을 톡톡히 받게 될 것이다.

우리의 훈련 과정에서 수강생들은 모두 '인생 탐사 질문지(Mining

Your Life Questionaire)'를 작성했다. 그러고 나서 참가자들은 이제껏 살아오면서 그들에게 흥미로웠던, 아무도 모르는 특이한 사건을 주제로 제안을 하기 시작했다. 잭은 자신이 전투기 조종사로서 겪었던 매력적이고 도전적인 경험에 대해 이야기했다. 그는 일촉즉발의 위기와 죽음을 가까스로 모면했던 이야기를 하면서, 더불어 그러한 사태에 대비하는 훈련에 대해서도 이야기했다. 워크숍 참가자들은 잭의 이야기에 매료되었다.

게리는 잭에게 유추의 방법을 활용해서 이야기 중 특징적인 부분을 자산 배분 제안과 연계하여 활용해보라고 권했다. 이런 식으로 조절하면서 제안과 제안자가 완전히 달리 보이게 됐다. 다음번에 참가자들에게 발표를 할 때 잭은 자신의 이야기를 하면서, 자산 배분에 맞게 이야기를 잘 각색했다. 잭은 자신이 조종하는 비행기가 빨리 날기 위해 어떤 장비를 갖추었는지 이야기했다. 또한 비상사태를 대비해 낙하산을 포함한 여러 장비도 갖추었다고 말했다. 잭은 어떤 조건에서도 비행하기 위해서는 갖추어야 할 장비와 훈련이 필요하다는 이야기를 하면서, 이와 같은 맥락에서 어떤 시장조건에서도 헤쳐나갈 수 있는 포트폴리오가 필요하다고 설명하였다. 오전에 했던 단순·반복적인 평범한 제안이 오후에는 스토리셀링 방법을 채택하여 자신이 판매하는 아이디어를 어떤 이야기와 연결지음으로써 창조적이고 매력적인 제안으로 바뀌었다.

참가자들은 제안의 질이 변했을 뿐만 아니라 제안자의 태도와 자신감도 적극적으로 변한 것을 보았다. 잭은 일반적인 이야기를 반복하는 대신 **자신의 이야기**를 했다. 잭은 훨씬 더 고무되어 있었고, 자신의 주장에 대한 확신이 더욱 커졌다. 잭은 자신의 제안을 더욱 체화시켰다. 이러한 변화는 청중이 한 명이든 천 명이든 그들의 흡인력을 높였다. 고객은 좋은 이야기를 듣고 싶어 한다. 특히 그 이야기 속에서 자신과 유사점을 발견할 수 있다면 더욱 그렇다.

당신의 제안을 더욱 역동적으로 만들기 위해서 어떤 이야기로 제안을 시작하면 될까? 잠시 <그림 9-1> '인생 탐사 질문지'를 작성하면서 고객에게 통찰력을 주고 그들을 깨우칠 수 있는 소재를 찾을 수 있도록 여러분의 삶을 살펴보라.

당신의 이야기를 당신이 지닌 경쟁력의 가장 중요한 요소가 되게 하라. 그 누구도 당신이 하는 이야기를 할 수 없다. 도표에 적은 내용을 살펴보고 금융서비스 분야에서 활용할 수 있는 것을 찾아라. 단한 명의 고객 앞이나 참석자들로 가득 찬 회의실에서 당신의 경험담을 어떻게 하면 더욱 역동적인 제안으로 바꿀 수 있는가? 당신의 개인적인 이야기가 당신을 다른 투자상담사나 재무상담사와 차별화하는 중요한 요소가 될 수 있다.

지식이 아닌 지혜로

이야기를 설득수단으로 활용할 때 좋은 점은 그것이 통계보다 더 뛰어난 통찰력을 줄 수 있다는 점이다. 통계와 사실은 지식을 전달하지만 이야기는 지혜를 전달한다. 오늘날 금융서비스 업계가 전례 없는 치열한 경쟁을 겪고 있는 것은, 부분적으로 고객이 풍부한 정보를 얻을 수 있기 때문이다.

많은 잠재 고객은 그들도 당신이 아는 정보를 똑같이 알 수 있기 때문에 당신의 존재가 필요 없다고 생각한다. 고객은 공짜로 기업정보와 펀드 조사자료를 얻고, 온라인 재무상담사로부터 필요한 조언을 다운받을 수 있다. 따라서 앞으로 설득력 있는 재무상담사가 되기

<그림 9-1> 인생 탐사 질문지

1. 지금까지 어떠한 직업을 경험했으며, 그 경험을 통해 어떠한 통찰력을
   얻었는지 기술하시오.

직업	통찰력
•	
•	
•	
•	
•	

2. 당신은 경험했지만 다른 사람은 아마 경험해보지 못했을 것 같은
   특이하거나 흥미로운 일에 대해 말해보시오.

3. 성장하면서 배운 중요한 가치관을 기술하고 그 가치관을 예시해
   줄만한 이야기를 만들어보시오.

4. 돈과 관련하여 했던 가장 잘한 의사결정이나 가장 잘못한 의사
   결정 경험에 대해 이야기해보시오.

위해서는 스스로 정보의 원천이 아니라 통찰력과 지혜의 원천이 되
어야 한다.

당신이 하는 이야기는 당신의 경험 정도를 드러내는 척도이다. 고
객은 경험을 이야기하는 전문가에게 돈을 위탁한다. 아무도 다른 사
람의 실험 대상이 되고 싶어 하지 않는다. 우리는 수많은 시련과 인
생의 부침을 견뎌낸 전문가의 이야기를 들으면, 그들이 그런 경험을
통해 많은 것을 배웠다고 믿고 더욱 신뢰하게 되면서 거기에서 어떤
혜택을 받기를 바란다. 당신의 이야기는 이러한 감정을 고객에게 전

달할 수 있어야 한다. 모순적인 정보가 넘쳐나는 시장에서 경험은 분명 가치가 있다.

지식은 어떤 형태든, 또 얼마나 풍부하든 간에 경험에서 얻은 교훈, 즉 지혜를 대체할 수 없다. 당신의 경험을 제안에 연계하여 이야기한다면 고객은 당신을 금융 분야에 대한 지혜가 있는 사람으로 볼 것이다. 당신은 그들이 지나야 할 길을 이미 빠져 나왔다. 따라서 당신이 알려주는 교훈으로 그들은 타이어에 바람이 빠지는 사고나 우연한 추돌, 나아가 치명적인 충돌 사고를 피할 수 있다.

지혜는 지식을 안목과 판단력, 총명을 결합하여 활용하는 능력이다. 지식은 사실의 축적이며, 지성은 이성의 발전이며, 지혜는 노련한 안목이다. 지혜는 사물의 핵심을 꿰뚫어보는 통찰력이다. 지혜는 시장의 세세한 부분뿐만 아니라 고객의 미묘한 감정까지도 아는 능력이다. 그것은 지식보다 더 우월하여, 딜레마에 빠진 문제나 복잡한 상황을 해결할 수 있도록 지식을 올바른 길로 인도한다.

> 지식과 지혜, 결코 하나가 아니며
> 　　때로는 전혀 상관없다. 지식은,
> 　　타인의 생각으로 가득 찬 머릿속에 머물고,
> 　　지혜는 배려 깊은 마음속에 머문다……
> 　　지식은 많이 배웠음을 자랑하지만,
> 　　지혜는 많이 알지 못함으로 겸손해한다.
>
> 　　　　　　　　　　　　　　　　　　　—윌리엄 쿠퍼

테디 루스벨트는 "지혜는 십중팔구 필요한 때 얼마나 현명할 수 있느냐에 달려 있다"고 말했다. 우리의 대부분은 어떤 사건이 발생하고 나서야 현명해진다. 하지만 사건이 일어난 뒤에 우리가 어떤 지혜를 얻게 된다면, 살면서 일어난 사건과 경험을 되돌아보고 그때 깨달은 지혜를 찾아 추려내는 작업은 중요하다. 그리고 그런 이야기—당신만의 이야기—가 통찰력의 원천이 될 수 있다. 고객과 청중은 더 현명해질 수 있는 이야기를 듣게 되어 고마워할 것이다.

고객의 이야기

제6장 '배우와 드라마 소개'에서 우리는 고객의 이야기를 이끌어내는 과정의 중요성에 대해 설명했다. 고객을 설득할 때에는 먼저, 고객이 어떠한 길을 걸어왔는지 파악하는 일이 필요하다. 살아오면서 고객이 어떤 경험을 했는가? 직업 세계에서는? 돈에 대해서는? 타 금융기관과 금융전문가와는 어떤 경험을 했는가?

수많은 금융전문가가 고객을 발굴하는 과정에서 이러한 면을 무시하는 위험을 각오한다. 하지만 고객의 과거와 경험을 모른다는 것 자체가 당신에게 큰 고통을 안겨줄 수 있다. 부정적인 경험을 지뢰라고 표현할 때, 당신은 고객에게 조언을 하기에 앞서 이 경험상의 지뢰를 제거해야 한다. 왜냐하면 고객의 이야기를 제대로 끌어내지 못하면, 고객이 과거에 겪었던 어떤 부정적인 일을 떠올릴 수 있는 이야기를 할 수도 있기 때문이다. 고객에게 먼저 물어볼 생각을 하지 못했기 때문에 고객이 싫어하는 사람이나 회사를 찬양하는 이야기를 느닷없이 하고, 그 때문에 고객의 감정을 몹시 상하게 할 수 있다.

우리는 부주의하게 이런 지뢰밭에 뛰어들었던 쓰라린 경험을 통해 교훈을 얻었다는 재무상담사의 이야기를 무수히 들었다. 고객이 이미 투자했다 손해본 회사의 주식을 추천하거나, 과거에 실패했던 접근 방식을 다시 추천하기도 했고, 전쟁 중에 사랑했던 사람을 잃은 고객에게 그 전쟁 당시의 적국이 포함된 펀드를 추천하기도 했다. 또한 고객에게 얼마 전 거래를 끊은 재무상담사를 떠올리게 하는 어떤 이야기를 하기도 했다. 이러한 모든 지뢰는 고객을 발굴하는 과정에서 충분히 노력하면 피할 수 있는 것으로, 반드시 피해야 하는 것이다. 가야할 곳을 아는 것과 가지 말아야 할 곳을 아는 것은 설득 과정에서 똑같이 중요하다. 그리고 가지 말아야 할 곳을 알아내는 방법은 바로 고객의 이야기를 끌어내는 것이다.

투명하고 명확한 의사소통

우수한 재무상담사는 설득을 할 때 문제를 복잡하게 만들지 않고 단순화시킨다. 우리는 제안을 일부러 더 복잡하게 만드는 금융전문가를 무수히 만났다. 그들은 더 복잡하게 보이는 제안을 함으로써 스스로가 더 능력 있고 반드시 필요한 존재임을 과시할 수 있다고 생각한다. 하지만 이렇게 복잡한 방법은 재무상담사에게 불리하게 작용한다. 우리가 이 분야에서 만난 최우수 영업사원이나 설득가의 행동은 그 반대였다. 그들은 사례나 일화, 은유를 활용하여 자신의 생각을 고객과 청중에게 이해시켰다. 그 결과 고객은 그들과 이야기하고 싶어 했고, 청중은 그들의 이야기를 경청하고 싶어 했다.

스토리셀링 기법이 사람의 마음을 가볍게 만들어 외부의 영향을 더 쉽게 받아들이게 한다는 사실은 이미 심리학에서 입증된 바 있다. 모든 사람은 훌륭한 이야기나 교훈이 담긴 유추 또는 은유, 그리고 알기 쉬운 사례를 좋아한다. 타인에게 감명을 주는 설득을 하는 사람은 그 과정에서 이러한 의사소통수단을 충분히 활용하고 있다.

제안에 활력을 불어넣고 싶다면 이러한 역동적인 도구(예시, 은유, 재미있는 일화, 유추)를 활용해야 한다. 이들 도구의 각각을 예로 들어 설명해보겠다.

예시

예시: 어떤 사물을 분명하게 드러내주는 사례나 실례.

『25만 달러짜리 피자와 백만 달러짜리 승용차』의 저자인 재무상담사 앨리슨 루이스는 우리의 소비 습관이 은퇴 자금에 얼마나 큰 영향을 주는지를 보여주는 훌륭한 예를 들었다. 자동차, 반지, 시계 따위와 같이 큰돈이 드는 물건을 구매하지 않는다면 저축 액이 얼마나 늘어나는지를 보여주는 펀드 회사 TV 광고 같이, 앨리슨은 이 원리를 좀 더 적지만 일관성 있는 소비습관으로 설명했다.

<그림 9-2>에서 볼 수 있듯이 여러 켤레의 신발이나 복권티켓, 음료수 따위의 사소한 구매도 장기간에 걸쳐 큰 금액이 될 수 있다. 앨리슨은 은퇴자금이나 다른 형태의 더 큰 즐거움을 위해 돈이 쓰이는 방법을 사례를 들어 설명했다. 앨리슨이 제시한 사례는 생활 속에서 작은 기쁨조차 향유하지 말라는 의미라기 보다는 오히려 약간의 세심한 주의와 절제를 통해 장래에 필요한 자금을 마련할 수 있음을 보여준다. 모든 재무상담사는 이 개념을 전달하고자 한다. 그러나 앨리슨이 제시한 예는 그 개념에 더욱 생동감을 주고, 더 많은 의미를 부여한다.

<그림 9-2> 푼돈이 모여 큰돈이 된다

항목	비용	연비용	동일비용의 대체수단	401(k)에 투자시 2020년경의 가치
ATM 수수료	매주 2.50달러 (비거래 은행)	130 달러	재무설계사와의 만남	7,280달러
음료수	한 병당 75센트, 매주 5회	195달러	나파 포도주 양조장 리무진 여행	10,192달러
발톱미용	1회당 35달러, 매년 4회	210달러	복지기관에 기부	11,595달러
복권	복권당 1달러, 매주 5회	260달러	스프링스틴 공연티켓(4회)	13,302달러
냉동요구르트	대형 3달러, 매주 2회	312달러	베일에서 봄철 주말스키	15,962달러
담배	1갑당 5달러, 매년 100갑	500달러	험프리 보가트의 자필싸인 사진	25,580달러
모카라떼	1잔당 3달러, 주 5회	780달러	30개의 운동시설을 갖춘 실내체육관 수강료	43,682달러
영화티켓	매주 20달러 (티켓 2장, 팝콘, 음료수)	1,040달러	위성방송을 수신할 수 있는 46인치 프로젝션 TV	53,207달러
여성용 신발	한 켤레 70달러, 매년 15회	1,050달러	카리브 해안에서의 크루즈 여행	53,718달러
저녁외식 (2인)	식사 한끼 50달러, 매주2회	5,200달러	제니 크레이그 회사의 주식 2,300주	291,214달러

은유

가장 위대한 일은 은유의 대가가 되는 것이다.

—아리스토텔레스

금융 은유의 실질적인 대가인 워렌 버핏은 강세장에서의 투자에 관한 질문을 받았다. 워렌 버핏은 "파도가 높을 때는 모든 배가 솟구치죠. 누가 알몸으로 수영을 하고 있는지는 파도가 가라앉고 나서야 알 수 있습니다"라고 대답했다. 물론 당신도 똑같은 개념을 문자 그대로 전달할 수 있다. 하지만 같은 효과를 볼 수는 없다. 이런 의미를 설명을 통해 전달하려고 하면 아이디어의 유머와 상상력을 자극하는 힘이 사라진다. 하나의 개념을 또 다른 어떤 연관성이 없는 개념과 연결함으로써 당신은 하나의 은유를 만들 수 있다. 금융 관련 개념을 제대로 이해하지 못하는 고객이라도, 치솟는 파도와 알몸으로 수영한다는 의미는 분명 알 수 있다.

적절한 은유를 통해 이해력을 높이고 명료함을 더할 수 있는 능력이야말로 모든 분야에서 훌륭한 설득가가 되는 비결이다. 벤저민 프랭클린이 바로 그랬다. 예수는 대화를 할 때 은유와 우화를 말하지 않은 적이 거의 없다. 마틴 루터 킹 목사도 은유의 대가였다. 다른 사람을 설득하는 데 가장 커다란 명성을 얻었던 역사적인 인물들은 모두 은유를 즐겨 사용했다. 아마도 우리는 그들에게 뭔가를 배워야 한다.

은유는 하나의 정신적 언어에서 또 다른 정신적 언어로,
문자 그대로의 언어에서 유추적 언어로의 전환이다.
은유의 힘은 이런 전환에 의해 바로 이해할 수 있도록 하며,
그 이해를 통해 정곡을 찌른다는 것이다.

—네드 헤르만

다음에 말하는 시장 아저씨(Mr. Market)는 전통적인 금융시장의 은유 가운데 하나다. 워렌 버핏은 스승 벤 그레이엄에게서 이 시장 아저씨 은유를 배웠다. 이것은 시대를 초월하여 고객 누구나 이해할 수 있는 매우 쉬운 은유적 표현이다. 재무상담사라면 누구나 이 이야기를 벽에 붙여놓거나 고객에게 나눠줄 수 있도록 사본을 만들어두어야 한다. 고객은 이 시장 아저씨의 은유를 통해 주식을 조울병이 있는 바보 같은 사람을 다루는 것으로 생각할 수 있게 된다. 따라서 시장 아저씨의 은유는 고객이 완전히 새로운 관점에서 시장의 급락을 파악하도록 도와준다. 과거 고객을 스트레스로 불면의 밤을 보내게 했던 바로 그 요소가 이제는 기대로 들뜨게 만든다.

당신은 주식시세가 당신의 개인사업의 파트너인 '시장 아저씨'라고 하는 매우 친절한 사람으로부터 나온다고 상상해야만 한다. 틀림없이 시장 아저씨는 매일 나타나서 당신의 지분을 사거나 그가 팔려는 지분의 가격을 말할 것이다.

비록 당신과 시장 아저씨가 공동으로 소유한 사업이 경제적으로 안정적이어도, 시장 아저씨의 가격이 모든 것을 좌우한다. 안타깝게도 이 불쌍한 시장 아저씨는 불치의 감정적 문제를 가지고 있다.

무도회에 참석한 신데렐라처럼 한 가지 경고에 유의하지 않으면 당신의 모든 것이 호박과 쥐로 변해버린다. 시장 아저씨는 당신을 안내하는 것이 아니라 지원해주는 역할을 한다. 당신이 유용하다고 생각해야 하는 것은 그의 지혜가 아니라 돈지갑이다. 그가 특히 어리석은 감정으로 어느 날 나타나면 그를 그냥 무시하거나 이용해도 좋지만, 그에게 영향을 받게 되면 비참해질 것이다.

그는 때로는 행복감에 도취되어 사업에 유리한 영향을 주는 요인만을 보기도 한다. 그런 감정 상태에 있으면 그는 당신이 그의 지분을 인수하여 눈앞의 이익을 챙길까봐 매우 높은 가격을 부른다.

또 어느 때에는 우울해져서, 사업이나 세상에 닥칠 문젯거리만 본다.

이런 경우에는 당신의 지분을 그에게 대량 매각할까 두려워하기 때문에
그는 매우 낮은 가격을 부른다. 이런 상황에서 그의 행동이 조울증 증세
를 보이면 보일수록 당신은 더욱 유리해진다.

　여기에서 언급하고자 하는 또 한 사람은 시장 아저씨의 가장 친한 친
구인 '대중매체 아저씨(Mr. Media)'이다. 대중매체 아저씨는 시장 아저씨
에게 정보를 받아 거리나 공중파로 그 정보를 알리는 것을 좋아한다.

　어느 날은 "시장이 100포인트 상승했다. 전부 매입하라!"라고 외치다
가, 바로 그 다음 날 "시장이 100포인트 하락했다. 다 팔고 나와라!"라고
외쳐댄다.

**때때로 은유는 사실과 통계자료로 할 수 있는 것 이상의 의미를
전한다.**

재미있는 일화

　도박하지 말라! 당신이 가진 돈으로 몇몇 괜찮은 주식을 사 두었다가 오르면
팔아라. 만약 오르지 않는 주식이라면 사지를 마라.

—윌 로저스

　5센트 동전은 10센트 동전만큼 가치가 없다.[*]

—요기 베라

익살스런 이야기나 표현만큼 고객(청중)의 관심을 끌고 잡아둘 수
있는 것은 아마 없을 것이다. 일단 고객이 웃으면 그들의 수용력은
기하급수적으로 높아진다. 유머는 방어적인 태도와 긴장을 무너뜨리
는 수단으로서 고객으로 하여금 더욱 너그러운 마음을 품게 한다. 고

---

[*] 5센트 동전(nickel)은 10센트 동전(dime)보다 더 크지만 더 가치있는 것은 당연히
10센트 동전이다. 돈이나 가치에 대해 잘 모르거나 논리적이지 않을 때 사용하는
말이다.

객 앞에서 제안할 때, 긴장을 풀어주는 최선의 방법은 웃긴 이야기
— 당신과 관련 있는 — 를 들려주는 것이다.

우리는 자신의 실패경험과 과오를 웃어넘길 수 있는 사람에게 호
감을 느낀다. 스스로를 웃음거리로 만들 수 있는 사람이 최상의 유머
감각의 소유자다. 흔히 유머는 흥분한 형태로 표현되는 진실이라고
들 한다. 우리가 지난 20년 가까이 해왔던 제안 경험은 이러한 생각
을 입증해준다. 일단 고객이 웃기 시작하면 그들은 당신의 아이디어
에 동의하는 설득 과정에 들어온 것이다. 이는 마치 댐이 무너지거나
의심의 벽이 무너지는 것과 같다. 날카로운 위트와 겸손이 갖는 최고
의, 그리고 최상의 장점은 고객을 편안하게 해준다는 점이다. 긴장을
푼 고객은 수용적으로 변한다. 반면 긴장하고 있는 고객은 방어적 상
태를 유지한다. 유머는 방어적 자세를 무너뜨리는 최상의 방법이다.

당신은 고객을 웃기기 위해 최상의 익살꾼이 될 필요는 없다. 당
신이 해야 할 일은 우선 스스로를 웃음거리로 만드는 것이다. 우리는
성공한 재무상담사와 우수한 제안자에게서 이러한 특징을 발견했다.
그들은 자신을 희생시켜 남을 웃기는 데 매우 뛰어난 사람들이다. 오
로지 확신과 자신감이 있는 사람만이 스스로를 웃음거리로 만들 수
있다. 그렇기 때문에 고객은 이러한 유형의 사람과 더 일하고 싶어
한다. 자기 자신을 더 진지하게 생각하는 사람일수록, 다른 사람들은
그를 더 가볍게 여긴다. 자신감과 확신에 찬 사람들은,

- 방어적이지 않다.
- 잘못을 바로 인정한다.
- 모르는 것을 아는 체하지 않는다.
- 제안이 완벽하게 진행되거나 막힘없이 진행되기를 바라지 않는다.
- 변명하기보다는 실수를 통해 배운다.
- 실수할 때 너그럽게 웃어넘긴다.

앞에서 제시한 특징은 어떤 규모의 고객을 상대하든 간에 제안 시에 그들의 신뢰를 얻는 데 중요한 사항이다. 돈 관리에 있어 믿을 수없는 재무상담사와 일하고 싶어 하는 고객이 얼마나 되겠는가? 따라서 우리가 주장하고 싶은 것은 다음과 같다. 당신에 대한 이야기를할 때 고객이 당신에게 호감을 가질 수 있도록 말하라. 훌륭한 유머감각과 자신에 관한 이야기보다 더 좋은 것은 없다.

유추

유추: 사물 간의 어떤 특성의 유사성

우리가 알고 지내는 어느 재무상담사는 고객에게 좋은 유추를 활용하여 고객을 가르치는 것을 좋아한다. 고객이 그 재무상담사에게높은 가격으로라도 닷컴 기업 주식을 사고 싶다고 말하면, 그는 다음과 같은 유추를 제시한다.

재무상담사: "블랙잭 해보신 적 있나요?"
고객   : "예, 가끔 합니다."
재무상담사: "그럼, 이야기 하나 들려드리죠. 수년 동안 카드 게임을 해온 제 친구가 어느 날 몇 시간 동안 테이블에 앉아 게임을 즐기고 있었지요. 그때까지만 해도 잃지도 않고 따지도 않은 상태였어요. 자정 무렵, 근육이 드러난 셔츠를 입은, 꽤 술에 취한 그 지방 사람이 그의 오른쪽에 앉았어요. 딜러는 그 남자에게 17을 던져주고 자기 패는 9를 보여줬죠. 그 남자는 '패를 돌려'라고 말했고, 3이 나와 그 판을 이겼습니다. 제 친구는 믿을 수가 없었어요. 그는 늘 규칙대로 게임을 했죠. 16이면 패를 돌리고 17이면 그대로 고수했으니까요. 게임을 두세 판 더 한 후에 그는 18을 가지고 '패를 돌려'라고 말하고는 다시 3이 나와 게임을 이겼어요. 그리고는 칩 더미를

챙겨 테이블을 떠났죠. 제 친구는 생각했죠. '규칙대로 했는
데 남은 게 없군.' 그래서 다음번에 그도 17을 받고 '패를 돌
려'라고 말했지만 퀸이 나왔죠."

이 재무상담사는 고객에게 어떤 사람은 이처럼 수입도 전망도 없
는 회사에 투자하듯 규칙을 벗어나는 게임을 하고도 이길 수 있겠지
만, 대다수는 신중한 투자원칙을 무시하면 패가망신할 것이라는 점
을 일러준 것이다.

유추는 고객에게 익숙한 분야의 사실을 끄집어내어 그 사실이 부의
축적 과정에 어떻게 똑같이 적용될 수 있는지를 보여줌으로써 마치
마법처럼 작용한다. 유추는 고객이나 청중이 당신이 논의하고자 하는
주제에 문외한일 때 특히 효과가 크다. "이것은…… 와 같다"라는 간
단한 문구는 이해의 창을 열어주고, 궁극적으로 제안은 더욱 설득력을
얻을 것이다.

한 재무상담사가 또 다른 독창적인 유추적 표현으로 연금을 판매
하는 방법을 우리에게 알려주었다. 그의 제안은 이렇게 시작한다.

재무상담사: "본인 명의의 주택을 소유하고 계십니까?"
고객   : "예."
재무상담사: "두 가지 질문을 더 드리고 싶습니다. 첫째, 주택 가격이 얼
　　　　　 마이며, 둘째, 매년 주택에 대한 화재보험료로 얼마나 내십
　　　　　 니까?"

낮게 잡을 경우 고객은 주택 가격이 20만 달러이며, 매년 800달러
의 주택 화재보험료를 낸다고 말한다.

재무상담사: "주택을 구입할 때 은행에서 보험에 가입하도록 했습니까?"

고객   : "물론입니다."

재무상담사: "은행은 만의 하나 집에 화재가 나면 대출금을 받을 수 없기 때문에 보험에 가입하도록 요구합니다. 제가 말하고 싶은 연금 사이에 유사점이 있기 때문에 이 문제를 말씀드렸습니다. 고객님도 아시다시피 연금은 제가 보장할 수 있는 유일한 투자상품입니다. 시장이 붕괴되어도 일정한 이율을 보장하는 연금상품을 선택할 수 있습니다. 물론 고객님은 주택화재보험료를 내는 것처럼 그에 대해서도 소액의 수수료를 내셔야 합니다. 그러나 주택과 연금에 한 가지 중요한 차이점이 있는데, 이 상황에서는 고객님이 바로 은행가라는 점, 즉 고객님의 돈이 위험에 노출되어 있다는 점입니다.

이러한 유추는 연금 상품에 대해 전혀 생각하지도 못했던 새로운 준거 틀(frame of reference)을 제시한다. 유추는 새로운 빛을 비쳐주어 일찍이 혼돈이 차지하고 있던 자리를 이해가 지배하도록 해준다. 제안을 할 때 고객의 관심을 끌고 이해를 높일 수 있도록 적절한 유추 방법을 활용하라. 금융서비스를 배경으로 한 유추, 은유와 예시를 잘 모르면 스콧 웨스트와 미치 앤소니가 공동으로 저술한 『재무상담사를 위한 스토리셀링』 한 권을 읽어도 좋다. 이 책에는 바로 당신의 제안을 완벽하게 만들어줄 유추 방법이 풍부하게 실려 있다.

제3부
단체 고객 설득하기

10 청중을 파악하라

제3부에서는 집단을 상대로 설득력 있는 제안을 하기 위해 필요한 기술에 특히 초점을 맞출 것이다. 어떤 집단을 대상으로 한 제안은 특별한 도전기회로 독특한 준비 과정이 필요하다. 따라서 다음 네 장에 걸쳐 우리는 당신이 제대로 준비하여 어떤 집단 앞에서도 자신 있게 설 수 있도록 도울 것이다. 또한 청중 앞에서 실수 때문에 힘이 빠지는 일을 피하는 법을 중요하게 다룰 것이다.

"어떤 강사가 장애인(handicapped)볼링선수연맹에서 강연요청을 받은 적이 있었어요. 그 강사는 이름이 조직의 모든 것을 말해준다고 생각했기 때문에 청중을 파악하려고 의뢰인에게 전화를 하지 않았죠. 그는 장애인 운동선수와 관련된 주제로 신경 써서 강의를 준비했어요. 장애를 딛고 운동을 하는 선수들의 집념과 용기에 대해 말하려 했던 거죠. 하지만 강단에 서서 청중을 둘러봤을 때, 그는 휠체어가 없다는 것을 깨달았어요. 그들이 말한 **핸디캡**이란 그들의 볼링점수를 말하는 거였죠. 그날 유일하게 장애가 있었던 건 바로 그의 강의였어요."

—마이클 M. 클레퍼(마이클 M. 클레퍼, 『연설을 하느니 차라리 죽겠다』,
    1994, 81쪽).

역사상 가장 위대한 강사 중에도 청중을 제대로 파악하지 않아 바
보처럼 보인 적이 있었다. 마크 트웨인은 자신의 공식 자서전에서 강
사로서 가장 부끄러웠던 순간에 대해 이야기했다. 그 당시 트웨인은
미국 내에서 강연요청을 가장 많이 받던 강사였을 것이다. 그는 연이
은 베스트셀러 작가로, 즐거운 정찬 후의 강사로서 폭넓고 확고한 평
판을 얻고 있었다. 하지만 트웨인은 똑같은 연설을 되풀이하는 데 금
방 싫증을 내기 때문에 때때로 좀 더 아슬아슬한 소재로 이야기를
준비하곤 했다.

마크 트웨인이 강의요청을 받은 문제의 특별행사는 바로 유명한
시인인 존 G. 휘티어 박사에게 경의를 표하는 엄숙한 공식만찬이었
는데, 트웨인은 이 날을 위해 당시 벌레스크라고 했던 오늘날의 패러
디나 풍자시 또는 풍자문에 해당하는 글을 썼다. 그리고 이 벌레스크
는 우연히도 롱펠로, 에머슨, 홈즈라는 질 나쁜 세 방랑자의 말재간
에 관한 이야기였다.

준비를 하는 동안 트웨인은 그 이야기 속의 유머에 빠져들었고 청
중도 환호성을 지르며 즐거워할 거라고 확신했다. 그가 연설하기 전
에 가장 사소한 한 가지 절차 — 참석자가 누구인지 확인하는 — 만 무
시하지 않았어도 아마 그랬을 것이다. 트웨인은 단상 위로 올라가서
맨 앞줄에 롱펠로, 에머슨, 홈즈가 귀빈으로 휘티어 박사와 나란히
앉아 있는 것을 보고 거의 사색이 되었다. 잠시 그는 벌레스크 연설
문을 포기하고 즉흥연설을 하려고 머뭇거렸다. 훗날 본인도 잘 모르
는 어떤 이유로 벌레스크를 그대로 진행하였다.

가장 큰 문제는 패러디 했던 주인공의 공격적 반응이 아니라, 청중을 충격과 불안에 떨게 했다는 점이다. 이 행사는 어떤 위대한 사람에게 명예를 표하는 행사로, 동등한 직위에 있는 사람들이 그에게 경의를 표하는 자리였다. 나중에 그 위대한 시인 셋과 사과의 서신을 주고받으면서 마크 트웨인은, 그들이 모두 그의 말에 놀라기는 했지만 그것을 말 그대로 유머로 즐기고자 했다는 것을 알았다. 하지만 행사 참석자나 주최 측은 달랐다. 이들은 연설 내내 놀라움에 숨죽이고 있었다. 그들은 이 유명한 거장(巨匠)들 앞에서 감히 웃을 수도 없었던 것이었다. 그들은 연설 내내 놀라움에 입을 벌리고 눈썹을 치켜세우고 있었다. 이 곤혹스러운 연설을 한마디 한마디 이어갈 때, 마크 트웨인의 심정이 어떠했을지 상상해보라.

신문마다 트웨인의 무례함에 대한 기사를 실었기 때문에 그는 더 큰 곤경에 처하게 되었으며, 스스로 부과한 감정적인 체벌을 극복하는 데 1년 이상이 걸렸다. 단체 고객을 설득하는 데 있어 가장 중요한 '청중을 파악하라'라는 규칙을 제대로 지키지 못한다면, 아무리 위대한 강사라 하더라도 보잘것없는 존재가 될 수 있다. 이후 백 번의 훌륭한 강연으로도 이같이 망신스러웠던 경험을 지울 수는 없다. 자료와 자기 자신을 준비하는 것이 중요한 만큼, 강의를 들을 청중을 미리 파악하는 것도 중요하다.

무엇을 알아야 하나

한번은 최고 경영자가 걱정스럽게 회사 홍보담당자에게 말했다. "우리 회사가 얼간이 무리처럼 보이게 하라고 당신에게 월급을 주는 게 아니오. 세상이 우리가 얼간이 무리라는 사실을 모르게 하라고 월급을 주는 거란 말이요." 당신은 의도한 바를 강의를 통해 확실하게 전달하기 위해서는 **청중분석**이라는 과정을 거쳐야 한다. 사실상, 우리는 청중분석 과정을 끝내기 전까지는 의도한 바가 무엇인지 조차 알기 어렵다고 할 수 있다. 고객이 과거에 들었던 주제나 듣고 싶어하지 않는 주제로 발표를 하려고 하는 사람이 있겠는가?

청중 앞에서 강연하기에 앞서, 우리는 다음과 같은 정보를 알아야 하며 이를 수집하기 위해 필요한 일을 해야 한다.

- 청중의 태도와 관심.
- 청중의 니드와 소망.
- 청중의 언어표현.

태도와 관심

당신은 제안을 듣는 사람이 당신의 생각에 선입견이 있는지 없는지를 어떻게 알 수 있는가? 그 단체에 있는 누군가에게 그들의 의견과 관심도에 대해 알려달라고 요청한다면 모를까, 그렇지 않고는 도저히 알 방법이 없다. 청중이 당신 생각에 호의를 보일 거라고 여기고 맹목적으로 청중 앞에 나서는 일은 위험하다. 예를 들어, 고객은 이미 다른 누군가(경쟁자)로부터 같은 이야기를 들었을지도 모르며, 그렇다면 당신의 제안은 쓸데없는 반복에 불과할 것이다.

최근에 우리는 어느 뮤추얼펀드 판매회사 영업팀이 초빙한 고객 앞에서 행해진 한 시장동향분석 전문가의 제안에 대해 들은 적이 있다. 그 애널리스트는 일어서서 자기가 취급하는 펀드에서 사용한 투자방법에 대해 이야기했다. 그가 제안을 마쳤을 때, 청중 한 사람이 말했다. "강사님이 말한 건 모두 이틀 전 경쟁 회사의 전문가가 말한 것과 똑같군요. 그 사람이 말한 것 외에 다른 건 없나요? 강사님은 어떤 점이 다른가요?" 이 질문으로 그의 단선적인 작전계획은 물거품이 되었고, 그는 이 낯뜨거운 곤경 속에서 헛기침을 하며 연신 "어……", "에……" 하며 더듬거렸다. 그는 청중이 이틀 전 강연에서 그의 강연과 같은 내용을 이미 들었다는 사실을 알지 못했을 뿐 아니라, 청중에게 그의 상품을 다른 경쟁자들과 차별화할 수 있는 바를 전혀 제시하지 못했다. 참석자를 조금만 알았어도, 이 두 가지 문제는 해결할 수 있었을 것이다. 그가 20분 정도만 시간을 내어 강연 주최 측에 "이것에 대한 청중의 태도는 어떨까요?" 또는 "누군가에게 이와 유사한 이야기를 들었거나 아니면 들을 계획이 있나요?"라고 물어봤다면, 그처럼 당혹스런 사태는 발생하지 않았을 것이다.

그러나 쉽게 피할 수 없는 곤경도 있다. 어떤 강사든 경우에 따라 당혹스러운 일을 접하기 마련이며 이때는 발표를 하면서 적응해야 한다. 이런 상황에서는 대개 임기응변과 기민함을 발휘하여 최선을 다해야 한다. 우리가 이 애널리스트의 이야기를 통해 하고 싶은 말의 핵심은 대부분이 청중의 기질을 파악하는 일이 중요하다는 것을 깨닫지 못한다는 점이다. 이것을 미리 점검해야 커다란 실수를 피해갈 수 있을 것이다.

니드와 소망

토드 태스키는 충분한 시간을 할애하여 잠재고객이 필요로 하는 것과 원하는 것을 알아낸다면, 훌륭한 제안을 할 수 있을 뿐만 아니라 영업성과도 높일 수 있다는 사실을 알았다(카렌 한센 위즈, 『투자상담사』, 2000년 10월, 72쪽). 수년 동안, 그는 다양한 고객의 니드를 충족시키기 위해 정신없이 뛰어다녔다. 그러다가 사무실 창문 밖으로 4,000여 명의 직원을 거느린 대기업 본사를 보고선 그들의 재무적 니드와 소망을 찾아내기로 결심했다.

간부 몇 사람과 면담한 결과, 그들 상당수가 이익배당, 스톡옵션, 퇴직금, 기타 회사의 복리후생제도에 대해 누군가 이해할 수 있게 도와주기를 바라고 있음을 알게 되었다. 태스키는 직원들을 위해 더 나은 제안을 하고 경우에 따라 그들의 고충도 처리해줄 수 있도록 이 분야의 전문가가 되기로 했다. 그는 말했다. "많은 재무설계사가 고객의 재무설계 중에서 직장과 관련된 부분을 무시합니다. 왜냐하면 이 부분을 해봤자 수수료를 받을 수 없기 때문입니다. 하지만 상당수 고객에게는 이 부분이 미래의 재무적 안정과 밀접하게 연관되어 있습니다. 우리는 직원들에게 이익이 되는 정보를 알려줄 뿐만 아니라 '기업의 복리후생제도를 앞으로의 본인 재무문제와 어떻게 연계시켜야 하는가?'에 답해주고 있습니다."

이 거대한 기업의 니드와 소망을 찾아내는 통찰력으로 그는 이제 이 기업에 다니는 직원 수백 명을 고객으로 두게 되었다. 경영진에게 자신의 생각을 제시하기 전에 미리 준비한 덕분에 그는 이제 바로 길 건너편에 모든 고객을 둔 법인영업사업에서 성공하였다. 약간의 사전 준비가 충분한 보상이 된 셈이다.

사전 준비를 하라. 기업이든 단체든 충족되지 않은 또는 제대로 충족되지 않은 특별한 요구사항이 있게 마련이다. 당신이 물어본다면, 누군가는 알려줄 것이다. 기회는 질문하는 자에게 온다. 청중을 알고 있는 누군가에게 사전 준비에 필요한 다음과 같은 질문을 하라.

- 이들에게 현재 가장 필요한 것은 무엇인가요?
- 제가 이들에게 줄 수 있는 가장 가치 있는 정보는 무엇인가요?
- 이들이 추구하는 목적을 달성하도록 도와줄 수 있는 최선의 방법은 무엇인가요?
- 이들에게 특별히 어려워하거나 실망스러워하는 문제가 있나요?

고객은 당신이 그들과 그들의 목적에 맞닿아 있다고 느끼면 당신의 말에 귀를 기울이려 할 것이다. 고객의 니드와 소망을 조사함으로써 당신은 그들에게 소중한 지원군이 될 것이다. 당신은 이런 식으로 사전 준비를 하는 경쟁자가 그다지 많지 않다는 점과 사전 준비를 통해 당신이 고객의 마음속에서 소중한 지원군으로 자리 잡게 된다는 사실을 알게 될 것이다.

언어표현

몇 년 전, 미치는 어떤 금융기관의 연차총회에서 강의를 해달라는 요청을 받았다. 어떤 주제가 가장 적절할지 요청을 받자, 미치는 그 회사의 기업문화, 니드, 그리고 목표 등에 대해 몇 가지 질문을 했다. 그러고는 회사 업무에 대한 감을 잡기 위해 직원 한 사람과 동행할 수 있는지 물어보았다. 아주 드문 요청이었지만, 그 간부는 미치의 생각에 찬성하며 기꺼이 직원 중 한 사람과 동행하도록 했다. 하루 동안 자동차를 동승함으로써 미치는 이 특별한 회사와 수년간 함께 일할 수 있게 되었다. 그 회사의 연차총회에서 미치는 그 회사 직원들이 일상적으로 접하는 고객, 상품, 그리고 영업현실에 대한 그들의 언어표현으로 강의를 했다. 청중은 강사가 듣는 사람의 문화적 뿌리를 도외시하고 방대하면서도 기초적인 아이디어를 강제로 주입하는 강의에 익숙해져 있었다. 때문에 그들은 일부러 시간을 들여 그들의 세계와 일상적으로 사용하는 언어를 이해하려고 했다는 데 감탄했다.

일선에 있는 사람과 시간을 보내는 과정은 이제 미치가 제안을 개발하는 데 기본적인 준비사항이 되었다. 그가 자주 듣는 다른 강사에 대한 불만은 강사란 일반적인 아이디어를 전달하는 것이고 청중이 자신의 아주 특별한 상황에 맞게 조정해서 들어야 한다는 것이다. 결과적으로 이럴 경우 청중의 주의를 끌기보다는 그들의 빈정거림을 먼저 사게 될 것이다. 하지만 동일한 청중도 자신이 일상적으로 직면하는 상황에서 나올 법한 아이디어를 듣게 되면, 그들은 관심을 갖고 훨씬 더 주의를 기울이게 된다.

모든 산업, 단체, 회사에는 그들이 선호하는 언어표현이 있다. 그 집단에 속한 사람은 자신들이 쓰는 약어가 무엇을 의미하는지, 그리고 어떤 말을 줄인 것인지 알고 있다. 모든 집단은 그들의 고객과 사업, 그리고 사적인 삶에 있어서 저마다의 독특한 문제에 직면해 있다. 그들만의 전문적인 언어를 이해하고 유창하게 사용하게 되면, 그들에게 당신은 보통의 제안자와는 달리 그들과 말하는 데 관심이 많다는 점을 보여줄 수 있을 것이다. 몇 해 전 미치를 초청했던 그 회사는 그가 자기네의 언어를 사용한다는 이유만으로 지금도 그를 초청한다.

당신이 청중과 연결되기 위해서는 그들의 언어영역에 근접할 필요가 있다. 만약 청중을 미리 파악하지 않는다면, 당신은 심각한 어려움에 직면할지도 모른다. 시간을 내어 그들의 태도와 관심사, 그들의 니드와 소망, 그리고 그들이 즐겨 사용하는 언어표현을 익힌다면, 당신은 입을 열기도 전에 이미 성공한 사람이 될 것이다.

11 흔히 저지르는 실수와 실수를 피하는 방법

"윌리엄 헨리 해리슨*은 1841년의 취임연설에서 9,000여 단어를 사용했다. 연설을 하는 데 꼬박 2시간이 걸렸으며, 그날은 몹시 추웠다. 해리슨은 폐렴에 걸렸고 한 달 후 사망했다."

—찰스 오스굿(『오스굿의 연설 개론』, 1988)

이 이야기의 교훈? 서툰 강연이 당신의 경력을 망칠 수도 있다. 해리슨 대통령처럼 말 그대로 죽지는 않겠지만, 서툰 강연은 확실히 당신의 경력을 단축시킬 수 있다. 게리와 나는 강연에서 할 수 있는 대부분의 설득 방법을 실전에서 경험해보았다. 때문에 우리는 이 장에서 이 분야에서 제안자가 저지를 수 있는 가장 큰 실수에 대해 언급하고자 한다. 강연을 자주 하기 때문에 우리는 매년 재무상담사를 대상으로 한 수백 가지 제안을 관찰할 수 있었다. 이 장에서는 이러한 관찰 내용과 우리의 개인적인 실수에 대해 알아보겠다.

---

* 미국 제9대 대통령.

이 책의 서두에서 언급한 것처럼, 세련된 발표기법을 사용하면 당신은 경력이나 사업에서 한층 더 발전할 가능성이 많다. 그러나 정반대의 경우도 마찬가지다. 말재주가 뛰어나다고 해서 이 장에서 언급한 안전점검을 하지 않은 채 발표의 바다로 향한다면, 당신은 해류에 떠밀려 해변에서 점점 더 멀어져가는 자신을 발견할 것이다. 이번 장에서는 강사가 저지르는 전형적인 실수와 그런 잘못된 사례를 답습하지 않는 방법에 대해 논의할 것이다.

> 대부분의 웅변가는 깊이가 필요한 내용을 길이로 만회하려 한다.
>
> —몽테스키외

> 말: 목적 없이 충동적으로 별 뜻 없이 경솔하게 떠드는 것.
>
> —암브로즈 비어스

말실수① 끊임없이 떠들기

강사는 여러 가지 이유로 필요 이상으로 길게 발표한다. 하지만 청중은 그 이유를 받아들이지 않는다. 다음은 강사가 제한시간이 지나도 강의하는 이유로, 그들은 발표가 길어진 데 대해 다음과 같은 상투적인 변명을 늘어놓을 것이다.

장황한 이유: 짧은 시간 안에 너무 많은 것을 하려 하기 때문에.
변명: 전 강의할 기회가 많지 않으니 많은 얘기를 해야 합니다.

우리는 당신에 관한 이야기를 들었다. 당신은 정말 많은 것을 했다. 당신은 청중을 불쾌하게 만들었다. 당신은 청중에게 당신의 다음 강의 시간에 낱말 맞추기 게임을 준비하도록 했으나, 정작 강의는 낱말 맞추기와 다른 내용으로 끝도 없이 길어져 청중은 본 게임이 시작될 때까지 잠잘 수밖에 없었다. 우리는 강사가 너무 짧은 시간에 너무 많은 것을 전달하려는 이러한 전형적인 실수를 여러 차례 보아 왔다. 미 북부에 있는 거대한 소나무 숲처럼 빽빽하게 표시되어 있는 강연 노트가 약 15센티미터 높이로 쌓여 있었고, 강사는 그 내용을 45분 안에 전부 전달하려 했다.

어느 단체에서 30분 동안 강연을 맡은 한 임원은, 피터 드러커, 톰 피터스, 스티븐 코비, 데일 카네기가 저술한 모든 저서를 요약한 노트를 가지고 있었다. 이런 식으로 과도하게 준비를 하고 나면 강사는 그 모두를 말해야 한다는 강박감을 느끼게 되어, 결국 다변증 환자임을 공개적으로 보여주는 꼴이 된다. 일상적으로 저지르는 실수는 바로 30분에서 60분이라는 시간 동안 해낼 수 있는 분량을 과도하게 설정하는 것이다. 너무 오래 강의하지 않기 위해서는 다음과 같은 현실을 파악해야 한다.

- 청중은 기껏해야 한두 가지 괜찮은 아이디어만 기억할 뿐이다.
- 한 시간만 지나도 청중은 싫증을 낸다.

당신의 강의노트에서 핵심내용, 최고의 이야기, 그리고 가장 주목할 만한 기삿거리만 남기고 삭제하라. "간결함은 다시 들을 수 있어 복되나니"라는 옛 속담을 기억하라. 하지만 만약 당신이 생각하기에 기록해둔 것이 전부 주목할 만한 것이어서 가지를 쳐낼 만한 것이 없다고 생각한다면, 공동묘지에 가서 제안하라. 당신은 수많은 청중 앞에서 강의를 하게 될 것이며, 틀림없이 그들을 잠들게 할 일도 없을 것이다.

장황한 이유: 자기 목소리에 너무 반했기 때문에.
변명: 정말 중요한 이야기가 있으니 들어보셨으면 좋겠습니다.

당신에게 중요한 것이 반드시 참석자에게도 중요한 것은 아니라는 사실을 명심하라. 청중에게 시간보다 더 중요한 것은 없다. 이 점을 결코 잊지 마라. 본인의 이기심으로 이 점을 망각하지 마라. 어떤 강사는 자신의 이야기를 듣는 데 빠져 강의를 마무리해야 할 때 멈추느라 곤욕을 치른다. 당신의 강의 유형을 파악하라. 당신이 하는 강의 속에 있는 군더더기를 제거할 수 있는가? 필요 이상으로 이야기를 오래 끌고 있는 것은 아닌가? 단순히 고객 앞에 서 있는 것이 좋아서 필요 이상으로 장황하게 연설하고 있는 것은 아닌가? 이런 것은 참으로 어려운 질문이다. 하지만 당신이 스스로 이런 물음을 던지지 않는다면, 청중이 당신에게 반드시 이런 질문을 던질 것이다.

장황한 이유: 준비와 발표에 대한 훈련 부족으로.
변명: 말하고 있을 때도 수많은 아이디어가 떠올라요.

당신은 강사가 특정 주제에 관한 논리를 전개하기 위하여 단어의 앞 글자를 사용해 만든 약어로 강연을 하는 것을 본 적이 있는가? "신사 숙녀 여러분, 저는 오늘 우리의 고객에게 제공할 서비스를 설명하고자 하나의 어휘, 즉 *supercalifragilisticexpealadocious*를 선택했습니다. 여기서 *S*는 진정한 욕구(sincere desire)를 의미합니다. 우리가 진실로 원하는 것은……. 다음으로 U는……."

모든 청중의 눈동자는 위축될 것이다. 그 불안감은 거의 확실하게 느낄 수 있다. 당신은 아마 약어를 사용해서 발표한 것이 그리 나쁘지는 않았다고 평가를 받았을지도 모르지만, 한 번이라도 나쁜 평가를 받게 되면 그것으로 당신의 제안 경력은 끝장이 날 수 있다. 개인적으로 우리는 그런 방식을 사용하지 말라고 충고한다. 왜냐하면 이런 접근방법은 제안에서 설명하기로 한 약어의 마지막 단어까지 빠르게 진행되지 않으면 청중이 조바심을 느끼게 되기 때문이다.

아이디어를 준비하고 제안하면서 스스로 훈련하라. 또 강의를 하면서 몇 가지 그럴듯한 아이디어가 떠오를지도 모른다. 그런 아이디어는 강의에 포함해도 좋다. 그러나 시간관계상 대본으로 준비한 몇 가지 항목을 빼야 할지도 모른다. 발표 내용의 길이가 얼마나 될지 파악하지 않고서는 연설대에 서지 마라. 제한시간이 45분으로 정해져 있다면 현장에서 당신의 강의와 청중의 반응에 따라 5~15분 정도 지연될 수 있는 여지를 고려하라. 어떤 경우에도 강의시간이 얼마나 되는지 연습하지 않고 강연할 생각은 하지 마라.

준비는 많이 하되 과도하게 전달하려 하지 마라. 한 목사는 다음과 같이 말했다. "저는 많이 준비해서 지나치지 않게 설교하기를 좋아합니다. 즉흥적인 설교를 들으러 오는 사람은 아무도 없습니다. 하지만 아무리 많이 준비했다 하더라도, 전 30분 분량만 강연하고 신도들이 좀 더 원하도록 내버려둡니다. 그러면 다음 주에도 좌석이 차게 되죠." 이런 훈련이 우리가 권유하는 방법이다. 준비는 넘치게 하되, 강의에서는 청중이 좀 더 원하는 상태로 내버려두라.

말실수② **종착점에서의 속도 초과와 정지신호 무시**

다음 두 가지 실수를 얼마나 많이 보아왔는가? 첫째, 시간이 부족하다는 것을 알게 된 강사가 갑자기 30분 분량의 내용을 마지막 5분 안에 말해버린다. 둘째, 강사의 강연이 절정에 이르러 청중이 이제 끝났다고 느낀 상태에서, 강사가 15~20분간 계속해서 더 이야기한다. 이러한 실수는 자주 반복되는 것이기 때문에 되풀이하지 않도록 여기에서 이런 잘못을 논의하고자 한다.

종착점에서의 속도 초과

현실적으로 생각해보자. 할 말을 마지막 몇 분 동안에 무리해서 해버리는 강사는 무슨 목적으로 그렇게 하는 건가? 청중은 분명 교훈을 얻지 못한다. 서둘러 결론을 내리는 강연에서 청중이 무엇을 기억하는지 물어보라. 그들은 강사가 끝 부분에서 서둘러 말했다고 대답할 것이다. 그들은 당신의 과속운전에 혼란스러웠기 때문에 당신이 급히 서둘러 말했던 내용을 전혀 기억하지 못할 것이다. 강의의 목적은 청중에게 기억에 남을 만하고 유익한 것을 제공하는 것이다. 이러한 대중강의의 교통법규를 어기지 않기 위해서 반드시 제한시간 내에 할 수 있도록 연설 속도와 내용을 훈련하라. 시간이 부족하다면, 말하고자 하는 내용을 요약할 수 있는 이야기를 준비해서 그 이야기를 활용해 모든 것을 하나로 묶어 제시하라. 고객은 좋은 이야기는 기억하지만, 매우 급하게 들은 강의내용은 기억하기 힘들 것이다.

정지신호를 무시한 운전

강사의 강연이 고조되고 있다. 이제 곧 절정에 다다른다. 강사는 공유하고자 하는 핵심 문장, 계시, 위대한 진리 등을 말한다. 청중은 긴장을 푼다. 그들은 강사의 핵심을 이해했고, 이제 나갈 준비를 한다. 그때 강사가 결정적인 말을 내뱉는다. "에…… 그리고 제가 말씀 드리고자 하는 다음 핵심은……."

당신의 강연에서 이런 정지신호 위반을 어떻게 피할 수 있을까? 가장 좋은 대비책은 강의할 내용에 대해 지적이고 솔직한 비평가 앞에서 시연을 해보는 것이다. 그런 후 그들에게 당신의 강연과 강의대본에 대한 교정을 받는다. 모든 발표는 절정에서 마무리할 수 있어야 한다. 절정이 지난 후에도 계속 이야기를 하면 강사로서 당신의 명성은 떨어진다. 갈등을 제시하고 이 갈등을 해결한 다음에는 자리에 앉아라! 간단하다. 좋은 영화는 대단원이 끝난 후 배우와 제작진의 이름, 그리고 그들의 노고를 치하하는 자막이 나온다. 당신의 강연도 마찬가지다. 당신의 이름을 부르고 노고를 치하하는 이야기가 나올 것이다. 끝내야 할 때 멈춘다면 말이다.

말실수③ 적절치 않은 언어, 어색한 농담, 잘못된 판단

누군가가 베스 트루먼 영부인에게 남편 해리 트루먼 대통령이 어떤 이슈에 대한 몇몇 정치인들의 태도를 묘사하기 위하여 '똥거름'이라는 어휘를 사용했다고 불평했다는 이야기가 있다. "이것 보세요, 선생님." 트루먼 영부인이 말했다. "남편이 똥거름이라는 어휘를 사용하도록 만드는 데 얼마나 오래 걸린 줄 아세요."

당신이 생각해둔 농담이 약간 무미건조하지는 않은가? 그것이 풍
자라고 하기에 다소 난삽하고 무거운가? 그렇다면 사용하지 말라. 사
용하면 후회할 것이다. 만약 당신이 실생활이나 경험에서 나온 것으
로 청중에게 웃음을 줄 수 없다면, 절대 유머를 사용하지 말라. 나이
트클럽에서 말하지 않는 한, 청중은 코미디언이 떠들 거라고 기대하
지는 않는다. 많은 강사가 제대로 구사해도 웃음을 끌어내기 힘든 외
설적이고 천박한 구식 농담으로 오히려 평판을 떨어뜨려 왔다.

이제 강의에서 판단착오의 두 가지 극단적 모습에 대해 이야기를
하려고 한다. 우연히 판단착오를 한 때에는 편안히 청중의 반응을 지
켜볼 수 있지만, 불행히도 의도적으로 한 것이 판단착오일 때에는 불
안한 마음으로 청중을 주시할 수밖에 없다. 미치는 정치적으로 다소
민감한 어떤 농담을 했던 이야기를 들려주었다. 그것은 독창적인 이
야깃거리였기 때문에, 청중이 웃는지를 확인하기 위해 사전에 2~3
명을 대상으로 시험도 했었다. 그는 400명의 교사들 앞에서 새로 개
발한 농담을 했다. 이 농담을 하자 일부 교사는 웃었다. 하지만 한
교사는 놀라서 숨을 헐떡였다. 정말 **놀라서 헐떡였다.** 그것은 어떤 고
통스러움이나 불평이 아니라, 놀라움에서 나오는 신음이었다. 미치는
청중이 다시 그의 아주 간단명료한 연설을 듣게 만드는 데 얼마나
힘이 들었는지 절대 잊지 못할 것이다. 그는 다시는 그렇게 난처한
상황에 빠지고 싶지 않았기 때문에 조금이라도 의심스러운 주제는
멀리하리라 다짐했다.

말실수④ **진부한 내용과 표절**

한 사람에게 빌리면 표절이지만, 여러 사람에게서 빌리면 연구조사이다.
—윌슨 미즈너

연구조사와 도용

세상에서 가장 위대한 작가 셋은 모방자와 무명씨, 그리고 발췌자이다.
—무명씨

과거에 들었던 것과 비슷하거나 정확히 **똑같은** 이야기를 들어본 적이 있는가? 최초의 강사에게서 아니면 그의 모방자에게서 과거에 이미 들었던 이야기를 다시 들은 경험이 있을 것이다. 출처를 밝히는 한 당신은 당신의 강의에 적합한 소재나 특별한 인터뷰의 일부를 차용할 수 있다. 하지만 다른 사람이 사용한 발표체계와 그 내용의 대부분을 차용하는 것은 불법이다. 널리 알려진 아이디어를 자신의 것이라고 주장한다면, 당신은 불필요한 위험을 감수하는 셈이다. 청중 중 일부 똑똑한 사람은 이미 그 이야기를 들었거나 읽었을 것이기 때문에 당신의 신뢰성에 대해 의심할 것이다. 이미 출간되었거나 알려진 아이디어를 제안하는 것은 부끄럽거나 당황스러운 일이 아니다. 사실, 훌륭한 강연 치고 다른 사람의 작품에서 빌려오지 않은 것이 없다. 하지만 출처를 밝히는 사람이 있는 반면, 마치 모든 것을 자신이 생각해낸 것처럼 행동하는 사람도 있다. 당신이 이런 아이디어를 조합하고, 연결하고, 구성하고, 이론화한 방식은 독창적일 수 있으며, 이런 경우 당신은 지적소유권을 주장할 수도 있다. 정직하면 된다. "저는 이 아이디어를 ○○에게서 얻어서 ◇◇에서 얻은 아이디어와 연관 지었으며, 그러한 화학적 결합으로 얻은 독특한 결과를 오늘 이 자리에서 제안합니다." 이제 당신은 먼저 다른 사람의 연구를 인정하고 그것을 발전시켜 새로운 관점으로 제안하게 된다.

> 새로운 생각은 과거에는 전혀 상관없었던 두 가지 아이디어의 결합이다.
> ―미치 앤소니

지구보다 오래된 이야기

어떤 이야기는 아주 오랫동안 회자되어왔기 때문에 당신이 이야기를 꺼내려고만 해도 바로 청중이 그 이야기의 끝을 이야기할 것이다. 만약 당신이 진부한 농담이나 우화, 또는 옛날이야기를 하려고 한다면 전달방식에 통달해야 한다. 이야기를 잘하기 위해서는 개리슨 케일러*처럼 극적인 감동을 가미할 수 있어야 하지만, 그렇다고 해도 진부한 소재는 위험하기 짝이 없다. 사전 준비 단계에서 더 충실하게 준비하면 이런 함정은 벗어날 수 있다. 우리는 동기부여에 대해 설명하기 위해 벤저민 프랭클린이나 에이브러햄 링컨의 이야기를 하는 강사를 지나치게 많이 보아왔는데, 이는 그들이 모두 같은 책에 있는 예시와 인용문을 읽었기 때문이다.

널리 알려져 있지 않은 소재를 발굴하기 위해서 문헌조사를 확대하거나 더 오랫동안 도서관에서 연구하라. 고객은 평범하지 않은 사실이나 사례를 알고 싶어 한다. 또한, 가장 설득력 있는 자료는 바로 당신이 스스로 경험한 사례 ― 당신의 이야기와 경험이 담긴 기억창고 ― 라는 점을 과소평가하지 말라. 당신의 경험과 주변 동료들의 경험은 어떤

---

* 미국 작가이자 라디오 방송인.

사례집에서 찾을 수 있는 예시보다 강력한 설득력을 띤다.

독창성은 모든 강사가 가장 열망하는 요소이다. 왜냐하면 유일무이한 소재는 강사가 강연을 할 때 청중에게 신선함을 줄 수 있다는 불굴의 확신을 갖게 하기 때문이다. 독창성은 영감과 노력에 의해 획득된다. 어떤 소재가 청중에게 감동을 줄지에 대해 감각이 있다고 여겨지는 지적인 비평가에게 당신의 생각을 개진해보라. 청중의 반응을 예측할 수 없기 때문에 게리와 나는 항상 그렇게 한다. 경험을 많이 하면 할수록, 노련한 강사나 비평가에게 우리의 아이디어에 관한 의견을 더 많이 들어보려고 한다. 아이디어가 효과가 있다면 당신에게 말해줄 것이다. 만약 설득력이 부족하다면, 그들은 내용을 수정해주거나 폐기할 것을 권고할 것이다. 어떤 방법이든 이와 같이 준비가 철저하다면 당신은 더 좋은 발표자가 될 것이다.

말실수⑤ 자기 영역을 벗어난 연설

왜 천사를 그리지 않느냐고 물었을 때, 유명한 화가 구스타브 쿠르베*는 "난 천사를 한 번도 본 적이 없어"라고 대답했다.

야구에서 숙련된 타자는 정해진 타점지역으로 투수가 공을 던질 때만 방망이를 휘두르도록 훈련받는다. 반대로 투수는 타점지역 바깥으로 공을 던지며 타자를 유인할 것이며, 경험이 많은 선수는 자기 영역, 즉 출루할 확률이 높은 타점지역을 벗어나는 공에 말려들지 않

---

* 프랑스의 사실주의 화가. 현실을 있는 그대로 직시하고 묘사할 것을 주장하였으며, 실경 묘사에 뛰어났다. 대표작으로는 <나부와 앵무새>, <사슴의 은신처>, <샘>, <광란의 바다>, <센 강변의 처녀들>등이 있다.

을 것이다. 타자로서의 성적은 우수하지만 외야수 수비가 좋지 않았다고 여겨지는 어느 메이저리그 선수가 이상하게 실제 수비 성적은 평균 이상이었다. 그는 이렇게 설명했다. "공을 처리할 수 없다면 잡으려 하지 마세요. 공이 당신의 수비영역을 벗어나면 아무도 실책이라고 말하지 않아요." 노련한 발표자는 고객에게 제안을 할 때도 똑같은 규칙을 따른다. 당신이 가장 잘 아는 전문지식 분야를 절대 벗어나지 말라. 당신은 청중 가운데 누군가가 당신보다 더 많이 알고 있을 주제에 대해 강연하고 싶지는 않을 것이다. 그럴 가능성이 있다는 생각만으로도 당신은 확신을 잃을 것이다.

주어진 주제에 대하여 하루 15분씩 2년간만 공부하면, 어떤 특정 전문분야에서 그 분야 종사자의 99%보다 더 많이 알게 된다고 알려져 있다. 연단에서 어떤 주제를 연설할 것인지 결정할 때, 스스로 다음과 같은 질문을 하라.

- 이 주제에 관하여 권위 있게 말할 수 있다고 느끼는가?
- 내 주장을 입증하기 위해 인용 가능한 객관적인 근거가 있는가?
- 이런 주장을 뒷받침할 수 있는 경험이 있는가?
- 이성과 직관이라는 차원에서 내 아이디어는 타당한가?
- 질문에 답변할 수 있는 충분한 관련 정보나 추가 자료가 있는가?

말실수⑥ **준비 부족**

강의의 준비에 관해 이야기하면서 강의 환경과 상황을 언급하지 않는 것은 부주의한 일이다. 다음은 게리가 발표자들을 훈련시킬 때 사용하는 약어 STOP이다. 그는 재무상담사가 이 약어를 접하면 일단 멈추고(stop) 발표를 다음과 같이 실용적으로 준비하는 것에 대해 깊이 생각하게 된다고 말한다.

- **상황**(Situation): 제안의 물리적 환경(실내구조, 청중 수, LCD프로젝터, 플립 차트, 좌석배치, 다과 등).
- **시간**(Time): 너무 오래 말하는 강사는 아무도 좋아하지 않는다.
- **목적**(Objections): 청중의 예상 가능한 목적을 추정해보라.
- **제안 소재**(Presentation materials): 필요한 소재에 대해 계획하고 준비하라. 넘칠 정도로 충분히 준비하라. 소재가 바닥나는 일이 가장 당혹스럽다.

제안을 준비하고 현장에서 제안할 때 마음속으로 STOP 신호를 기억하라. 당신은 이것으로 제안 도중 발생할 수 있는 정면충돌을 피할 수 있다.

준비의 중요성에 대해 끊임없이 역설하고 있지만 우리는 다시 연구조사와 사전 작업에 바탕을 둔 발표의 또 다른 문제에 직면한다. 많은 재무상담사가 연단에서 강의하면서 어떤 주제에 대해 그 주제를 잘 모르고 있는 듯한 느낌이 드는 경우를 지켜보았다. 그들은 이내 자연스럽게 이야기할 정도로 그 주제에 충분히 정통하지 못했거나 이야기하는 아이디어에 대한 실제 경험이 부족했을 것이다.

금융과 관련된 강의를 듣기 위해 참석한 청중 가운데 이론을 들으려 하는 사람은 아무도 없다. 그들은 사실과 경험에 근거한 설득력 있는 아이디어를 듣고자 한다. 그들은 실생활에 바로 적용할 수 있는 아이디어를 듣고자 한다. 그들은 자기와의 관련성을 원한다. 당신이 아이디어를 매우 잘 알고 있어 관련성을 즉시 형성하고 강의 노트 없이 그 주제를 1시간 동안 말할 수 있다면 강의할 준비가 된 셈이다.

설득력은 신뢰감이라고 할 수 있다. 고객은 당신이 무엇을 말하는

지가 아니라 어떻게 그것을 말하는지 듣고 있다. 주제에 정통하다면 우쭐댈 정도로 자신감이 생기며, 청중은 그 자신감에 찬 모습을 볼 때 당신으로부터 무언가를 배울 것이라고 생각하게 된다. 당신이 준비하면 자신감이 생기고 그것이 바로 청중에게 전달된다. 이와 같은 설득 능력을 갖추는 데 지름길은 없다. 당신이 마이크를 들고 강의를 시작할 때, 당신이 있어야 할 곳에 제대로 있다고 청중이 즉시 알 수 있을 만큼 준비하라.

12 낚싯바늘 꿰기

처음 10분 내에 석유가 나오지 않으면 시추를 그만두라.

— 조지 제셀

  강의 도입부에서 당신이 하는 말은 당신을 흥하게도 망하게도 할
수 있다. 좋지 않은 시작으로 멋진 결말을 내기는 정말 어렵다. 도입
부의 첫 마디는 청중의 개인적 관련성이라는 측면에서 볼 때 특히
중요하다. 한 연구(완다 바사로, 『자신 있게 연설하기』, 1990)에 따르면
당신이 강사로서 자신을 증명할 시간은 단 4분밖에 주어지지 않는다
고 한다. 이 도입부에서 청중은 당신의 강연이 시간을 들일 만한 가
치가 있는지 없는지 결정한다.

  내용이 부족하면 열정적인 성격으로, 또는 강의에 대한 열정이 부
족하면 청중과 관련된 내용으로 잠깐 동안이나마 청중의 주의를 끄
는 일은 어렵지 않다. 그러나 어느 쪽이든 청중의 주의를 끄는 시간
이 길지는 않을 것이다. 청중을 사로잡는 것은 뱀을 잡는 것과 같다

고들 한다. 만약 당신이 뱀의 목 뒤를 확 잡아챈다면, 아무 문제없이 안심할 수 있을 것이다. 그러나 만약 당신이 첫 번째 시도에서 실패한다면, 당신은 죽게 될지도 모른다. 만약 당신이 강의의 서두부터 청중을 사로잡을 수 있다면, 당신은 강의 내내 그들의 관심을 끌 수 있는 기회를 갖게 된 셈이다. 그러나 당신이 강연의 시작부터 청중의 관심을 끌지 못한다면, 차라리 그냥 내려와 자리에 앉는 게 나을 것이다.

청중은 당신에게 그들의 시간을 준다. 하지만 당신이 얻어야 할 것은 그들의 관심이다.

—마이클 클레퍼

강의의 서두는 청중의 관심과 흥미를 끌어모으는 피뢰침 역할을 해야 한다. 당신은 청중에게 당신의 강연이 얼마나 **특별한 도움**— 모든 것에 관해 말하는 것은 아무것도 하지 않은 것이다. 작가 페기 누난은 그런 강연을 너무 많은 짐을 지워 금광에 오르기도 전에 쓰러져버린 광부의 노새에 비유했다—을 줄 것인지 알려주어야 한다. 강연에서 당신의 첫 번째 목적은 청중의 삶과 밀접하게 관련되어 도저히 피해갈 수 없는 미끼를 낀 낚싯바늘을 던지는 것이다. 미끼는 많을 필요가 없다. 괜찮은 것 딱 하나면 된다.

왜 고기가 물지 않을까

우리가 알고 있는, 낚싯바늘을 꿰는 가장 좋은 방법은 '혼란스러움'— 청중이 무게중심을 잃을 만한 생각이나 아이디어—을 이용하여 그들을 이끄는 것이다. 혼란스러운 것은 미끼다. 인간이란 대개 자기 자신의 삶과 관련되어 있다고 이해하기 전까지는 주위에서 듣는 것에 신경 쓰지 않는다. 우리가 강사에게서 본 가장 일반적인 실수 중 하나는 그들이 청중을 적절하게 혼란시키는 데 실패한다는 점이다. 만약 당신이 청중 가운데 단 몇 명에게만이라도 그들에게 어떤 문제가 있음을 분명하게 일깨우지 못한다면, 그들이 무엇 때문에 당신의 말에 애써 귀를 기울이겠는가? 문제를 해결하려 하기 전에 먼저 문제가 무엇인지 찾아내고 거기에 생명을 불어넣어라.

당신의 강연은 사소한 문제가 아닌 커다란 문제를 해결해주어야 한다. 우리 생각에는 만약 해결해줄 만한 문제가 없다면, 차라리 강의를 하지 말라고 충고하고 싶다. 물론 당신은 독창적이고 매우 흥미로운 소재를 갖고 있을지도 모른다. 또한 사교적이며 매력적인 강사일지도 모른다. 하지만 만약 당신이 청중이 직면한 커다란 문제를 해결하지 못한다면, 당신의 강의는 청중에게 뿌리를 내릴 수 없는 말이 된다. 당신의 강연은 비를 내릴 수 없는 구름이 된다. 때때로 천둥과 번개가 치겠지만, 듣는 사람은 아무런 자양분도 얻지 못한다.

당신이 가장 우선적으로, 그리고 중요하게 해야 할 일은 청중에게 당신이 하고자 하는 말을 듣지 않으면 그들이 얼마나 궁핍해지고, 고생하게 되며, 위험에 빠지게 된다는 점을 분명히 알려주는 것이다. 청중을 혼란시키는 이런 이야기를 불길한 어조로 말할 필요까지는 없다. 실제로는 현실적인 문제 형태로 전달하는 게 가장 효과적이다. 예를 들어, 당신은 다음과 같이 말할 수 있다. "여기 우리 모두가 당면한 과제가 있습니다. 이렇게 하십시오. 그러면 당신은 고통스러워하지도 후회하지도 않을 것입니다. 만약 무시한다면, 당신은 고통을 배로 겪게 될 것입니다." 만약 당신이 강의 내용에 이런 식의 특성을 부여해 설득력 있게 주장할 수 있다면, 청중을 당신 편으로 끌어들일 수 있을 것이다.

우리는 고객에게 제공해야 하는 것은 '날 위한 건 뭐가 있지?' 요소뿐이라고 잘못 믿고 있는 판매전문가를 많이 만나왔다. 이 전략을 따르는 강사는 청중에게 그들이 받을 수 있는 이득에 대해 설명하면 그들이 그들 앞에 놓인 이들 가능성에 따라 반응할 것이라고 기대한다. 하지만 우리는 대부분 그렇지 않다는 사실을 발견했다. 이것은 하나의 단순한 심리학적인 법칙으로 설명할 수 있다. 즉, 인간은 이득에 따라 동기부여를 받기보다는 어떤 결과에 따라 동기부여 된다. 당신이 원한다면 이득으로 청중을 끌 수 있겠지만, 우리는 당신에게 청중을 자극하는 더 좋은 방법 — 청중에게 결과로 이끄는 방법 — 을 보여줄 것이다.

예를 들어, 어떤 남자가 텔레비전에서 날씬하고 다듬어진 체형과 개선된 자세를 보여주면서, 이 운동기구를 사면 수많은 여자들이 꽁무니를 쫓아다닐 거라고 말하는 정보제공형 광고를 보고 있다고 생각해보자. 그는 수화기를 들고 달가닥거리며 비자카드 번호를 입력하고, 속으로 16킬로그램의 지방을 태워버렸을 때의 이익을 상상한다. 하지만 6개월 후 그 운동기구는 중고시장에 나오고, 지금 그의 체중은 예전보다 20킬로그램이 더 나간다.

자, 똑같은 사람이 의사에게 찾아가 체중과다가 심각한 건강상의 위협이 된다는 사실과, 특히 그의 경우 유전적으로 심장병에 걸리기 쉬운 체질이라는 사실을 들었다고 하자. 이제 그는 과부가 될 아내와 아비 없는 아이들을 상상하게 될 것이다. 6개월 후 그의 몸무게는 20킬로그램 줄 것이다.

재무상담사인 글렌은 무분별한 — 먼저 소비하고 나중에 투자하는 생활 방식을 영위하는—고객에게 안락한 노후 생활의 비전을 제시하기 위해 어떤 노력을 기울였는지 들려주었다. 글렌은 그들의 생각을 흔들어놓을 필요가 있다고 결심했다. 그는 고객에게 투자를 먼저 고려하지 않았기에 수입이 줄고 스트레스가 늘어난 여러 퇴직 노인의 삶을 보여주기 시작했다. 이들은 퇴직 후에도 오랜 기간 힘들게 일해야 하며, 최고의 의료보험 혜택을 받을 돈도 없고, 자녀교육자금 적립에도 태만했기 때문에 자녀에게 아무런 도움을 받지 못했다. 글렌은, 그가 실제 현실의 결과를 보여주면 머뭇거리던 고객에게서 더 나은 반응을 얻을 수 있었다고 말했다. 왜 그럴까? 이득에 비해 결과가 훨씬 더 강한 동기부여를 했기 때문이다. 더 없이 행복할 것 같은 정보제공형 광고는 의사의 경고가 할 수 있는 것을 해낼 수 없다. 좋든 싫든, 호모 사피엔스의 심리는 결과에 대한 두려움 때문에 움직인다는 것이다. 우리 대부분은 종종 해야 할 일을 하지 않는 경우가 있다. 하지만 우리는 해야 할 의무가 있는 것은 반드시 할 것이다. 재무적 측면에서, 대다수의 고객은 그들이 행동하지 않았을 때 어떤 결과를 얻게 되는지를 제대로 깨닫고 나서야 우유부단한 성향을 고친다. 따라서 당신이 할 일은 고통스러운 결과라도 분명히 제시하고, 그것을 피하는 방법을 알려주는 것이다. 만약 당신이 결과에 대한 그림을 제대로 생생하게 그려내지 못한다면 고기는 쉽게 물지 않을 것이므로 강연 중에 했던 모든 낚시질은 소용이 없게 된다.

두려움, 불확실성, 그리고 의심

자동차에 전자 잠금 장치가 처음으로 도입되었을 때, 일부 자동차 판매원은, 마음속으로 그런 '사치품'에 몇백 달러의 추가비용을 지출하는 것은 적절하지 않다고 여기는 고객에게 차를 파느라 어려움을 겪었다. 반면, 다른 몇몇 판매원은 대화를 나눈 고객에게 별다른 어려움 없이 팔았다. 이 두 그룹의 판매전술을 비교할 때 발견할 수 있는 유일한 차이는 성공한 그룹은 결과를 두고 판매한 반면, 성공하지 못한 그룹은 이득을 두고 판매했다는 점이다. 이득을 제시하며 판매한 사람은 자동차의 편리함과 전자장치의 놀라운 안전성에 관해 이야기했다. 그러자 고객은 재빨리 비용 대비 이득을 분석하고는, 대개 속으로 이런 사치품은 사지 말아야겠다고 다짐했다. 하지만 결과를 판 그룹의 접근법은 달랐다.

> "만약 선생님께서 우범지역에서 차를 몰고 가다가 정지신호에 멈추어 섰을 때, 선생님과 선생님의 가족들을 내려다보는 이상한 눈빛에 불안을 느꼈다면, 선생님께서는 다른 사람들이 왜 전자 잠금 장치를 선택했는지 이해하실 수 있을 겁니다. 그럴 경우 선생님께서 뒷좌석까지 손을 뻗어 수동 잠금 장치를 만지작거리고 싶진 않을 테니까요."

디즈니공원이 광고를 할 때, 테마공원이나 호화유람선에서 얻는 재미와 떠들썩한 이득만을 자극적으로 홍보할 수도 있었을 것이다. 하지만 좀 더 관심을 기울여보면, 당신은 디즈니 광고가 결과에 대해 말하고 있다는 것을 알 것이다. "아이가 정말로 빨리 자랍니다. 시간이 어디로 가고 있나요? 그걸 깨닫기도 전에 이미 아이는 성장해 부모 곁을 떠날 겁니다." 부모는 덧없이 흘러가 다시는 되돌릴 수 없는 젊음에 대한 애틋한 슬픔을 느끼며, 디즈니에서의 휴가를 예약하게 된다.

금융서비스 분야에서 최고의 설득가는 이러한 기본적인 구매심리를 잘 이해하는 사람이다. 그들이 결과를 이야기할 때, 예언적이거나 불길한 어조로 말하지 않는다. 그들은 조용히, 그리고 눈으로 보듯이 결과에 대해 언급한다. 마치 자신의 과거경험을 통해 고객이 행동하지 않을 때 무슨 일이 일어나는지 알고 있는 것처럼. 미치의 친구 중에는 과거에 항상 보험가입을 거부했던 사람에게 생명보험상품을 판매하는 데 탁월한 실력을 보이는 사람이 있었다. 그는 가입을 거부하는 남성 고객에게 현실적인 문제에 대해 이야기하기를 좋아했다. "저는 단지 선생님께서 돌아가셔도, 사모님께서 지금처럼 잘 차려 입고 다닐 수 있다는 점을 분명하게 말씀드리고 싶을 뿐입니다." 그러고는 더 이상 말을 건네지 않고 고객이 일주일 정도 생각해보도록 한다. 그러고 난 후 고객을 다시 방문해 생명보험 이야기를 꺼냈을 때, 거의 모든 고객이 "내 생각에도 그 문제를 살펴보는 게 나을 것 같군요."라고 말한다.

현명하게도 이 보험설계사는 먼저 고객에게 결과에 대한 감정적인 씨앗을 뿌린 후, 고객이 거기에 상상력과 감정의 물을 주도록 했던 것이다. 자기가 죽었을 때 아내와 가족이 그전보다 더 열악한 상황에 처하도록 내버려둔 것 때문에 고통받고 싶은 사람이 어디 있겠는가? 그런 사람은 없다. 하지만 매년 수백만 명이 그렇게 하고 있다. 왜? 상품을 판매하는 사람이 이러한 고통을 겪지 않도록 결과를 예측하고 그것을 생동감 있게 표현하는 일을 제대로 수행하지 못하고 있기 때문이다.

하찮은 제안

12년 전, 미치는 사람의 성격유형에 대한 재미있는 프로그램을 들은 적이 있다. 프로그램이 끝났을 때, 그는 주위를 돌며 참가자에게 그 제안에서 무엇을 배웠으며 어떻게 그것을 활용할 것인지 알아보고자 했다. 그런데 그의 생각에 적용 분야가 아주 많다고 생각된 내용을 그들이 제대로 기억하지 못하고 있음을 알고 놀랐다. 왜 그들은 배운 것을 곧바로 활용해보려 하지 않았던 것일까? 그들은 내용이 재미있었지만, 성공하는 데는 그다지 중요하지 않다고 판단했던 것이다. 미치는 그 내용이 성공적인 관계형성에 매우 중요한 자료라고 생각하고, 제안자가 이 사실을 알리는 데 어디서, 어떻게 실패했는지 알아보기로 했다.

　미치는 그 워크숍의 도입부에 대해 생각해보자 깨달을 수 있었다. 워크숍 주최자는 이득에 대해서만 역설했던 것이다. 그는 왜 어떤 성격유형이 인간관계를 형성하는 데 어려움이 있는지를 알지 못할 때의 결과와 인간관계에 실패하는 경우 발생하는 궁극적인 사업비용의 결과에 관해 언급하지 않았다. 미치는 정보를 모아 금융전문가에게 제안할 수 있는 방법을 개발했다. 제안 내용은 금융전문가가 성격유형 간 갈등을 인식하지 못했을 때의 비용과 고객을 유치하고 지속적으로 관리하는 데 성격유형을 어떻게 활용하는가 였다. 그 결과가 바로 우리 두 사람 다 교육하고 금융전문가들 사이에 유명한 TEAM 역학 제안방법이다. 금융전문가는 이것에 대한 지식이 영업에 얼마나 도움이 되는지를 금방 확인할 수 있기 때문에 이 방법을 좋아한다.

　다음과 같은 제안으로 청중을 낚싯바늘에 꿴다.

- 먼저, 우리는 재무상담사와 거래를 끊은 사람의 87%는 그들과의 인간 관계 때문이며, 그중 90% 이상이 수익에는 만족했다고 한 어느 연구결과에 대해 이야기한다.
- 다음으로, 우리가 고객에게 말을 할 때 그들이 이성적으로 반응하기에 앞서 감정적으로 반응한다는 것을 두뇌 과학이 어떻게 증명해냈는지에 대해 이야기하고, 때문에 긍정적이며 감성적인 첫인상을 남기는 게 아주 중

요하다는 점을 말한다.
- 다음으로, 성격유형에 대한 연구결과를 보여준다. 네 가지 기본적인 성격유형에 대한 선호와 편견으로 인해 우호적인 인상을 남길 가능성은 약 50%라는 것을 알려준다.
- 다음으로, 각 성격유형에 속하는 집단과의 인터뷰를 통해 각 성격집단마다 판매할 때 더 선호하는 접근법이 있다는 점과 선호하는 접근법을 무시할 경우 곤경에 처할 수 있다는 점을 우리는 어떻게 알게 되었는지 말한다.
- 다음으로, 고객과의 관계에서 종종 직면하는 이러한 성격 충돌에 대한 몇 가지 생생한 예를 보여준다.

이 모든 내용이 제안의 처음 10분 안에 다 이루어진다. 이 지점에 도달할 때쯤 되면, 낚싯바늘은 청중의 마음속에 잘 걸려 있다. 이제 청중은 성격유형별 설득이 어떤 것인지, 어떤 그룹의 사람을 다루기 힘들어하는지, 그들이 힘겨워하는 성격의 소유자와 어떻게 인간관계를 풀어나갈지 등에 대해 구체적으로 배우고 싶어 한다. 이 내용을 알지 못할 때의 결과가 어떨지 분명하기 때문에 청중은 제안의 나머지 부분에 대해서도 주의하며 귀 기울일 것이다.

가장 성공적인 제안은 이러한 공식을 따른다. 당신의 충고를 따르지 않았을 경우에 일어날 결과에 대해 제대로 깨닫게 하지 못한다면, 청중은 당신의 제안을 하찮은 것으로 여길 것이다.

내 껀 내 꺼야

재무상담전문가인 마이클은 '내 파이에서 손 떼'라는 제목의 노인 프로그램을 운영하면서, 이 원칙이 고객과 자신의 상담사업에 모두 많은 이득을 준다는 것을 알게 되었다. 마이클은 노인고객의 감성적 경향— 나이와 모아둔 재산 때문에 매우 자기방어적인 상태— 을 파악했다. 그들은 젊은 고객과는 달리 고수익률이나 일확천금에 그다지 관심이 없었다. 단지 자신이 그토록 오랫동안 힘들여 일해 모은 것을 제대로 지켜낼 수 있을지 확인하고자 할 뿐이었다. 마이클은 그들의 재산을 위협할 수 있는 모든 요소를 살펴보았다.

- 부적절한 재무설계에 따른 과도한 세금.
- 제대로 알지 못하면서 보험과 투자상품의 판매에만 열을 올리는, 때로는 무능하기까지 한 영업사원.
- 부모가 65세가 되자 바보가 되는 약을 삼켰다고 생각하며 참견하기 좋아하는 자녀.
- 부적절한 상속 계획 시 그들의 재산을 삼켜버릴 상속세.

노인들이 느꼈던 이러한 위협적인 요소를 파악한 후, 마이클은 '내 파이에서 손 떼'라는 세미나를 운영하기로 결심했다. 그는 55세 이상 거주자들에게 우편물을 발송했다. 그의 첫 세미나는 놀라운 성과를 거둬, 첫 참가자 중 15명이 고객이 되었다. 그는 지금도 이 과정을 1년에 4번씩 반복하고 있으며, 사업규모는 3년도 안 돼 10배로 커졌다. 그는 지금 이 연령대의 고객만 대상으로 일하고 있다. 왜냐하면 그는 이들과 의사소통하는 데 전문가가 되었기 때문이다.

그의 생각은 설득에 대한 논의에서 아주 적절한 두 가지 간단한 이유로 인해 적중했다. 첫째, 그가 미국 내 부(富)의 대부분을 관장하는 인구집단의 진정한 감정적 동기를 찾아냈다는 점이고, 둘째, 그의 메시지가 결과에 집중했다는 점이다. 아무도 힘들게 일해 번 것을 잃어버리길 원하지 않는다. 아무도 불필요한 세금을 내는 걸 원하지 않는다. 아무도 후손에게 물려줄 재산을 약탈당하는 것을 원하지 않는다. 아무도 제3자가 자신의 금전문제에 개입하는 것을 원하지 않다. 아무도 다른 사람에게 이용당하는 것을 원하지 않는다. 마이클 카젤낙은 고객이 이런 결과를 피할 수 있도록 도와 주었다. 그의 편지를 읽은 순간 그들은 낚싯바늘에 걸려든 것이다.

진심으로

수년 전, 한 신문기자는 뉴욕시장 지미 워커가 청중을 어떻게 감동시키는 지를 지켜보았어요. 그는 이렇게 말했어요. "신사 숙녀 여러분, 저는 오늘 저녁 연설할 내용을 몇 마디 적어왔습니다만 준비한 연설문을 버리고 가슴에서 나오는 이야기를 하겠습니다." 그러면서, 워커 전 시장은 그가 쥐고 있던 종이를 둘둘 말아 한쪽으로 던져버렸죠. 그는 즉흥적으로 연설을 이어나갔어요. 워커와 그의 측근이 떠난 뒤, 신문기자는 그가 버린 '연설문'을 주워 펼쳐봤죠. 그런데 그 종이는 다름 아닌 광고전단지였어요. 워커 전 시장은 사전에 청중과 주제, 행사내용 등에 대해 관찰한 후, 참신한 연설문을 만들고는 이를 외워 연설했던 거죠.
　　　　　―로리 E. 로자키스(『자신 있는 대중연설을 위한 완벽 길잡이』, 1995)

우리는 이미 열정과 의욕의 문제를 앞 장에서 다루었지만, 청중의 흥미와 관심을 사로잡는 법에 관해 논의하고 있는 이 장에서 그 문제를 다시 꺼내놓지 못할 이유는 없다. 당신이 실제 니드를 충족시키고, 현실적인 문제를 해결하고, 청중을 적절히 혼란시키는 제안을 개발했다고 가정해보자. 이제 당신이 알려야 하는, 눈에 보이지 않는 가장 중요한 것은 당신의 제안이 얼마나 진심에서 우러나온 것인가 하는 점이다. 이 보이지 않는 요소는 고객의 뇌 한복판에 낚싯바늘을 꿰는 중요한 역할을 한다. 당신의 청중이 무엇을 찾고 있는가? 당신이 어떤 사명을 띠고 있는 사람이라는 걸 그들이 알 수 있는가? 당신이 하는 제안 내용이 당신의 가슴으로부터 우러나오는 것 같은가?
당신의 만족감이 청중의 문제를 해결해주는 데 있다는 것을 그들이
알고 있는가? 이러한 직관적인 질문이 청중의 머릿속 대뇌 변연계
근처 어딘가에서 진행될 것이다. 제안 내용에 대한 당신의 열정은 그
들의 뇌 속에 불꽃을 일으킬 것이며, 당신이 그토록 정열적이고 강렬
하게 관심을 보이고 있는 것이 무엇인지 알고자 하는 욕망을 자아낼
것이다.

우리는 영화 속에서 감동적인 장면을 보면 눈물을 흘린다. 왜냐하
면 누군가 멋진 감성을 표현하는 것을 보기 좋아하기 때문이다. 우리
는 누군가가 열정을 쏟을 가치가 있는 것에 깊이 빠져 있는 모습을
지켜보길 좋아한다. 당신의 강연 도입부가 고객들이 소방차를 따라
가듯 당신을 따르고 싶어 하도록 만드는가, 아니면 느려 빠진 제설차
량처럼 길 가장자리로 치워버리고 싶게 만드는가? 당신에게 이러한
감성적인 첫인상을 남길 기회는 딱 한 번밖에 없을 것이다. 강연을
시작할 때, 당신은 첫마디로 청중에게 당신이 그 게임에 생명을 걸고
있음─당신이 전하는 말이 그저 좋은 말만은 아니라는 점─을 알려줄
필요가 있다. 단체 고객에게 강연을 하기 전에 당신 스스로에게 먼저
다음과 같은 질문을 하라.

- 내가 열정적으로 느끼는 문제나 아이디어는 어떠한 것인가?
- 나는 이 주제에 대해 충분한 전문지식을 갖추고 있는가?
- 내가 이 아이디어를 말할 때 내가 느낀 열정도 같이 전달하는가? 아니면
  그 열정을 억누르는가?

고객은 비록 이성적으로 그 강사의 생각이나 의견에 동조하지 않
는다 할지라도, 한 주제에 대해 열정이 있는 사람에게서 더 많은 것
을 듣고자 한다. 당신이 고객에게 당신의 강연이 단순한 언어전달 이

상이라는 인상을 심어줄 때, 당신과 고객 사이에는 자기장 같은 감성적인 공감대가 형성되고, 곧 낚싯바늘이 끼워진다. 재무적 행복에 대한 그들의 무기력함을 흔들어 주의를 사로잡아라. 그리고 열정과 뚜렷한 목적의식으로 그들의 감성을 사로잡아라. 당신이 이렇게 할 수 있는 시간은 단 4분이다. 만약 이 4분 안에 하지 못한다면, 나머지 56분 동안 이것을 보완하기 위해 말할 수 있는 것은 그리 많지 않을 것이다.

13 청중을 손바닥 위에 올려놓기

대중설득의 역학과 두려움 제거

십대 학생들 사이에 순간적으로 놀라움의 침묵이 흘렀어요. 거의 1,000여 명의 흑인과 아시아인, 백인으로 뒤섞인 십대 청소년들이 나를 지켜보았죠. 그들의 눈동자는 내 말을 모두 이해하고 있다고 말하는 것 같았어요.

무리 중 어디에선가, 손 하나가 마치 최면 상태에서 깨어나듯 느리면서도 힘차게 박수를 치기 시작했어요. 그러자 또 다른 손도 거기에 동참했고, 그리고 또 다른 손이, 또 다른 손이. 그러다 갑자기 2,000개의 손이 우레와 같은 박수를 치기 시작했죠. 그것은 느렸지만 아름다운 소리였어요. 그것은 '대단한데, 우린 흥분했어'라는 식의 박수는 아니었죠. 그 보다는, '전 느낍니다, 제가 어떻게 살아야 할지를 가르쳐주셨어요'라는 확신의 표현이었어요. 박수소리는 내 귀에 천둥처럼 계속해서 커지다가 누군가가 "옳소!"라고 소리치기 시작했죠. 그러고는 체육관 벽이 흔들릴 때까지 큰 함성과 발 구르는 소리, 그리고 손뼉치는 소리가 이어졌어요.

전 당혹감과 고마움으로 얼굴이 빨갛게 달아올랐어요. 여러 해 동안 대중 앞에서 강연을 해왔지만, 결코 이런 식으로 청중이 모두 하나가 된 경험을 해본 적은 없었거든요. 전 자부심을 느끼며 교장에게 얼굴을 돌렸죠. 정확히 1시간 전만 해도 그녀는 학생들이 어떤 반응을 보일지 걱정스러워하고 있었어요. 이 학교는 학생들을 통제하지 못할까봐 그 전까지 한 번도 한 장소에 전교생을 모은 적이 없었거든요. 그러나 이제 그녀의 뺨에는 눈물이 흘러내리고 있었으며, 학생들의 반응에 믿을 수 없다는 듯이 머리를 흔들어댔죠. 그녀는 나를 보고는, 마치 "그들을 보세요. 이것이 당신에게 보내는 그들의 메시지입니다"라고 말하듯 학생들 쪽으로 손을 부드럽게 내밀었어요.

그것은 내 인생에서 가장 긴 시간 4분이었어요.

—미치 앤소니

그날 차를 몰고 집으로 가면서, 미치는 이 마법 같은 대중설득 과정이 어떻게 해서 가능했는지 생각해보았다. 그날의 강연은 커다란 모험이었다. 강연을 시작한 이래 처음으로 미치는 청중의 열렬한 환호를 받았다. 미치는 지난 8년간 해온 자신의 강연에서 예상하지 못한 결과를 얻고 엄청나게 실망해왔다. 때때로 진정 어린 박수를 받기도 했지만, 미온적인 지지를 받은 적도 있었다. 그는 더 높은 경지가 있다는 걸 알았지만 어떻게 거기에 도달하는지 몰라 실망하고 불안했었다. 그는 대중을 강사의 손바닥 위에 올려놓을 수 있는 특별한 요소나 역학이 무엇인지를 알아내기 위해 위대한 설득가에 대해 연구하느라 여러 달을 보냈다.

미치는 올바른 해답을 찾기 위해서 지구 반대편 호주까지 갔다. 그곳에서 그는 한 아일랜드계 호주인에게서 감동적인 강연을 듣고 이제까지 그가 찾고 있던 모든 것을 알게 되었다. 단 두 시간 만에, 미치는 자신이 강연을 하면서 빠뜨렸던 모든 요소를 마음속으로 그려낼 수 있었다.

우뇌의 설득기법에 대한 한 기사에서 미치는 다음과 같이 썼다.

그 아일랜드인이 청중과 함께 자신이 살면서 겪었던 기쁨과 슬픔을 얘기했을 때, 나는 앉은 채로 꼼짝도 하지 못했다. 그의 이야기는, 경우에 따라 사람의 가슴을 뛰게 하거나 아프게 하는 감성적인 세부묘사에 뛰어났다. 그의 이야기가 끝났을 때 나는 시계를 봤다. 2시간 30분이 지났다! 30분 정도밖에 지나지 않은 것 같았는데 말이다. 아무도 움직이지 않았다. 아무도 곧바로 움직이려 하지 않았다. 어떻게 그렇게 할 수 있었을까? 이것이 바로 내가 원하는 것 — 설득의 마법 — 이다. 그것은 나에게 섬광처럼 다가왔다. 나는 나의 가장 큰 문제점을 알게 되었다. 첫 번째는 내가 미국인이라는 점이었다.

국적의 문제가 아니라, 미국인으로서 내 말의 표현방식이 강사로서는 불리한 조건이었다. 모든 아일랜드인이 그러하듯, 그는 아름답고, 경쾌하며, 선율이 있는 아일랜드 사투리를 썼다. 그의 말을 듣고 있노라면 마치 정점을 향해 가는 어떤 콘서트를 듣고 있는 것 같았다. 한 음절도 쓸데없이 소모하지 않았다. 타고난 사투리 리듬과 멜로디로 나는 완전히 이 강사의 최면에 걸렸다. 그의 강연을 들을 때, 나는 말 그대로 4분의 4박자를 셀 수 있었다. 이 리듬으로 나는 아일랜드인들이 이야기를 할 때 상상력과 감성을 사로잡는 능력이 뛰어난 이유를 알 수 있었다. 나는 선술집에 있는 평범한 아일랜드인이 현존하는 사람을 포함한 미국 내 최고의 설득 전문가보다 더 뛰어나다는 점을 처음으로 확인했다. 그리고 이제 나는 그 이유를 정확히 알고 있다.

우리 미국인은 일반적으로 서두르는 편이다. 기관총처럼 쏟아지는 우리의 말이 이를 반영한다. 남부 사투리와 같은 예외를 제외하곤, 미국인의 언어에서 리듬은 좀처럼 찾아볼 수 없다. 질적으로도 그것은 음악적이라기보다는 부품을 쉴 틈 없이 만드는 기계 소리와 같은 공장의 소음으로 들린다. 나는 아일랜드 식의 리듬에 중서부 식 억양으로 말하면서, 그런 발음이 청중에게 미치는 영향을 관찰해보기로 결심했다.

나는 그 아일랜드인에게서 두 번째 요소도 배웠고 그것을 빌려왔다. 그는 청중을 완전히 자기편으로 끌어들였다. 그는 우리를 그의 리듬으로 끌어들이고선 자신의 인간성을 활용하여 우리를 그의 손바닥 위에 올려놓았다. 그는 자신의 불완전성과 취약함, 심지어는 불안정한 모습까지도 보여주는 이야기를 했다. 그는 즐겨 농담을 했는데, 농담 속에서조차 자신을 희생양으로 삼았다. 그는 때때로 스스로를 우스꽝스럽게 만들어 그 모습에 우리 모두가 웃음을 터뜨리도록 했다. 우리 모두 완벽한 인간이 아님을 알고 있기 때문에 그의 인간적인 모습에 쉽게 하나가 될 수 있었다. 감성적인 유대감이 형성되었고, 그와 하나가 되어 그가 전해준 모든 경험을 남의 일이 아닌 자기 일로 받아들였다. 그가 선택했던 이야기 전달방식으로 우리는 그가 이루었던 모든 승리와 실패를 함께 공유할 수 있었다.

그 두 가지 열쇠(매혹적인 연설 리듬과 우리를 인간적으로 만드는 이야기)는 강사를 극소수의 대가만이 경험해본 곳으로 인도해주는 설득 요소이다. 그곳은 청중의 감성, 상상력, 희망, 실패가 모두 완벽하게 결합된 장소이다. 미국으로 돌아오자마자, 나는 이 두 가지 요소를 바탕으로 한 강연을 기획하고 실행했다. 나는 나 스스로를 웃음거리로 만들었고, 내 열등의식과 실패에 대한 두려움을 보여주는 이야기를 했다. 나는 청중 앞에서 멋있게 보이기보다는 인간적으로 보이려고 했다. 나는 첫마디를 의도적으로 4분의 4박자에 맞췄고, 강연 내내 교묘한 방식으로 이 리듬을 계속 유지했다. 그리고 내가 겪을 수 있는 가장 위험한 상황—통제불능으로 소문난 1,000명의 십대 집단—에서 이 방법을 시험해보기로 했다. 만약 이것이 이 십대 집단에게 먹혀든다면, 다른 사람에게도 통할 것이다. 나는 이 두 가지 요소가 얼마나 빨리 그리고 효과적으로 작용하는지를 보고 어안이 벙벙했다.

나는 강사로서 무의식중에 청중이 나에 관해 뭔가를 들으러 왔다는 전형적인 오해를 했었다. 그렇지 않았다. 그들은 자기 자신에 관한 무언가를 들으려고 온 것이었다. 나는 그들이 현재 있는 곳에서 그들이 앞으로 가야한다고 생각하는 곳까지 안내해야 했다. 그 아일랜드인의 강연을 들었던 날이 내 인생에서 가장 운이 좋았던 날이었다.

아일랜드인은 분명 음악적인 리듬으로 인해 강연 기술이 뛰어나다. 하지만 당신도 마찬가지로 강연에서 리듬감을 좀 더 살릴 수 있다. 기수가 말 위에서 박자를 맞추듯이 청중과 함께 효율적인 리듬을 만들어내는 기술에 다가서라. 숙달된 기수는 말을 달릴 때, 도보에서 속보로, 다시 구보로, 그리고 전력질주로 이어지는 동안 보폭은 변할

지라도 리듬감은 유지되어야 한다는 점을 알고 있다. 리듬은 청중의 귀와 가슴이 보조를 맞추게 한다. 강연을 약간 빠르게 진행하다가 갑자기 "이제 우리가 미래를 안전하게 꾸려나가기 위해 해야 할 일은⋯⋯"이라고 말하는 것은 경주마를 갑자기 정지시킨 셈이 된다. 당신이 극적인 상태에서 멈출 때, 청중은 있는 힘을 다해 매달리게 된다.

좋은 강사는 내용과 발음에 주의한다. 위대한 강사는 이러한 요소에도 주목하지만, 높은 수준의 설득력을 획득하기 위하여 자기에 대한 고백은 물론, 음악적이고 매혹적인 리듬의 역학도 덧붙인다.

좋은 강사에서 위대한 강사로

당신이 그저 좋은 강연을 하는 단계에서, 청중과 진실로 중요한 관계를 맺고 좋은 인상을 남기는 단계로 나아가는 문제를 진지하게 고민한다면, 여기서 우리가 언급하고자 하는, 정말 설득을 잘하는 제안자에 대한 관찰결과에 주목해야 할 것이다. 대중의 관심을 충분히 사로잡고 유지하는 기술을 익힌 사람은 강연에 대해 학습한 사람보다 더 낫다. 그들은 사람에 대해 학습한 사람이다.

자신이 얼마나 많이 알며, 얼마나 대단한지, 그리고 얼마나 많이 당신을 도와줄 수 있는지에 대해 이야기하려는 강사는 흔하다. 그러나 청중이 일상적으로 부딪치는 딜레마와 진정으로 하나가 되려는 강사, 그것도 우월한 위치에서가 아니라 동등한 동료의 위치에서 할 수 있는 강사는 정말 찾기 힘들다. 이러한 능력이 바로 우리가 최고의 설득가에게서 발견할 수 있는 징표이다.

당신이 전하는 진실한 이야기나 또는 이야기 속의 진실성이 청중을 움직인다. 당신의 사적인 이야기가 아니더라도 그 속에 진실의 울림이 있고 진실을 찾을 수 있다면, 청중은 그 이야기를 깊이 새겨들으면서 희망을 걸 것이다. 바로 이러한 능력이 부족하기 때문에 많은 강사가 자신이 할 수 있고, 해야 하는 방법으로 청중과 관계를 맺지 못하는 것이다.

대부분의 강사가 무시하고 있는 주요한 법칙은 "다른 사람이 당신에게 해주었으면 하고 바라는 방식으로 다른 사람에게 말하라"라는 것이다. 우리는 마이크 앞에만 서면, 말 그대로 딴 사람이 되는 사람을 많이 보아왔다. 그들은 지킬 박사와 하이드같이, 청중에게 좋은 인상을 남기고자 하는 헛된 시도를 하느라 자신이 누구인지조차 잊어버린다. 이 과정에서 그들은 청중과 관계를 형성하는 능력을 상실하는데, 이 청중과의 연계성이야말로 청중이 그들에게서 강연을 듣고자 한 유일한 진짜 이유이다.

어떤 집단을 대상으로 강연을 할 때 가능한 높은 수준의 관계 형성을 유지하고자 하는 사람에게 우리가 해주는 몇 가지 조언은 다음과 같다. 청중과 미리 만나야 강연 내내 청중의 입장에 서서 강의를 할 수 있다. 대부분의 강사는 연단에 오르기 전까지 막(幕) 뒤에 숨어 있고자 한다. 그들은 자신이 청중에게 편안함을 느낄 기회와 청중 몇몇이 그를 편안하게 느낄 기회를 그냥 지나쳐버리는 실수를 한다. 청중을 미리 만나는 것은 여러 가지 면에서 당신에게 도움이 된다.

- 당신이 만난 사람이 당신의 강연 도입부에 쓸 수 있는 소재와 통찰력을 제공할 수 있다. 그것은 청중의 문화나 목표와 직접적으로 연관될 수 있다.
- 강연을 할 때 눈을 마주칠 수 있는 친근한 얼굴 몇몇을 미리 만들어둘 수 있다.

- 청중과의 어색함을 효과적으로 깰 수 있다. 그러면 당신은 더 이상 그들에게 낯설거나 모르는 사람이 아니게 된다. 마치 강연하기 전날 밤 함께 칵테일 파티를 했던 것 같을 것이다. 실제로 당신은 몇몇 청중을 미리 대화에 끌어들임으로써 당신 자신의 칵테일 파티를 개최하게 된 셈이다. 특히 강사는 이렇게 미리 대화함으로써 좀 더 부드럽고 인간적으로 보일 수 있게 되어 어색함을 쉽게 깰 수 있다.

청중은 어떤 방식으로든 일체감을 느낄 수 있는 강연이나 강사를 가장 높이 평가한다. 우리는 허바드 대령의 이야기를 기억한다. 베트남에서 전쟁포로로 수년 동안 독방에 감금되었던 그는 그 때의 공포와 고통, 그리고 밀실공포증에 시달리며 절망적인 상황에서 생존하는 방식에 대해 이야기했다. 우리는 그가 많은 금융전문가를 모아놓고 한 강연을 지켜보았다. 많은 청중이 그의 이야기에 감명을 받았다. 그들은 그가 직면했던 시험과 놀라운 용기에 매료되었지만, 그의 감성적 이야기에 완전히 동화되었기에 더 깊은 감명을 받았다. 우리가 아는 현존하는 어떤 금융전문가도 독방에 감금되었던 사람은 없다(기숙사 칸막이 침실을 포함하지 않는다면). 하지만 그들은 그 경험이 주는 감정적인 충격과 자신의 일상에서 그와 같은 감정에 대응한 방식과 일체감을 느끼고 있었던 것이다.

핵심은 청중이 일체감을 느낄 수 있는 방식으로, 그들이 감정적으로 연관성을 느낄 수 있는 이야기를 하는 것이다. 청중에게 일체감을 느낄 수 있는 이야기를 더 많이 해주면 해줄수록 당신의 메시지는 더욱 큰 영향을 미칠 것이다. 한번은 십대 청소년 3,000여 명을 대상으로 한 강연을 마친 미치를 강연주최자가 한 쪽으로 데려가서는 이렇게 말했다. "3개월 전, 우리는 올림픽 금메달 선수를 초청해 강연을 요청했습니다. 그런데 아이들이 그를 싫어했어요. 그는 자신이 아주 대단한 사람인 것처럼 이야기를 했거든요. 아이들은 감정적으로 동조할 수 있는 것을 찾을 수 없었기 때문에 흥미를 완전히 잃어버렸습니다. 하지만 오늘 당신은 바로 그들의 삶에 대해 이야기했기 때문에 그들이 관심을 가질 수 있었던 겁니다. 당신 자신이 뭔가 특별한 사람인 것처럼 내세우지도 않았습니다." 만약 청중이 한 인간으로서 당신과 교감할 수 없다면, 그들은 당신의 이야기에 귀 기울일 생각도 하지 않을 것이다.

운이 좋아서

퇴역한 올리브 노스 대령은 강연을 이렇게 시작하라고 했다.
"소환장 없이 초빙되는 건 즐거운 일이죠."
—조안 데츠(『어떻게 쓰고 말할 것인가』, 1992)

당신이 스스로 성공한 것처럼 보이려고 하면 할수록, 당신은 고객의 지지기반을 잃게 될 것이다. 금융서비스 분야에서 널리 알려진 강사인 스콧 웨스트는 청중과 교감할 수 있는 가장 좋은 방법은 자기 자신을 웃음거리로 만들 수 있는 겸손이라고 했다. 스콧의 강연을 들어본 사람 중 어느 누구도 그와 논쟁해본 사람은 없을 것이다. 왜냐하면 그는 겸손의 달인이기 때문이다. 그는 자신을 손쉽게 낮추면서 주제를 꺼내놓았다. 그는 종종 다음과 같은 말로 시작하기도 한다. "저는 프록터앤갬블 사에서 비누 파는 일로 사회경험을 시작했습니다. 만약 돈벌이가 잘 안 되면, 다시 그 일을 할 겁니다."

웨스트는 말했다. "당신이 고객 앞에서 스스로를 더 치켜세우려고 하면 할수록, 고객이 당신에게 보이는 관심은 줄어들 것입니다. 청중은 당신이 마이크를 잡고 있다는 사실 자체만으로도 당신에게 많은 관심을 갖고 있습니다. 또한 청중은 모임을 주최한 사람이 한 시간 또는 그 이상 모임을 끌고 갈 당신의 능력을 상당히 신뢰하고 있음을 알고 있습니다. 그들은 이것이 누구나 마이크를 잡고 떠드는 저녁시간이 아니라는 걸 알고 있습니다. 이것은 그 자체로 주목받을 만한 것입니다. 당신이 스스로를 추켜세울 필요는 하나도 없습니다. 당신이 얼마만큼 자격을 갖추고 있는지 말할 필요도 없습니다. 당신을 영웅으로 묘사하는 이야기도 할 필요가 없습니다. 당신이 청중 앞에서 스스로를 치켜세우려 할수록 그들과의 공감대는 점점 엷어지게 될 것입니다."

어떤 강사는 일어서서 자격증과 업적 목록을 읽으며 자신의 존재를 정당화시키며, 감성적으로보다는 이성적으로 청중과 관계를 맺고자 한다. 또 다른 한 강사는 자리에서 일어나며, "제가 이 분야에서 최고의 전문가가 아닐지도 모릅니다. 하지만 저는 오랜 기간 몇 가지 중요한 발견을 했습니다." 그러면 청중은 이성적으로, 그리고 감성적으로 강사와 관계를 맺게 된다. 왜냐하면 그들 역시 상당 기간 같은 분야에서 일했으며 개인적으로 몇 가지 발견을 하기도 했기 때문이다.

좋든 나쁘든, 인간의 본성은 스스로를 너무 과대평가하는 사람을 낮춰 평가하려 한다. 호주에서는 그것을 '키 큰 양귀비 증후군'이라 부른다. 즉, 호주 사람이 무리에 있는 다른 것보다 더 자랐다고 느끼기 시작할 때, 키 높이를 맞춰주기 위해 그것을 잘라야겠다고 생각하는 것을 의미한다. 강사가 잘난 척하며 말하기 시작하면, 청중에게는 이런 본성이 분명히 나타난다. 이런 경향에 대해 호주 사람은 이렇게 말한다. "스스로 150센티미터도 안 된다고 하는 사람의 키는 아마 180센티미터는 된다." 강사는 자신의 존재와 제안형식과 관련하여, 스스로 다음과 같은 질문을 해봐야 한다.

- 거리낌 없이 스스로를 비웃을 수 있는가?
- 자신이 저지른 실수에 대해 말하는 게 어려운가?
- 청중 앞에서 자신의 시간이나 존재의 중요성을 과장할 필요를 느끼는가?
- 불안한가? 그래서 결과적으로 너무 진지한 것은 아닌가?
- 청중 앞에서 잘못을 저질렀을 때 쉽게 대처하는가?
- 당신은 강렬함으로 당신의 인간성을 숨기려 하지 않는가?

사람 대 사람

우리는 많은 강사가 강렬함을 잘못 사용하는 실수를 저지른다고 들어왔다. 그들은 자신의 이야깃거리를 전달하는 데 너무 열중하거나 자신과 자신의 업무를 너무 진지하게 접근하여, 청중이 오히려 그 강렬함으로 불편하게 된다. 화물열차의 힘과 속도로 발표하던 한 수강생이 있었다. 그는 단 한 번의 발표로 마치 세상을 바꾸려는 것 같았다. 그는 기관총처럼 말을 쏟아내며 일사천리로 모든 것에 해답을 제시했다. 심지어 영리해 보이고자 할 때조차도 결코 미소를 짓지 않았다. 그의 발표를 들어보면 그는 확실히 A형 인간이었다. 어리석게도 그는 청중을 내쫓아버렸다. 청중은 관심 있는 척조차 하지 않았으며 시간이 지나가기만을 기다렸다. 결론에서 그는 사회 초년병 때 자신이 얼마나 고생했는지, 그리고 나중에 친한 친구가 된 어떤 사람이 자기에게 어떻게 엄청난 기회를 주어 구해주었는지에 대해 이야기했다. 이것이 전체 강연을 통틀어 강사가 자신의 인간미를 보여준 처음이자 마지막 순간이었다. 우리는 많은 사람들이 그 이야기를 들으려고 앞으로 몸을 기울이는 것을 봤다. 그들의 자세와 태도는 잠시 동안 — 그가 그들과 같은 사람이라는 것을 보여주는 그 순간 동안 — 강사에게로 향했다. 문제는 그것이 너무 늦었고 너무 짧았다는 점이다. 비인간적인 방법으로 제안을 했기 때문에 그는 이미 청중과 분리되어 있었던 것이다.

어떤 직업이든 성공하기 위해서는 판매능력이 가장 중요하다. 그리고 팔아야 할 가장 중요한 요소는 자기 자신과 자신의 좋은 품성이다.
　　　　　　　　　　　　—프레더릭 W. 니콜, 『포브스의 기업경영 명언』

우리는 수많은 제안이나 일반적으로 해야 할 것과 하지 말아야 할 것을 듣기 위해 강연장에 오는 게 아니다. 우리는 자신이 직면한 문제의 답을 알고 있는 사람에게서 뭔가를 듣기 위해 온다. 우리는 여러 가지 면에서 자신과 비슷해 보이는 사람에게서 이야기를 듣고자 한다. 우리는 한 인간으로서 당신과 쉽게 연계될 수 있을 때, 당신의 생각에도 쉽게 공감할 것이다. 훌륭한 강연은 내적 활력과 외적 활력을 모두 줄 수 있어야 한다. 청중을 당신의 손바닥 위에 올려놓기 위해서는, 첫째 당신의 생각을 쉽게 수용할 수 있도록 당신 스스로를 보여주고, 둘째 일정한 박자가 있는 리듬감 있는 언어로 당신의 생각을 전달해야 한다. 당신 자신과 강연 소재, 그리고 언어의 리듬이 서로 조화를 이뤄 하나가 될 때, 당신의 강의는 청중의 귀에 진정한 음악처럼 들릴 것이다.

제4부
설득력 있는 성격

14 호감 있는 금융전문가

카리스마의 위력을 이해하라

　설득력이 있으려면 무엇이 가장 필요한지 자문해보라. 한마디로 그것은 호감이다. 설득력 있는 사람은 다른 사람이 자신을, 즉 설득하는 사람을 보다 편하게 느끼도록 하는 인간관계의 기술을 사용한다. 이 책의 제4부는 바로 당신에 대한 고객의 호감도를 높이는 데 필요한 인간관계의 기술에 초점을 맞추고 있다.

　한 보험회사가 목표 고객으로 설정한 고객집단에 접근하려 수년간 노력하였으나 실패했다. 그 회사는 미치에게 목표고객과 거래를 하지 못한 이유에 대해 알아봐달라는 요청을 했다. 그 회사는 오랜 역사와 뛰어난 판매실적을 거두고 있었던 최고 수준의 회사였다.

　미치는 목표 고객인 회사의 임원들과 나란히 앉아 조사를 하면서, 그들이 왜 그 보험회사와 거래를 하지 않았는지 묻는 대신, 그들이 누구와 거래를 하며 왜 하는지를 물었다. 당신은 아마 그가 들었던 답변을 짐작할 수 있을 것이다. 그들은 거래하는 회사에 대해서는 애기하지 않고 사람에 대해서 얘기했다. "조를 좋아하기 때문에 그와 거래하는 겁니다. 그는 항상 좋은 평가를 받고 있죠." "메리는 대하기가 편해서 같이 일을 합니다. 만약 우리에게 무슨 문제가 생기면, 그녀가 틀림없이 즉시 해결해줄 겁니다." 실제로 그들은 면담시간의 95% 이상을 보험설계사의 인간관계와 신뢰도에 대해 말했다. 미치는 다음과 같은 결론을 갖고 그 보험회사로 돌아왔다. "능력 있는 사람만큼 호감 가는 사람을 끌어오는 데 많은 시간을 투자하십시오. 결국 고객은 자신이 좋아하는 사람과 거래하고자 합니다."

물론 이 법칙에도 예외는 있다. 그러나 그 보험회사가 예외였다. 우리는 가끔 우리를 참을 수 없게 또는 미치게 만드는 사람과 일을 하기도 한다. 그러나 그런 경우는 그들이 상당한 수입원이 되고 시장 내 파급효과가 클 때로 한정된다. 따라서 조건이 동일하다면 그들과 벌써 거래를 끊었을 것이다.

어떤 사람은 능력은 있지만 그다지 호감이 가지 않는다. 또 어떤 사람은 호감은 가지만 그다지 능력이 없다. 우리 모두는 능력이 있으면서도 호감 가는 사람과 일을 하고 싶어 한다. 원래 사람은 자기가 좋아하는 사람과 일하고 싶어 한다. 그럼에도 능력을 키우기 위해 노력하는 것만큼 호감을 사기 위해 노력하지는 않는다. 고객들로부터 수집한 아래의 이야기들을 살펴보자.

래리, 커리, 모우*

"제가 그 재무상담사의 사무실에 앉아 있는 동안, 그는 뭔가 다른 일을

---

* <The Three Stooges>라는 1960년대 미국에서 크게 인기를 끈 코미디쇼에 나오는 세 코미디언의 이름. 이 세 사람은 갖가지 웃기고 엉뚱한 에피소드를 만들어 이야기를 진행했는데, 하는 일마다 실수투성이였던 래리, 커리, 모우는 서로에게 책임을 전가하기로 유명했다.

처리하려고 4번 이상 전화기를 들거나 자리를 떴어요. 황당하게도 전화통화 중 두 번은 자기가 고객과 상담중이라서 통화할 시간이 없다고 딱 잘라 말했죠. 그러니까 그는 동시에 두 사람 모두를 화나게 한 거예요.”

—헨리, 고객

“그 재무상담사는 저에게 45분을 할애했어요. 그중 30분은 자기 컴퓨터에 설치된 최고급 포트폴리오 관리시스템을 보여주는 데 썼죠. 그는 마치 그 시스템이 제 문제를 모두 해결해줄 수 있는 만병통치약인 것처럼 자랑했어요. 저는 앉아 있으며 생각했죠. ‘당신 도대체 나에 대해 알고 싶은 게 하나도 없나?’ 사람이 정말 이렇게까지 어리석을 수 있을까요?”

—수잔, 사업가

“친구가 그 재무설계사를 만나보라고 해서 찾아갔었죠. 일진이 안 좋은 날이었는지 아니면 무슨 문제가 있었는지 모르겠습니다만, 하여튼 그는 몹시 화가 나 있었어요. 한 번도 웃지 않았죠. 그는 사소한 일에 너무 많이 신경 쓰는 듯 했고 주제에 벗어난 이야기를 할 때마다 가식적으로 관심 있는 표정을 보이곤 했습니다. 아내와 저는 서로 쳐다보다가 같은 생각을 한다는 걸 알았습니다. ‘이 사람이 좋은 사람일지는 모르지. 하지만 이런 식으로 대화를 한다면 그만두겠어!’ ”

—커트와 레나, 고객

와!

우리는 미소를 지어야 한다. 고객의 이야기에 귀 기울이고 고객에게 초점을 맞추어야 한다. 자기가 하고 있는 일에 열정을 보여주어야 한다. 모든 이를 진정 존경하는 마음으로 대해야 한다(우리 아이들이 “와!”라고 말하는 것을 좋아하듯이). 그러나 마음이 혼란스럽거나, 괴롭거나, 당황하거나, 화났을 때, 혹은 유달리 일진이 사나울 때는 종종 무의식중에 인간 접촉과 관계형성의 기본 규칙을 잊어버린다. 당신이 심란하고 괴롭다거나, 유난히 일진이 나쁘다는 것을 고객이 신경 써줄 거라고 생각하는가? 당신이라면 웨이터가 식사주문을 받으면서 당신을 언짢게 했을 때 그가 오늘 일진이 안 좋거나 과도한 스트레스를 받고 있구나 하며 모른척할 수 있는가? 아마 그렇지 않을 것이다.

우리가 고객에게 자신의 돈을 누구한테 맡겼는지 물어볼 때 그들의 반응에서 두 가지를 본다. 첫 번째, 고객이 사람이나 회사의 이름을 언급하는가? 고객이 재무상담사의 이름을 알고 있는가? 만약 고객이 회사의 이름을 언급한다면, 우리는 고객의 재무상담사가 관계 형성에 성공했다는 걸 알 수 있다. 두 번째는, 고객이 재무상담사에 대해 얼마나 열정적으로 이야기하는가? 우리는 고객이 자신을 상담해주는 사람의 능력이나 기술에 대해 이야기하는 것보다 인간성에 대해 어떻게 이야기하는지에 더 관심이 있다. 고객이 재무상담사에 대해 열정적으로 이야기하면, 우리는 거의 대부분 그 재무상담사가 진실하며 열정적으로 인간관계를 맺는 능력이 탁월하다는 것을 알게 된다. 그런 사람은 '인간미가 있는 사람'이며, 호감 가는 사람이다.

인상

첫인상은 한 번뿐이라는 말을 종종 듣는다. 물론, 두 번째 인상도 한 번뿐이며 세 번째도 마찬가지다. 그때그때의 인상이 모두 다 중요하다. 어떤 재무상담사는 첫인상이 아주 좋지만 그 좋은 인상을 유지하지 못해 결국 고객을 떠나보낸다. 앞서 지적했듯이, 고객을 만나는 매순간마다 당신은 가장 먼 거리 — 당신과 고객 사이에 결정적으로 중요한 1미터 — 에 직면한다. 이 1미터의 거리는 당신의 말과 행동으로 고객을 만나고 인사하고 대함에 따라 점차 줄어들기도 하고 늘어나기도 하는 유동적인 거리이다. 모든 만남과 인상이 처음만큼 중요하다는 사실을 결코 잊지 마라.

고객은 문제를 해결하기 위해 재무상담사를 찾아오지만, 관계 형성이 제대로 안 되면 떠난다. 어떤 만남이나 모임이 고객에게 부정적으로 행동하도록 만드는가? 어떤 단어가, 어떤 모습이, 그리고 어떤 것을 하지 않아 고객이 마음의 문을 닫고 떠나는가? 어떤 식의 상호작용이 불만의 씨앗을 뿌리는지 항상 알 수 있는 것은 아니다. 따라서 우리는 순간순간 최선을 다해야 한다. 고객을 만나고, 인사하고, 대하는 데 탁월한 능력이 필요하다.

패트 크로체의 열 가지 규칙

패트 크로체는 NBA 필라델피아 세븐티식서즈(76ers) 농구팀의 전 구단주로, 매우 카리스마 있는 인물이다. 대다수의 구단주와 달리 그는 사무실 안에만 있거나 기자회견 장소에만 모습을 드러내지는 않았다. 그는 우호적인 인상을 남길 수 있는 모든 사람 — 농구팬, 선수, 지역주민, 그리고 언론인 등 — 과 잘 어울렸다. 크로체는 인간관계의 성공은 단순하지만 종종 잊어버리기 쉬운 몇 가지 기본에 있다고 생각한다. 다음은 패트 크로체가 「열 가지 사업 규칙(Top Ten Business Rules)」이란 글에서 밝힌 열 가지 기본 사항이다(≪아메리칸 웨이≫, 2000.11.1, 162쪽).

1. **'안녕하십니까', 그리고 '안녕히 가십시오.'** 크로체는 '안녕하십니까'는 반사적으로, '안녕히 가십시오'는 습관적으로 나와야 한다고 말한다. 당

신이 작별인사를 잘하면, 고객은 다시 만남의 인사를 듣고자 찾아온다.

2. **이름을 불러라.** 우리는 개성상실의 시대에 살고 있다. 이름을 부름으로 써 이러한 세태에 저항하면, 당신은 보다 나은 세상을 만들 수 있다.

3. **들어라, 들어라, 그리고 또 들어라.** 고객이 무엇을 원하는지 듣기 전에 는 아무것도 팔 수 없다.

4. **의사소통을 분명하게 하라.** 의사소통에 대한 크로체의 철학은, 원하는 것을 확실하고 분명하게 알 때까지 확인하는 것이다. 당신이 의도하고 원하는 것을 다른 사람이 쉽게 이해할 것이라고 단정하지 마라.

5. **단정하고 깔끔하며 적절하라.** 당신이 잘 알고 있는 분야를 말하고 있다 는 느낌을 전달하기 위해서 이러한 특성을 잘 활용하라고 크로체는 말 한다.

6. **신속하면서 프로답게 행동하라.** 늦으면 무례하게 보인다.

7. **긍정적으로 생각하라.** 긍정적으로 생각하는 것은 어렵다. 그러나 효과는 크다.

8. **칭찬하라.** 크로체는 자기 분야에서 세계 최고인 사람이나, 월급을 아주 많이 받는 사람에게도 칭찬이 필요하다고 말한다. 그들도 그럴진대, 보 통 사람에게 칭찬이 얼마나 큰 도움이 되겠는가?

9. **즐겨라.** 인생은 짧다. 재미를 느껴야 한다. 재미와 웃음은 전염된다.

10. **지금 당장 하라.** 아이디어는 도둑질 당하고, 약속은 깨지며, 거래는 틀 어지기 마련이다. 계속해야만 한다.

다른 사람이 당신을 대하는 태도는 당연히 당신과 그들 간의 상호 작용과 밀접한 관련이 있다. 세상의 모든 설득 기법을 다 통달해도 인간적인 매력이 없으면 청중과 일 대 일로 만날 경우 당신의 강연 경력은 추락할 것이다. 예를 들어 우리가 지켜본 한 강사는 감동적인 제안을 한 후 청중을 강아지들처럼 빙 둘러 앉히고는 무뚝뚝하고 생 색을 내면서 말을 붙이는 습관이 있었다. 공식적인 연설에서 그는 설 득력 있는 사람일지 모르지만, 개인적으로는 늘 세상물정 모르는 바 보로 여겨질 것이다.

개인적인 카리스마와 호감은 기본적으로 당신의 영향력을 확장시

킬 뿐만 아니라 우정의 범위도 확장시키는 동력이 된다. 이제 그러한
동력 다섯 가지에 대해 논의해보자.

1. 진실하라.
2. 모든 이를 최고로 대하라.
3. 열정적이며 젊게 살아라.
4. 긍정적인 에너지를 발산하라.
5. 희망의 전도사가 되어라.

진실하라

실수를 저질렀을 때는 그것을 인정하라. 돈과 인생에 관련된 고객
의 감정에 대해 논의하는 것을 두려워하지 마라. 돈은 수많은 삶의
문제와 깊은 연관이 있다. 고객은 진실한 전문가와 이야기하길 원한
다. 자격증이나, 상장, 그리고 전문용어 뒤에 숨지 말라. 당신이 이것
으로 깊은 인상을 줄 수 있는 사람은 고객이 아니라 업계 동료일 뿐
이다.

당신이 배운 교훈이 무엇이며, 어떻게 배웠는지에 대해 말하는 것
을 두려워하지 마라. 만약 당신이 한 번도 실수한 적이 없다면, 나는
당신을 내 재무상담사로 삼지 않을 것이다. 왜냐하면 당신이 저지를
실수의 첫 번째 희생양이 될 수 있기 때문이다.

당신 가족의 사진을 보여주며 고객의 가족에 대해 물어봐라. 가족
과 함께 했던 당신의 여행과 꿈에 대해서도 이야기하라. 이런 대화로
당신이 그들이 사는 것과 똑같은 삶의 기반 — 연관성 있는 — 을 갖고
있음을 알려라.

가볍게 웃어라. 웃음은 많은 것 — 낙관성, 쾌활함, 존재의 기쁨, 그리

고 당신이 작은 것에도 기쁨을 느끼는 진실한 사람이라는 사실 등— 을 말해준다. 웃음을 통해 당신은 우호적이며 동시에 쉽게 접근할 수 있는 사람이 될 수 있다.

우리는 자기 자신에게 솔직해지고자 하는 욕구가 있기 때문에 솔직한 사람과 함께 있는 것을 좋아한다. 대부분의 사람은 몇 장의 카드는 소매 속에 숨기고 나머지 카드도 다른 사람이 보지 못하게 꼭 쥐고 있다. 자신의 패를 모두 테이블 위에 다 펴놓고 "얘기합시다"라고 말하는 사람을 만나는 것은 신선한 일이다. 당신은 대단한 척 하거나 잘난 척 하지 않고, 모르는 것을 안다고 하지도 않으며, 세상살이의 어려움을 어느 정도 초월한 듯한 자기 과신에 빠지지도 말아야 한다. 우리는 그저 불확실한 시대와 힘든 세상살이를 헤치며 살아가는 보통사람일 뿐이다. 진실한 태도는 당신을 신뢰할 수 있게 한다. 고객은 자신이 신기루나 선전광고물 따위에 현혹된 것이 아니라는 사실을 확인하고 싶어 한다. 그들은 재산을 축적하는 중요한 영역에서는 자신들보다 더 많은 지식을 갖고 있지만, 살아가는 모습은 자기와 똑같은 사람과 일하길 바란다.

모든 이를 최고로 대하라

우리 모두가 영웅이 될 수는 없다. 누군가는 영웅이 지나갈 때 길가에 서서 박수를 쳐야 한다.

—월 로저스

일찍이 미치는, 어떤 나이든 신사에게서 그가 만난 사람들은 모두 목에 보이지 않는 표찰을 달고 있었지만, 대부분은 거기에 쓰여 있는

글을 어떻게 읽어야 할지 모르더라는 이야기를 들은 적이 있다. 사람
은 누구나, 부자든 가난하든, 똑같은 표찰을 달고 있다. 그 신사는 미
치에게 만약 그것을 읽는 법을 배운다면 성공할 거라고 말했다. 표찰
에는 그저 이렇게 쓰여 있다. "제가 중요한 사람이라고 느끼게 해주
세요."

모든 사람들을 최고(10)로 대하라. 보 데릭의 영화 <텐(10)>을 기
억하는가? 우리는 그 영화를 통해 미인에 대한 보편적인 평가체계를
만들었다. 우리는 어떤 사람을 볼 때 이렇게 말한다. "그/그녀는 '8'
이야." 우리 문화는 지혜나 성실성, 심지어는 능력보다 항상 아름다
움에 대해 더 많은 비중을 두는 것 같다. 평범한 영업사원이 잘 생긴
사람과 못 생긴 사람을 대하는 태도의 차이를 살펴보라. 사람들이 사
회생활을 하면서 무시당하거나 가볍게 보이는 데 아주 민감한 것은
당연하다.

다른 사람은 우리가 이제까지 그들에게 보였던 존경의 수준이 '좀
더 중요한' 어떤 사람이 대화나 모임에 개입했을 때 달라지는지 확
인하기 위해 안테나를 곧추 세운다. 더 매력적이고, 더 힘이 있고, 더
부유한 사람이 대화에 끼어들면, 왜 우리의 대화는 갑자기 시들해지
는가? 이런 현상을 생각해본 적이 없는가? 아름다움이나 부, 지위,
연령, 계급에 대한 당신의 사회적 반응이 어떠한지 잘 살펴보라. 우
리말을 믿어라. 당신의 고객은 당신의 반응을 지켜보고 있다.

우리 사회는 노인을 점점 더 배려하지 않고 있다. 이 나라에서 가
장 많은 경험과 지혜와 이야깃거리, 거기에다 가장 많은 재산까지
보유하고 있는 사람들인데도 말이다. 아직도 은퇴한 사람들 대부분
은 사회에서 퇴물이나 주변인물 취급을 받고 있다. 당신의 사무실에
서는 은퇴한 사람을 왕처럼 대하라. 그들에게 그들의 나이만큼 경의

와 존경을 표하고 시간을 할애하라. 그들은 최고에 해당하는 사람들
이다.

열정적이며 젊게 살아라

고객에게 일 이외의 모습을 보여주는 것을 두려워하지 마라. 당신
이 즐기는 취미나 여행했던 장소와 관련된 그림, 혹은 공예품이 사무
실 안에 있는가? 당신이 열정을 느끼며 삶의 에너지를 투여할 수 있
는 지역 사회의 문제나 주제가 있는가? 아니면 당신은 그저 돈벌기
위해 모든 에너지를 쏟아붓고 있는가?

오늘날 고객은 경쟁력 있는 전문가이면서 균형 잡힌 삶을 영위하
는 사람과 함께 일하고자 한다. 수입 못지않게 인생관에 있어서도 도
움을 줄 수 있는 사람을 원한다. 고객에게 이 같은 것을 제시할 수
있는가? 만약 그렇다면 어떻게 가능한가? 어떤 교수가 증권회사 지
점에 전화를 걸어 직원에게 다음과 같이 물었다. "아내와 난 여행과
야외 생활, 그리고 교회에서의 자선활동을 열심히 합니다. 혹시 이
회사에 이런 일을 이야기할 만한 사람이 있나요?" 다행스럽게도 그
회사에는 그런 '자격' — 이것은 재무상담사가 원만한 인간관계를 맺을 수
있는 출발점이다 — 을 갖춘 사람이 있었다. 재무상담사는 돈 이야기를
하기 전에 열정적으로 그 부부와 서로의 관심사에 대해 이야기했다.
그들은 저축하는 목적을 공유할 수 있는 누군가에게 재산을 불리는
일을 맡기고자 했다. 이것이 인간적인 만남이다. 당신이 열정적으로
할 수 있는 그 무언가를 보여주어 고객과 인간적인 만남을 가져라.
어떤 사람은 당신의 열정에 동조할 것이고, 어떤 사람은 삶에 대한

당신의 에너지에 감탄할 것이다.

어떤 일을 하든, 늙은이처럼 행동하지 마라. 이것저것 불평하지 마라. 신음소리를 내거나 괴로워하지 마라. 이제까지 그랬다면 앞으로는 그러지 마라. 당신 안의 젊음, 삶에 대한 감흥, 그리고 그 가능성을 고객에게 보여주라. 그들은 카리스마 있는 힘을 원한다. 당신의 태도는 전염성이 있다. 당신의 고객이 당신의 태도를 본받을 수 있을 만큼 확실히 하라.

긍정적인 에너지를 발산하라

경우에 따라 당신은 타인의 삶에 긍정적인 영향력을 미치지 못할 수도 있다. 태도는 느낌이 아니라 당신이 선택한 방향이다. 타인에게 지속적으로 긍정적인 영향을 미치는 사람은 긍정적 에너지를 전달하는 과정을 세밀하게 짜서 연습한 사람이다. 매일 우리에겐 다른 사람을 비판할 수 있는 기회가 많이 주어진다. 이때 어떤 사람은 그렇게 하지만 어떤 사람은 그렇게 하지 않는다. 그러나 긍정적인 사람은 내외적인 목적으로 이를 삼간다. 외적으로는, 긍정적인 사람은 다른 사람이 자기 뒤에서 자기에 대해 어떻게 평가하는지 궁금해 한다는 것을 알기 때문이다. 그리고 내적으로는, 긍정적인 사람은 어떤 경우에도 삶과 인간에 대해 항상 신선하고 활기찬 시각을 유지하고자 하기 때문이다.

어떤 바보도 불평하고, 비난하고, 비판할 수 있다……. 그리고 대부분의 바보가 그렇게 한다.

—에이브러햄 링컨

긍정적인 사람은 마치 '의도적으로 천진난만하게' 살아가는 것 같다. 그들은 사람이 어리석을 수도, 잔인할 수도, 이기적일 수도, 우스꽝스러울 수도 있다는 점을 잘 알지만, 그 속에서도 장점을 보려고 노력한다. 그들은 비난보다는 유머와 친절을 선택하며, 냉소보다는 삶에 대한 낭만적 매력을 선택한다. 이러한 긍정적인 사람은 잘못된 것이나 잘못될 수 있는 것을 모르는 게 아니라 삶의 방법을 알고 있을 뿐이다. 아름다움은 보고자 하는 이의 눈 안에만 있다.

당신은 먼저 눈으로 전염성 높은 긍정적인 에너지를 전할 수 있다. 고객을 만날 때, 당신의 눈은 무엇을 전하는가? 고객은 당신을 보면서 질문을 한다. 당신의 눈은 '미소'를 띠며 존경을 표해야 한다. 만약 당신이 여러 가지 일로 정신이 없을 때는, 특히 더 주의해야 한다. 눈으로 뿐만 아니라 입으로도 미소를 지어야 한다.

누군가가 우리에게 인사를 할 때 미소짓지 않는 것보다 더 나쁜 것은 거짓 웃음을 보이는 것이다. 거짓 웃음은 몸과 마음이 따로따로임을 드러낸다. 미소짓는 연습을 하기 전에 먼저 고객에 대한 당신의 마음을 점검하라. 거짓 웃음은 모든 이에게 가장 모욕적인 것이 될 수 있다. 고객과 친숙해질 수 있는 적절한 생각을 마음속에 품은 다음, 그 생각을 눈으로 전달하고 얼굴 표정에 나타나도록 하라. 그리고 나서, 아니 그런 다음에 당신은 고객이 원하고 기대하는 따뜻함과 존경을 보일 수 있다.

희망의 전도사가 되어라

재무상담사 스콧과 베타니 파머는 자기네 업무를 이런 식으로 묘사했다. "무엇보다, 우리는 희망의 전도사입니다. 고객이 원하는 삶에 도달할 수 있다는 믿음을 가지고 우리 사무실을 나가게 할 필요가 있습니다. 그렇지 않으면, 그건 우리가 고객에게 희망을 전달하지 못한 것이 되지요."

어떻게 하면 희망의 전도사가 될 수 있을까? 이를 위해서는 고객이 어디에 있는지, 그리고 그들이 진정 어디에 있기를 원하는지 알아내는 것부터 출발한다. 대부분의 미국인은 자신의 일과 사생활 간에 균형을 잡는 데 상당한 스트레스를 받고 있다. 당신은 이 문제의 핵심에 있는 불확실한 직업 선택이나 편향된 시간배분, 그리고 잘못된 개인재무관리 등을 지적해낼 수 있을 것이다.

재무 상태와 생활의 자유, 그리고 개인적인 성취감은 서로 연관되어 있기 때문에, 재무상담사가 고객에게 의미 있고 지속적인 동반자가 될 기회는 많다. 대부분의 사람은 자신의 근무여건에 만족하지 못한다. 많은 사람이 일은 좋지만 근무시간이 길다고 불평하며, 또 다른 사람은 하고 있는 일을 전적으로 또는 부분적으로 싫어한다. 당신은 비록 그들의 직업 선택을 상담해줄 위치에 있지는 않지만, 일에서든 생활에서든 더 많은 성과를 달성할 수 있는 길을 닦을 수 있도록 재무적으로 도와줄 수는 있다. 우리는 일과 은퇴를 두고 딜레마에 빠진 고객과 대화를 통해, 그들이 행복을 느낄 수 있는 일을 하도록, 또는 그럴 시간이 많이 확보되도록 계획을 짜는 재무상담사를 무수히 만나왔다.

돈은 훌륭한 하인이지 위대한 신은 아니다.

—무명씨

당신은 고객에게 돈이란 원하는 삶을 살게 해주는 유용한 수단이라는 사실을 알려주면서 희망을 줄 수 있다. 삶이란 가능한 많은 돈을 버는 것은 아니지만, 돈을 통해 원하는 삶을 살 수는 있다. 이런 관점을 도입하여 원하는 생활방식을 구매하는 과정을 용이하게 해줄 수 있는 재무상담사는, 고객의 입장에서 보면 그들의 가치를 엄청나게 키운 셈이 된다. 이렇게 할 수 없는 재무상담사는 언젠가는 그들이 판매하는 상품과 서비스가 일반화됨에 따라 퇴물이 되었음을 알게 될 것이다.

돈을 목적이 아닌 수단으로 삼아 고객의 삶에 희망의 비전을 제시해준다면, 당신은 공인된 희망의 전도사가 될 것이다. 고객은 이러한 희망을 실현하고 유지하기 위해 돈이 더 많이 든다는 점도 알고 있다. 의미도 없고 미래 전망도 없는 일을 하느냐 하루 8시간에서 10시간을 허비하기에는 삶이 너무 짧다. 무엇보다도 현대인은 의미 있는 존재가 되기 위해 기꺼이 돈을 쓰려고 한다. 당신은 초점을 바꾸어 직무기술서를 변경한다면 이 과정에서 쉽게 그러한 고객과 평생 파트너가 될 수 있다.

고객을 만날 때는 그들의 수준에 맞춰라. 열정적으로 인사를 하라. 존경으로 대하라. 훌륭한 재무상담사는 설득게임에서 이길 수 있는 이러한 원칙을 결코 벗어나는 법이 없다. 사람은 누구나 중요하다. 그러나 모든 사람이 타인을 그렇게 중요하게 여기지는 않는다. 당신은 그런 보기 드문 사람이 될 수 있다. 고객의 목에 달려 있는 표찰을 읽을 수 있다면 말이다.

15 감성적 지능을 계발하라

감성적 지능에 입각한 설득원칙은 다음을 전제로 한다.

- EQ(감성지수)는 IQ(지능지수)보다 성공여부에 더 많은 영향을 미친다.
- 감성지수는 자기의 감정 상태와 타인에게 미치는 영향에 대한 인식에 따라 좌우된다.
- 뇌의 감성영역이 논리영역을 침범할 때 잘못된 결정을 내린다.
- 회복력이 부족한 금융전문가는 동기부여를 잘못하여 쉽게 포기한다.
- 감성 레이더(공감)는 일체감과 신뢰를 구축할 수 있는 기술이다.

궁수가 과녁을 맞추지 못하면, 돌아서서 자기에게서 잘못을 찾는다. 과녁 한가운데를 맞추지 못한 것은 결코 과녁 탓이 아니다. 명중도를 높이고자 한다면, 먼저 자기 자신을 개선하라.

—길버트 어랜드

최근 조사에 의하면 지능지수는 사람이 직업적으로 성공하는 데 기껏해야 25% 정도 영향을 미친다고 한다. 꼼꼼한 어떤 분석가에 따르면, 보다 정확히 말해 10%도 안 될 것이며, 아마도 대략 4% 정도일 것이라고 말했다(『성공 지능』, R. 스턴버그, 1996). 다니엘 골만이 저술한 획기적인 저서, 『감성적 지능(Emotional Intelligence)』(1996)에는, EQ가 일반적으로 직장이나 인생에서의 성공을 미리 점칠 수 있는 뛰어난 예측 변수(80~85%)라는 사실을 보여주는 최근의 감성지수 연구 내용이 실려 있다.

　1960년, 심리학자 월터 미셸은 마시멜로*를 이용하여 네 살배기 아이들에게 심리 테스트를 했다. 스탠포드 유치원에 다니는 아이들에게 마시멜로를 한 개씩 나누어주고는 선생님이 볼 일이 있어 나가봐야 한다고 말했다. 만약 선생님이 돌아올 때까지 참고 기다린다면 마시멜로를 하나씩 더 줄 것이고, 그렇지 않으면 이미 받은 마시멜로가 전부일 거라고 말했다. 네 살배기 아이들 중 몇 명은 선생님이 돌아오기까지 한없이 길게 느껴지는 15분에서 20분을 기다렸다. 이때 아이들은 기다림의 시간을 견디기 위해 여러 가지 방법을 사용했다. 마시멜로를 보지 않으려고 눈을 감기도 했고, 머리를 양팔로 감싸기도 했고, 노래를 부르거나 혼잣말을 하거나 손가락과 발가락을 세기도 했으며, 심지어는 잠을 자려고 애쓰기도 했다. 이들이 이런 행동을 보인 반면, 다른 아이들은 선생님이 방을 나서자마자 마시멜로를 먹어치웠다. 심지어 몇몇은 참고 있는 아이들을 놀리기도 했다.
　연구의 일환으로, 이 네 살배기 아이들은 청소년이 되고 고등학교를 졸업할 때까지 추적·조사되었다. 당장 먹은 집단과 그 만족을 미룬 집단 간의 감성적, 그리고 사회적 차이는 극명했다. 네 살 때 유혹을 견뎠던 아이들은 청소년이 되었을 때, 사회적으로 훨씬 경쟁력이 있고 개인적으로 유능했다. 또한, 자기 주장이 강하고 독립적이며 스트레스나 좌절에도 침착하게 대응했으며, 기꺼이 도전을 받아들이며, 자신감 있고, 믿고 의지할 만하며, 주체적이었다. 그리고 여전히 목표를 이루기 위해 만족을 미룰 수 있었다. 심지어 SAT시험에서도 이 아이들은 참지 못한 아이들보다 평균적으로 20점 이상 좋은 성적을 보였다.

---

* 녹말·시럽·설탕·젤라틴 등으로 만든 부드러운 과자.

IQ(지능지수)에 기초한 방식에도 긍정적인 면이 많다. 하지만 그것들은 누가 인생에서 성공할 것인지를 정확히 예측하지는 못한다. 이 사실은 심리학의 오래된 비밀 중 하나이며, 산업계의 숙제 중 하나이다. 성적이 좋은 학생이 반드시 직장에서 아주 높은 생산성을 보이는 건 아니다. 이를테면 정말 영리하지만 진짜로 어리석은 누군가를 떠올릴 수 있는가? 우리는 가끔 청중에게 이런 질문을 던진다. 물론, 누구나 여기에 딱 맞는 사람을 알고 있다. '정말 영리하지만 진짜로 어리석은'이란 말이 어떤 의미인지 우리가 캐물으면 청중은 이런 대답을 한다. "그 사람은 상식이 부족해요." "그 사람은 큰 그림을 볼 줄 모르죠." "사교성이 전혀 없어요." "그 사람은 전혀 감이 없다니까요." 이런 대답이 다소 애매하게 들릴지 모르지만, 그 밑바닥에 숨어 있는 것을 살펴보면, 당신은 지적으로는 날카롭지만 감성적으로는 서툴고, 뒤떨어지며, 심지어 위험하기까지 한 사람들의 초상을 보게 될 것이다.

이런 유의 사람들은 다른 사람과 서먹서먹하게 지내며, 자신의 감정적인 충동을 제대로 억제하지 못한다. 결과적으로 그들은 회복력이나 사교적 기술이 부족하기 때문에 다른 사람을 공격하기도 한다. 미치의 회사에서는 금융전문가에게 감성적인 경쟁력을 가르치는 ARROW 프로그램이라는 훈련 프로그램을 개발했다. 이 프로그램은 감성적 지능에 나타나는 다섯 가지 기본 능력을 확장·적용한 것이다. 이는 다음과 같다.

1. **지각력**(Awareness): 자기의 타고난 강점과 약점을 알고, 자기의 성격이 타인에게 미치는 영향을 지각하는 능력.
2. **인식과 절제력**(Recognition and Restraint): 부정적인 감정을 확인하고 그 감정이 행동에 영향을 미치지 않도록 절제하는 능력.

3. **회복력**(Resiliency): 실패와 좌절, 실망, 부당함을 극복하고 다시 일어서는 능력.

4. **공감**(Others, Empahty): 감정과 동인(動因)을 분별하고, 감성 레이더를 계발하는 능력.

5. **사교술**(Working with others, Social Skills): 의사소통을 하고, 갈등을 풀고, 타인과 친해져 타인을 이끄는 능력.

ARROW 프로그램은 다섯 가지 감성적 능력 중 세 가지, 즉 지각력과 공감, 그리고 사교술을 발달시키는 과정으로, 핵심 성격에 대한 이해를 기본적으로 강조한다. 감성적 역량을 키우려는 학생은 자신의 지각력을 개발하기 위해 자신의 성격에 내재된 강점과 약점을 이해할 필요가 있다. 타인의 성격에 대한 이해 역시 공감능력과 사교술을 개발하는 데 중요한 역할을 한다. 이 공감과 사교술을 개발하기 위해서는 듣기와 관찰하기, 해석하기, 의사소통하기, 갈등해결하기 등이 필요하다. 제16장부터 제22장에 걸쳐 우리는, 당신의 성격에 내재해 있는 존경할 만한 측면과 골치 아픈 측면을 이해하는 문제를 비롯하여, 고객의 신체나 음성신호를 읽는 방법, 판매나 의사결정 과정에서 조율하는 방법, 성격갈등에서 벗어나는 방법 등에 관한 문제를 다룰 것이다.

<그림 15-1>과 <그림 15-2>는 참가자가 자신의 지각력, 절제력, 회복력, 그리고 사회성 등을 평가할 때 사용하는 ARROW 프로그램 양식이다. 잠시 시간을 내서 이 양식을 채워보라. 그러고 나서 성공하기 위해 결정적으로 중요한 이 다섯 가지 능력에 대해 자기 자신을 평가해보라.

과정상 주의할 점: 화살표의 꼬리가 양식의 왼쪽 선 끝에, 머리가 오른쪽 끝에 오도록 그려라. 이 화살표 그림은 당신의 EQ(감성지수)

<그림 15-1> ARROW 자기평가

작성 방법: 각 질문에 대해 아래 그림의 1에서 5까지 숫자 중 하나를 채우시오.

1	2	3	4	5
결코 아니다		보통 그렇다		항상 그렇다

자기평가			180° 평가
	A 합계	1. 어떤 사람이 왜 나를 싫어하는지 안다. 2. 내가 남을 공격하거나 당황하게 만드는 일을 했다는 걸 안다. 3. 내 성격에 대해 편하게 느낀다. 4. 불편한 상황일 때, 내가 느끼는 감정을 확인할 수 있다. 5. 나를 가장 힘들게 하는 감정이 어떤 것인지 안다. 6. 어떤 사람이 나와 있을 때 불편해 한다는 것을 안다. 7. 내가 개선해야 할 부분을 안다. 8. 내 기분이 남에게 어떤 영향을 미치는지 안다.	A 합계
	R 합계	1. 화가 났을 때 해결책을 찾을 수 있다. 2. 진정으로 원하는 것을 위하여 기다릴 수 있다. 3. 부정적인 기분에서 재빨리 벗어날 수 있다. 4. 화났을 때 적절한 방식으로 남에게 표현할 수 있다. 5. 괴롭고 힘든 문제에 대해 솔직히 말할 수 있다. 6. 나의 스트레스를 남에게 넘기지 않는다. 7. 누군가 시비를 걸어도 동요되지 않는다. 8. 내키지 않는 일도 참고 할 수 있다.	R 합계
	R 합계	1. 다른 사람이 나를 실망시켜도 또 다시 도전할 수 있다. 2. 내가 통제할 수 없는 사안도 받아들일 수 있다. 3. 실수를 통해 배울 수 있다고 믿는다. 4. 남을 비난하기보다 스스로를 성찰한다. 5. 내 실수를 조롱거리로 만들 수 있다. 6. 실패에 좌절하지 않는다. 7. 긍정적이고 낙관적인 자세를 유지한다. 8. 부당하게 취급당해도 견디어 낼 수 있다.	R 합계
	O 합계	1. 남의 감정이 어떤지 쉽게 느낄 수 있다. 2. 남의 감정에 민감하게 반응한다. 3. 다른 사람이 무엇에 의해 자극되는지 느낄 수 있다. 4. 다른 사람의 인식 또는 의견에 관심을 둔다. 5. 남의 감정에 내 감정을 이입시킨다. 6. 다른 사람의 말과 신체언어가 불일치할 때 쉽게 알 수 있다. 7. 사람을 파악하는 데 시간을 투자하길 좋아한다. 8. 다른 사람이 자기문제를 말할 때, 귀 기울인다.	O 합계
	W 합계	1. 다른 사람이 나와 같이 있으면 편안해 한다. 2. 다른 사람과 의사소통하는 데 익숙하다. 3. 남과의 갈등을 해결하는 데 능숙하다. 4. 다른 사람이 함께 일을 잘하도록 할 수 있다. 5. 생각과 감정을 분명히 표현하는 데 능숙하다. 6. 다른 사람에게 용기를 주고 격려하려고 노력한다. 7. 의견이 달라도 우호적인 관계로 남으려고 노력한다. 8. 다른 의견이나 다른 가치관의 사람과도 잘 지낼 수 있다.	W 합계

ARROW 프로그램	동료 영역

<그림 15-2> ARROW 감성적 지능 프로파일

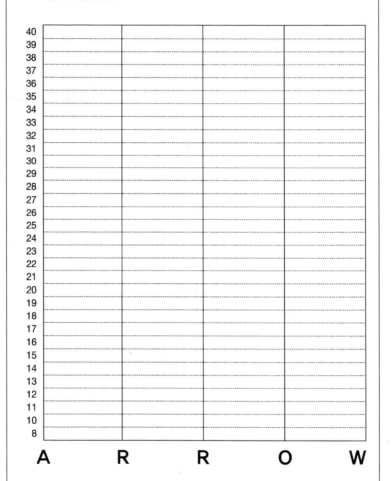

앞 페이지에서 자신의 항목별 합계를 산출하여 각 항목의 수직선 위에 표시한 후 합계를 화살표로 연결하시오.

당신의 화살표가 얼마나 높이, 얼마나 똑바로 그려지는가?

ARROW 프로그램   동료 영역

를 높이는 데 필요한 특정 영역을 찾아내는 데 도움을 줄 일종의 상
징물 역할을 할 것이다.

　자기평가는 항상 주관성이나 인식부족으로 오차가 있다. 예를 들
어, 자기 자신을 오만하다고 보는 관점에는 비현실적으로 높은 평점
을 주고, 겸손하다고 보는 관점에는 비현실적으로 낮은 평점을 준다.
양식 오른쪽 끝에 있는 180도 평가란은 자기를 아는 다른 사람이 평
가하는 곳이다. 스스로의 평가와 다른 사람의 평가 사이의 어떤 지점
이 바로 당신의 EQ에 대한 공정하고 현실적인 평가가 될 것이다.

　감성적 역량은 천성과 교육의 산물이다. 예를 들어 천성적으로 공
감에 높은 점수를 받은 성격은 종종 회복력에서 평균 이하의 점수를
받는다. 그 반대도 마찬가지다. 이를테면, 실패를 잘 극복하는 사람
이 반드시 최고의 경청자는 아닐 수도 있다. 반면에, 천성적으로 민
감하고 공감을 잘하는 사람은 실망이나 좌절을 쉽게 떨쳐버리지 못
한다. IQ와 달리 EQ의 장점은 감성적인 역량을 한번 깨닫게 되면
접근해서 높일 수 있다는 점이다. 만약 당신이 절제력과 회복력, 또
는 공감 능력에서 낮은 점수를 받았다면, 각 영역별로 당신의 역량을
높이는 방법이나 과정을 배울 수 있다.

EQ가 어떻게 당신의 성공을 도와줄까

　오늘날 시장에서는, 재무상담사의 인간관계 능력에 따라 일종의
프리미엄이 붙는다. 이 분야에서의 성공여부는 전문기술보다는 오히
려 인간관계 기술에 좌우된다. 과거에는 재무상담사의 가치가 상당
부분 새로운 기술 및 기법의 발전에 따라 이를 수용한 기술적이고

기교적인 기법에 기초했었다. 그러나 이제 재무상담사는 꿈과 희망을 부여하고, 재무적 통찰력과 인간관계 기술을 전달하는 위치로 자리매김했다. 오늘날의 시장에서는, 고객의 꿈과 희망을 이야기하면서 인간관계 형성에 숙련된 재무상담사가 기술적이고 기교적인 능력에 안주하던 재무상담사를 대신할 것이다.

이런 감성적 역량을 개발하고 실행하면 대인기술을 높은 수준으로 끌어올릴 수 있어 불황에도 고객을 획득하고 고객의 충성도를 유지하는 데 어려움이 없을 것이다. 다음은 당신의 목표를 달성하도록 도와줄 다섯 가지 역량에 대한 간단한 설명이다.

지각력

이 기술은 자기에 대한 이해, 그리고 당신이 다른 사람에게 불러일으킨 감정적 반응에 대한 이해와 관련이 있다. 이런 유의 지각력을 얻기 위해서는, 반드시 당신의 성격에 내재한 강점과 약점을 모두 살펴보아야 한다. 각 개인의 성격은 정반대의 성격유형을 원래 싫어한다. 그 결과, 우리를 가장 많이 괴롭히는 사람 — 그리고 우리가 가장 많이 괴롭힌 사람 — 은 대개 우리와 반대되는 성격유형이다. 우리는 제16장, 제17장, 제20장, 제21장에서 이 주제를 광범위하게 다루면서, 당신의 성격 때문에 생길 수 있는 감정의 부정적 영향을 개선해주는 방안은 물론, 모든 성격유형과의 인간관계를 개선해줄 방안을 제공할 것이다.

자신의 재무상담사와 결별한 고객의 87% 이상이 '인간관계' 문제 때문이었다는 한 조사결과(프린스 & 어소시에이츠 사)만 보더라도, 이런 종류의 지각력은 정말로 중요하다. 아이러니 하게도, 재무상담사

와 결별한 고객의 87% 중 90% 이상은 재무상담사의 재무적 성과에
는 만족한다고 했다. 분명, 이들 재무상담사의 대부분은 주요고객의
이탈로 괴로워하면서도 자신의 성격이나 스타일이 어떻게 고객을 쫓
아내고 있는지 깨닫지 못하고 있을 것이다. 우리는 재무상담사에게
그들 자신의 성격 결함을 인지하여 고객과의 부정적인 감정충돌을
최소화시킬 수 있는 방안을 제공하려 한다.

인식과 절제력

가장 힘있는 자는 자기 힘으로 스스로를 통제하는 사람이다.

—세네카

절제력은 감정의 폭풍에 휩쓸리지 않고 견딜 수 있는 일종의 자기
관리력이다. 절제력 있는 사람은 자신의 부정적 감정을 통제할 수
있고 상황에 맞지 않는 반응이나 행동을 하지 않을 수 있다. 다니엘
골만은 "괴로운 감정을 억제하는 것이 행복으로 가는 열쇠다"(『감성
적 지능』, 1995, 36쪽)라고 했다. 다니엘 골만은 감정에 대한 통제력
상실을 편도체(扁桃體)의 강제작용으로 설명했다. 편도체는 뇌에서
분노를 관장하는 부분이다. 화가 날 때 편도체는 순간적으로 이성의
작용을 강제로 멈춘다. 이 강제작용이 일어나는 동안 우리가 떠들고
행한 것이 우리를 가장 힘들게 — 그리고 후회하게 — 하는 말과 행동
이다.

인식과 절제력이 상당히 많은 사람은 다음을 이해한다.

- 쉽게 통제력을 잃게 만드는 상황이나 성격유형, 사건 등의 특수한 유형을
파악하는 능력의 중요성.

- 자신의 행동, 그리고 궁극적으로는 타인과의 인간관계에서 감정을 제어하지 못했을 때 나타나는 영향.

이 특별한 역량이 결핍된 사람은 편도체가 과부하된 상태에서 쏟아내는 말이나 행동을 옹호하려는 경향이 훨씬 높다. 그들은 자신의 정당성만 주장하면서 인식과 절제력의 핵심 문제, 즉 그들의 개인적인 자신감은 물론 주위 사람에 미치는 영향을 생각하지 않는다. 그들은 자기 내부에서 부정적 감정작용을 끊임없이 촉발시키는 상황이나 사건을 제대로 인식하지 못하고 있다. 만약 그들이 알고 있다면, 이러한 상황을 피할 행동지침을 가지고 있지 않은 것이다. 인식과 절제력을 상당 수준으로 향상시킨 사람은,

- 일반적으로 부정적인 반작용을 일으키는 특정 분위기나 조건, 힘든 상황 등을 구분할 수 있다.
- 예상되는 힘든 사건에 대하여 마음속으로 준비하고 연습할 수 있다.
- 참고 견디며 에너지를 다른 곳에 쏟아, 두뇌 회로의 과부하를 해소할 수 있다.

감성적 역량 중 절제력이 뛰어난 재무상담사는 분명 절제력 때문에 — 그것은 결국 그 고객의 재산축적 과정에 영향을 준다 — 고심하고 있는 고객을 돕는 데 우위에 있다. 고객은 차분하고 지적인 논리보다 오히려 부정적인 감정의 충동에 따라 행동하기 때문에 재무적으로 성공할 수 있는 기회를 계속 놓친다. 인식과 절제력이 뛰어난 재무상담사만이 결국 고객이 현 상태와 진정한 풍요 사이에 놓인 마음의 미로를 헤쳐 나오도록 도울 수 있다.

회복력

모든 문제는 자기 자신을 알게 해준다. 즉, 그것은 자신이 어떻게 생각하며 어떤 경험을 쌓았는지를 보여준다.

—조지 매튜 애덤스

인생이란 우연히 일어난 사건의 나열이 아니다. 그것은 우연히 일어난 일을 통해 당신이 무엇을 하는지에 관한 것이다. 어떤 일에서든 회복력 수준이 성공여부를 좌우한다. 현재 당신의 회복력 수준 정도를 알고자 한다면 <그림 15-3>에서 스스로 평가해보라. 각 문항을 읽고 자신을 가장 잘 묘사한 번호에 동그라미를 쳐라.

마틴 셀리그먼은 자신의 책, 『학습된 낙관주의』에서 낙관주의와 비관주의는 학습화된 행동이라는 점을 보여주었다. 우리는 자신의 역할모델이 역경에 부딪혔을 때 보이는 반응을 지켜보면서 자기 패배적이거나 발전적인 반응유형을 형성하기 시작한다. 우리는 모두 살아가면서 정도의 차이는 있겠지만 다음 세 가지 정도의 잠재적인 낙담을 경험하게 된다.

- **실패**: 내가 책임을 져야 할 때.
- **실망**: 다른 사람이 불리한 상황을 만들어놓았을 때.
- **역경**: 여러 상황이 동시에 겹쳐 장애가 생길 때.

다른 사람이 실패라고 하는 것을 처리해야 할 때, 당신은 자기 자신을 비난하며 쉽게 포기하는가, 아니면 거기에서 교훈을 얻어 계속 나아가려고 하는가? 다른 사람이 당신을 실망시킬 때, 당신은 비통해하며 복수를 꿈꾸는가, 아니면 인간의 나약함을 동정하며 용서하는가? 역경을 만날 때, 당신은 항상 되는 일이 없고, 당신만 불행의 저

<그림 15-3> 회복력 부문

작성 방법: 각 문장을 읽고 당신을 가장 잘 설명한 숫자에 동그라미를 치시오.

삶/사람에 대한 접근
1   2   3   4   5
냉소적이다   호기심 많고 궁금해 한다

거절당했을 때, 나는
1   2   3   4   5
물러난다   계속한다

일이 꼬일 때, 나는
1   2   3   4   5
비난한다   문제를 풀려고 한다

실패했을 때, 나는
1   2   3   4   5
포기한다   접근법을 바꾼다

계속하여 실패할 때, 나는
1   2   3   4   5
도움이나 조언을 거부한다   도움이나 조언을 찾는다

좋은 생각이 떠올랐을 때, 나는
1   2   3   4   5
내버려 둔다   확신을 갖고 나아간다

목표를 달성하지 못했을 때, 나는
1   2   3   4   5
변명이나 합리화시킬 핑계를 찾는다   개인적 목표로 추가한다

도전과제가 주어졌을 때, 나는
1   2   3   4   5
불평이나 구실을 만든다   목표달성 계획을 세운다

여러 상황이 나를 괴롭힐 때, 나는
1   2   3   4   5
불운하다거나 저주받았다고 느낀다   그 경험으로부터 탈출한다

매일매일에 대한 나의 태도는
1   2   3   4   5
남의 영향을 받는다   감정적 한계를 설정한다

어리석거나 난처한 일을 했을 때, 나는
1   2   3   4   5
후회한다   웃어넘긴다

실수했을 때, 나는
1   2   3   4   5
내 행동을 합리화한다   재빨리 실수를 인정한다

합계

ARROW 프로그램   동료 영역

주를 받았다고 생각하는가, 아니면 남아 있는 것에 감사하며 이 역경
을 통해 얻게 될 성장 기회를 찾는가?

궁극적으로, 인생에서 성공은 단순히 뭔가를 배우는 것이 아니라,
올바른 교훈을 배우는 것이다. 만약 우리가 도전을 통해, 움츠리고,
위험을 피하고, 취약한 분야는 기피하라고 배운다면, 분명히 우리는
회복력을 상실하게 되고 경험을 통해 잘못된 교훈을 배우는 셈이다.
회복력이 있는 재무상담사에 대해 연구하다보면 이들에게 다음과 같
은 특징이 분명하게 드러났다.

- **회복력이 있는 재무상담사는 냉소적으로 대하기보다는 호기심을 보인다.**
  냉소는 누구도 당신을 신뢰할 수 없다고 생각하게 한다.
- **회복력이 있는 재무상담사는 사람에 관한 호기심이 많다.** 자기중심적이고
  이기적인 사람은, 타인에 대한 순수한 호기심과 관심을 보이는 사람에 비
  해 회복력이 낮다. 이러한 호기심은 고객의 눈에 성실함과 신뢰감으로 비
  친다. 이런 재무상담사는 결국 훨씬 탄탄한 상호관계의 네트워크를 형성
  하며, 이것이 자신의 잠재된 회복력을 더욱 강화시킨다.
- **회복력이 있는 재무상담사는 거절을 피하는 법을 안다.** 그들은 거절하게
  될 경우를 점검한다. 그들은 스스로나 다른 사람이 어떤 과정을 통해 승
  낙하게 되는지 연구하며, 주도권이 없어지는 걸 피하기 위해 현실적인 목
  표를 설정한다. 리만 브라더스 사의 교육담당 이사인 게리 모하메드 씨는
  신입사원에게 상담업무를 가르칠 때 창조적인 접근법을 활용한다. 그는
  신입사원에게 쉬스 박사가 쓴『녹색 계란과 햄』을 읽어준 다음, 그들에게
  샘이 거래를 성사시키기 위해 사용한 다양한 방법을 생각해보게 한다. 게
  리는 금융 분야에서의 회복력 부족은 창조력의 결핍에서 기인한다는 사
  실을 알고 있다.
- **회복력이 있는 재무상담사는 외적 동기부여가 일시적이라는 것을 알고
  있다.** 그들은 물질의 획득이 훌륭한 동기부여가 된다는 것을 알지만, 그
  것이 정말로 귀중한 가치를 대체할 때는 그렇지 않다는 점 또한 알고 있
  다. 그들은 누군가에게 무언가를 보여주는 것도 결국은 망상에 지나지 않
  는 외적 동기부여임을 알고 있으며, 다른 사람에 대한 통제 또한 그 사
  람을 그 통제에서 벗어나려 애쓰게 함으로써 스트레스와 좌절감을 안겨

주는 외부적 동기부여라는 사실을 알고 있다.

- **회복력이 있는 재무상담사는 전문적인 업무수행을 위해 내적 동기부여가 필요하다는 걸 알고 있다.** 그들은, 뛰어나고자 하는 욕망, 스스로에 대한 도전욕, 모든 좋은 기회에 대해 감사하는 마음, 타인과 타인의 삶에 대한 순수한 호기심, 역경 극복에서 오는 감동, 높은 목표의식을 갖고 일할 때의 즐거움 등이 가장 강력한 동기부여 요인이라는 사실을 알고 있다.
- **회복력이 있는 재무상담사는 부정적인 상황을 일종의 시험으로 여긴다.** 그들은 부정적인 상황에서 경쟁심리가 튀어나올 때 스스로 이렇게 묻는다. "지금 여기서 나의 어떤 면이 평가받고 있는가?" 그리고 "어떻게 하면 내가 이 시험을 통과할 수 있을까?"
- **회복력이 있는 재무상담사는 남에게서 배울 수 있다.** 능력 있는 수많은 사람들이 듣고, 배우고, 변화하기를 거부하기 때문에 성공하지 못한다. 그들은 자기 오만의 희생자가 된다. 회복력이 뛰어난 전문가는 배우고자하는 정신과 성장하고자 하는 욕구, 변화에 대한 유연한 태도를 보여준다.
- **회복력이 있는 재무상담사는 언제든지 재치가 있다.** 그들은 거리낌없이 스스로를 웃음거리로 만들고, 이 때문에 더 빨리 바로 잡고 회복한다. 웃음은 유연한 정신의 표상이며 침체된 분위기의 치료제다. 웃음은 역경이나 골칫거리를 압축하는 밸브 역할을 한다. 그것은 면역체계를 강화시키고 신경조직을 이완시킨다. 스탠포드 대학교에서는, 한쪽 집단은 딱딱한 방식으로 강의하고, 다른 쪽 집단은 긴장없이 편안하게 수업을 하는 실험을 한 후 이들을 대상으로 학습평가시험을 실시하였다. 결과는 긴장을 푼 집단의 성적이 철저히 동기부여를 한 집단보다 평균 25점 이상 높았다. 웃음은 신경조직을 이완시켜준다는 점에서 가장 탁월하다.

공감

당신이 자아도취의 거울을 꿰뚫어보는 능력을 계발해냈다면, 당신은 소수에 속한다. 자아도취에 빠지지 않는 사람은 주위 사람에 대한 능숙한 관찰자가 될 수 있다.

—미치 앤소니

상대방이 천 명이든 한 명이든 타인과 관계를 형성하는 데 가장 중요한 감성적 역량은 공감이다. 우리는 공감을 흔히 '감성레이더'라고 부른다. 감성레이더란 타인의 동기와 감정을 읽고 해석하는 기술이다. 잘 조율된 감성탐지 능력을 갖춘다는 것이 오늘날의 재무상담사에게 얼마나 중요할까? 우리가 보기엔 정말로 중요하다. 고객과 지속적인 인간관계를 맺는 데 필요한 첫 번째 단계는 공감 ― 타인과 감정적으로 동일시되는 과정 ― 단계이다. 공감은 갈등을 해소하는 데도 기본이 된다. 제12장에서 예시한 바와 같이, 감성적인 동기부여 요인이 고객의 의사결정을 이끌어낸다. 공감은 동기부여 요인이 어떤 것인지 파악하는 기술이다. 그것은 사람의 행동원인을 해석해내는 능력이며, 대화의 행간을 읽고 진짜 의미를 확인하는 능력이다.

공감은 회사 내에서 다른 사람의 니드, 동기, 계략 등을 해석해내는 정치적 재치나 능력으로 묘사될 수도 있다. 이 기술은 비언어적인 의사전달에 초점을 맞추고 이를 해석해내는 우리의 능력에 따라 구체화된다. 제18장에서는 고객 접근법과 관련하여 도움이 될 신체언어와 목소리에 대해 논의할 것이다.

영업 관련 업종 어디에나 내재해 있는 한 가지 문제점은 영업사원이 말을 많이 해야 할 것처럼 느낀다는 점이다. 그들은 영업은 말로 하는 것이라고 믿는다. 그러나 사람이 말을 하는 동안은 거의 관찰을 할 수 없기 때문에 이런 접근법은 위험하다. 관찰의 기술 ― 이것은 공감이 진행되고 있음을 뜻한다 ― 은 현명하고 노련한 재무상담사가 하는 대화의 특징이다. 우리는 질문을 하고 대답을 들은 후에야 비로소 어떤 사람에게 상품을 팔려고 하는지, 어떤 니드를 충족해야 할지 알게 된다. 공감을 이끌어내는 기술은 다음과 같다.

- **질문기술**, 사실과 느낌을 모두 파악할 수 있는 질문하기(제6장 참조).
- **경청, 그리고 적절한 대응 기술.**

- 신체언어와 목소리를 감지하는 기술(제18장 참조).
- 신체언어에 대한 해석 및 반응(제19장 참조).
- 타인의 관점에 대한 이해(제16장 및 제21장 참조).

관찰기술을 익히고 나면, 당신의 감성레이더는 고객이 원하는 내용과 원하는 접근방법, 그리고 고객이 편안함을 느끼는 영역을 알려주는 신호를 포착하도록 프로그램화될 것이다. 자신의 요구, 필요, 기대에 부응하는 재무상담사의 서비스를 멀리 할 고객은 거의 없다.

사교술

지위고하를 막론하고 비판하면서 제대로 하지 못한 사람보다 하고자 하는 마음이 있었음에도 제대로 하지 못하는 사람을 선발해야 한다.

—찰스 슈왑

최근, 미치는 대규모 농장을 매각한 후 재산을 관리해줄 재무상담사를 찾던 한 농장주와 대화를 나눴다. 미치가 그에게 수많은 재무상담사 중 어떤 사람을 선택했는지 물어보자, 그 농장주가 대답했다. "글쎄요. 결국 인간성 좋은 사람을 만났는데, 같이 일하고 싶을 정도로 호감이 가더군요." 이 말은 사람들이 능력 있는 사람만큼이나, 사교적인 사람, 즉 대화하기에 힘들지 않은 사람을 원한다는 점을 보여준다. 설득력 있는 재무상담사는 사교술을 계발하는 것이 전문적인 능력을 기르는 일보다 중요하다는 사실을 알고 있다.

우리는 고객과 관계를 맺고 그 관계를 유지하는 데 필요한 이러한 기본적인 사교술을 결코 무시할 수 없다.

- 다른 사람을 만나고, 인사하고, 대하는 방법.

- 호의적으로 거부하는 방법.
- 기지와 외교적 수완을 발휘하여 갈등을 해소하는 방법.
- 서로에게 이익이 되는 방향으로 타협하는 방법.
- 성격유형별로 판매기법을 조절하는 방법.
- 밀어붙이는 게 아니라 이끌어 나가면서 추진력을 높이는 방법.
- 인간관계에서 지뢰를 피하고 금광을 찾아내는 방법.

고객이나 동업자와의 관계에서 부딪히는 갈등이나 관계단절은 대부분 각각의 성격유형별 동기부여 요소와 동기제거 요소를 파악하면 쉽게 피할 수 있다. 서로 스트레스를 받거나 갈등을 일으키는 것은 주로 상대방에게 익숙하지 않은 방식으로 끊임없이 말하거나 행동할 때 발생한다. 하지만 감성적인 역량이 있는 재무상담사는 불편함이나 스트레스를 일으킬 만한 요소는 물론, 상대방에게 동기부여하는 요소를 파악하는 방법을 알고 있다. 이러한 사교술은 고객과 지속적인 관계기반을 형성하는 데 필요 불가결한 요소이다. 이에 대해서는 제20장에서 다루도록 하겠다.

재무상담사가 익혀야 하는 또 다른 주요기술은 갈등해소를 위해 협상하는 외교적 수완이다. 우리는 비난을 받지 않으면서 각자의 성격 DNA간의 타협을 이끌어낼 수 있는 정교한 협상방법을 알 필요가 있다. 만약 우리가 고객의 성격을 다루는 법을 배우지 않는다면, 우리는 좌절을 겪거나 또는 고객의 저항, 적대감을 불러일으킬 수도 있을 것이다. 설득력 있는 재무상담사는 이런 상황에 가장 적극적으로 대처하고 외교적으로 해결해나가는 방법을 알아야 한다. 이에 대해서는 제21장과 제22장에서 다룰 것이다.

끝으로, 제19장에서는 상품을 판매하면서 고객을 편하게 만드는 의사소통기술을 살펴볼 것이다. 고객에 대한 연구를 통해 우리는 각 성격유형마다 판매 과정에서 편하게 여기는 특정한 용어가 있다는 것을 알게 되었다. 고객이 편안하게 느끼는 범주 내에서 의사소통할 수 있도록 직관적으로 제안을 조절하는 기술은 많은 이익을 남길 수 있는 사교술이다.

보다 세련되게 일하기

감성적 지능의 좋은 점은 개발될 수 있다는 것이다. 만약 우리가 개인적인 지각력을 넓히고 감성적으로 취약한 분야를 보강한다면, EQ를 더 높일 수 있다. EQ가 높으면 높을수록 더 좋은 인간관계와 자신감을 갖게 된다. ARROW 프로그램에 참가했던 사람이 깨달았던 것처럼, 일단 당신 자신에 대해 더 편안하게 느끼면, 고객 또한 당신 자신을 더 편안하게 느낄 것이다. 오늘날 고객은 숫자가 아니라 인간적으로 관계를 맺을 수 있는 재무상담사와 상담하길 원한다. 재무상담사에게 지각력과 절제력, 회복력, 공감, 그리고 사교술 등의 감성적 역량은 성공여부와 관련된 중요한 요소이다. 설득의 세계에서 가장 설득력 있는 재무상담사는 자기 자신을 편안하게 만들며, 곁에 있는 다른 사람도 편안하게 해주는, 보다 세련된 사람이다.

16 나에게서 우리로

자신의 성격에 내재된 장점과 단점을 이해하고 조절하는 것은 설득력을 향상시킬 수 있는 커다란 발판이 된다. 우리는 자신의 성격이 상대방에게 어떤 영향을 미치며 상대방이 이를 어떻게 인식하는지 분명히 알아야 한다. 또한 자신도 모르게 부정적 감정을 야기하여 의사소통이 중단되지 않도록, 상대방의 성격유형을 파악하는 방법도 알아야 한다. 이것은 자기 자신을 알고, 주위의 사람을 알고, 어떤 식으로 조절해야 하는지 아는 것과 관련이 있다. 이것이 나에게서 우리로 나아가도록 하는 과정이다.

여기서 우리가 말하고자 하는 바는 고객과 소중한 관계를 만들어 나가는 방법이다. 지금까지 우리는 구멍이 둘뿐인 콘센트에 접지부가 세 갈래인 플러그를 끼우려는— 아무리 해도 결코 끼울 수도, 전기를 흐르게 할 수도 없는— 것과 같은 상황에 놓인 적이 여러 번 있다. 고객에게서 신뢰와 충성도를 이끌어내기 위해 소중한 관계를 형성해

나갈 때도 마찬가지다. 고객과 소중한 관계를 맺을 수 있는 유일한 방법은 성격의 중요 역할을 제대로 이해하는 것이다.

이 장의 목적은 당신의 핵심 성격이 다른 사람에게 어떻게 영향을 미치는지 이해하는 데 있다. 많은 재무상담사는 단순히 추상적으로 상품의 특성과 급부를 언급하면서 만병통치약처럼 모든 고객의 니드를 충족시킬 수 있다고 말한다. 이러한 접근법은 피상적이기 때문에 고객의 신뢰를 구축하는 데 필요한 심리적 토대를 쌓지 못한다. 당신은 고객의 투자동기를 언급하고, 궁극적으로는 그들의 핵심성격 — 즉, 그들이 결정하고 반응하는 데 근거가 되는 바탕 — 에 대해 언급함으로써 의사소통을 피상적인 수준에서 더 심오한 수준으로 이끌어갈 수 있다.

자신의 성격이 미치는 영향력에 대한 지각과 고객의 편안함에 대한 관심은 성공적인 의사소통의 기초이다. 이를 깨닫는다면, 고객과의 잘못된 의사소통이나, 오해, 부정적인 상호작용을 최소화할 것이며, 신뢰를 강화하고 돈독한 관계를 유지할 수 있을 것이다. 대개의 경우, 고객의 기대와 반응, 그리고 행동을 관리하는 이러한 과정은 기본적인 의사소통기술이 되었다. 나에게서 우리로의 이동은 우리가 고객과 우리자신을 먼저 이해함으로써 고객을 중시한다는 의미이다.

뉴욕증권거래소 규칙 제405조(고객 알기)는 각 회원사가 고객과 그들의 계좌에 대한 필수 사항을 알도록 노력해야 한다고 규정하고 있다. 여기에는 재산 상태, 고객 개인정보, 위험 감수 수준, 투자경험, 투자목적, 세무 상황, 그리고 기타 고려사항 등이 포함되어 있다. 금융업계에서 일반적으로 간과하고 있지만, 고객 개인정보의 중요한 요소가 고객의 성격유형이다. 만약 우리가 고객의 핵심 성격을 알 수 없다면 고객을 알기 힘들 것이다.

성격 프로파일 작성법(견본)

<그림 16-1>의 빈칸을 채워보면, 당신은 자신의 성격유형을 파악할 수 있다. 이 성격유형에는 옳고 그름이 없음을 명심하라. 이 분석표는 단지 당신의 성격구조를 반영할 뿐이다.

각 항목을 보면서 당신을 가장 잘 설명하는 단어나 문장을 선택하라. 좋은 결과를 얻기 위해 각각의 보기를 보는 데 너무 시간을 들이지 마라. 그냥 첫 느낌을 따라라. 두 단어나 문장이 모두 다 당신을 묘사하고 있다고 생각될 때 선택에 어려움이 있을지도 모른다. 그러나 이러한 어려움은 평가를 위해 꼭 필요한 부분이다.

성격 축

개별 성격유형은 여러 가지 특징—장점과 단점—을 지니고 있지만, 각각은 단순하면서 이해하기 쉬운 중심 축이 있다. '척추'라 불릴 수 있는 이 성격 축을 이해하는 것이 당신 자신과 다른 사람의 성격을 이해할 수 있는 훌륭한 첫 걸음이다. 그 중심 축에는 네 가지가 있다.

협동가(T: Togetherness)의 축—감정

협동가형의 마음에서 가장 앞서는 것이자 가장 중요한 것은 감수성과 관련된 여러 가지 문제이다. 다른 사람들은 어떻게 느낄까? 이것이 그들에게 어떤 영향을 미칠까? 당신이 나에게 존경과 친절을

<그림 16-1> TEAM 역학 프로파일

작성 방법: 아래 서술된 각 문구에 적당한 숫자를 기입하시오.

아주 그렇다 =   4   3   2   1   **전혀 그렇지 않다**

A _____ 친구에게 진실되다   A _____ 이해하려 한다
B _____ 혁신가다   B _____ 주도권을 잡는다
C _____ 많이 생각한다   C _____ 정확하다
D _____ 정력적이다   D _____ 성취하고자 한다

A _____ 타인에 대해 사려가 깊다   A _____ 관대하다
B _____ 모험적이다   B _____ 하고싶은 일을 한다
C _____ 많은 정보를 가지려 한다   C _____ 조심성이 있다
D _____ 잘 웃고 재치가 있다   D _____ 생각이나 감정을 분명히 표현한다

A _____ 지시받은 대로 행동한다   A _____ 겸손하다
B _____ 위험을 무릅쓴다   B _____ 포기하지 않는다
C _____ 꼼꼼하다   C _____ 일상적인 것을 좋아한다
D _____ 설득력이 있다   D _____ 무리를 이끈다

A _____ 주로 조용히 듣는 편이다   A _____ 대중과 함께 한다
B _____ 승부욕이 강하다   B _____ 개성이 강하다
C _____ 신중하다   C _____ 믿을만하다
D _____ 열정적이다   D _____ 재미있다

A _____ 감정을 숨긴다   A _____ 긁어 부스럼 만들지 않는다
B _____ 용기있다   B _____ 공개적으로 대담하게 말한다
C _____ 평가기준이 높다   C _____ 규칙에 따라 행동한다
D _____ 말하기 좋아한다   D _____ 다른 사람을 개입시킨다

A _____ 타인에게 우호적이다   A _____ 다른 사람도 관여하길 원한다
B _____ 결단력이 있다   B _____ 결과를 중시한다
C _____ 질서를 원한다   C _____ 결정하기 어려워한다
D _____ 사교성이 풍부하다   D _____ 낙천적이다

합계   A = _____   B = _____   C = _____   D = _____

보여주었는가? T선 상의 숫자가 크면 클수록, 당신은 이러한 성격이
두드러진 사람이다.

기업가(E: Enterpriser)의 축―결과물

기업가 유형은 어떤 일을 해서 결과물을 성취했을 때 가장 행복해
한다. 그들은 자신의 운명을 마음대로 하고자 하며, 그렇지 못할 때
좌절하고 불행해 한다. 원래 성격상, 개인주의적인 기업가 유형은
"무언가를 달성하고자 한다면, 자신이 직접 하라"라는 식의 신념을
갖고 살아간다.

분석가(A: Analyzer)의 축―정확성

분석가 유형은 모든 일을 정확하고 꼼꼼하게 진행하고자 한다. 그
들은 직선적이고 예측 가능한 과정을 원하며, 또 그 과정이 제대로
되고 있는지 지켜보고자 한다. 정확성의 욕구는 곧 일을 올바르게 진
행하려는 강렬한 욕구로 변한다.

동기부여자(M: Motivator)의 축―에너지

동기부여자 유형은 재미와 즐거움이 있는 삶을 추구한다. 그들은
다소 자유분방하고 예측하기 어려운 방식으로 살아가며, 엄청난 에
너지를 갖고 있다. 그들은 끊임없이 일하는 것을 좋아하며, 활동을
즐기며, 긍정적인 에너지를 발산하는 사람과 함께 있고 싶어 한다.

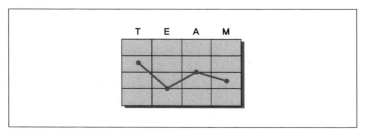

<그림 16-2> 협동가형 프로파일 견본

역할 정의

당신 자신이나 다른 사람의 성격분석 프로파일을 해석하는 데는
적절한 방법과 부적절한 방법이 있다. 부적절한 방법은 프로파일상
에서 가장 수치가 높은 문자로 해석하는 것으로(<그림 16-2>에서 보
자면), 이 사람을 포괄적으로 협동가형으로 규정하는 방식이다. 이런
종류의 해석은, 성격의 경향을 지시해주기는 하지만, 사람의 성격을
지나치게 단순화하는 문제가 있다.

가장 적절한 해석방법은 수치가 가장 높은 문자(주 역할), 두 번째
문자(보조 역할), 그리고 가장 낮은 문자(기피 역할)를 면밀히 살펴보는
것이다. 단 하나의 역할만 보유한 사람도 있겠지만, 대부분은 서로
다른 두 개 이상의 역할이 있을 것이다. 가장 일반적으로 나타나는
주 역할과 보조 역할 간의 조합은 A-T, E-M, T-M, 그리고 E-A이다.

다소 드물게 나타나는 조합은 E-T와 M-A이며, 이중 M-A는 가장
드문 조합이다. 이러한 조합의 역학에 대한 더 많은 정보는 <그림
16-3>에서 다룬다. 다음은 당신이 당신 스스로의 성격유형과 고객,
종업원, 동업자 등의 성격유형을 파악할 수 있도록 도와주는 주 역
할, 보조 역할, 기피 역할의 정의이다.

주 역할

주 역할은 당신이 매일매일 어떻게 행동하며 어떻게 반응하는지 알려주는 가장 믿을 만한 항목이다. 주 역할은 당신의 성격상 가장 편안하게 느끼는 영역으로 묘사될 수 있다.

만약 당신이 주 역할에 부합하는 일이나 역할을 한다면 거의 스트레스를 받지 않을 것이다. 그 반대의 경우도 마찬가지다. 즉 당신이 해야 할 일이 주 역할과 일치되지 않는 작업이나 역할이 요구된다면 그로 인해 당신은 상당한 스트레스를 받을 것이다.

한 가지 사례로 주 역할이 분석가인 사람이 신속한 의사결정이 요구되는 위치에 있는 경우를 들 수 있다. 주 역할이 기업가인 사람이 세심한 문서작업이나 복잡한 절차를 거쳐야 하는 일을 하는 경우도 마찬가지다.

보조 역할

보조 역할은 주 역할을 보완하는 것으로, 스트레스나 압력에 대한 반응을 설명해준다. 예를 들어, 당신의 보조 역할이 T(협동가)라면, 당신은 압력을 받을 때 협조나 동정, 도움을 구하는 경향이 있을 것이다. 그러나 만약 당신의 보조 역할이 E(기업가)라면, 그러한 압력에 꿋꿋하게 저항하는 개인주의자가 될 것이다.

보조 역할이 A(분석가)이면 조심스럽고 규칙적인 사람이 될 것이며, 보조 역할이 M(동기부여자)이면 힘을 내 다른 사람을 가르치며 설득하려고 할 것이다.

<그림 16-3> 역할 조합 유형

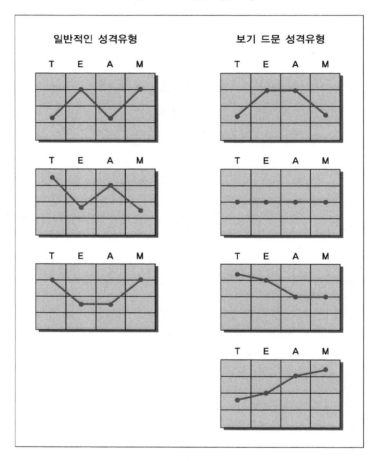

기피 역할

이것은 당신의 삶에서 가장 많은 스트레스와 긴장을 일으키는 성격유형이다. 당신의 성격에는 이 역할의 비중이 매우 낮기 때문에 이런 기피 역할을 띤 사람과 함께 대화하고 같이 일한다는 것은 당신에게 부자연스러운 일이다.

마찬가지로, 함께 일하는 사람이 당신에게 기피 역할이면, 당신 역시 그들에게 기피 역할일지 모른다. 상반된 기피 역할을 보이는 두 사람간의 의사소통과 상호 이해는 매우 긴장된 과정일 수밖에 없다.

예를 들어, 만약 당신의 기피 역할이 T(협동가)라면, 당신은 꾸물거리거나, 현상유지를 꾀하거나 과민한 반응을 보이는 사람을 보면 쉽사리 초조해질 것이다. 반면, 당신의 기피 역할이 E(기업가)라면, 주도권을 잡고 퉁명스럽게 말하는 사람을 보면 싸우려 할 것이다.

만약 당신의 기피 역할이 A(분석가)라면, 당신은 지나치게 조심스럽고, 일 처리가 느리며, 부딪히는 문제마다 지나치게 고심하는 사람을 보면 화가 날 것이다. 마지막으로, 당신의 기피 역할이 M(동기부여자)라면, 당신은 수다스럽고, 흥분을 잘하며 충동적인 사람을 만나면 긴장하게 될 것이다.

예측 가능성: 점수의 중요성

당신의 성격이나 다른 사람의 성격에 대한 예측 가능성은 TEAM 역학 프로파일에 나타난 점수에 달려 있다. 우리가 제시한 견본(<그림 16-4>)에서는 참가자 두 사람 모두 E(기업가)에서 높은 점수를 보였지만, 그들의 행동에 대한 예측 가능성은 상당한 차이를 보인다.

이 경우, 존(E-35)과 주디(E-44)는 그들의 주 역할이 E(기업가)라고 주장할 수도 있다. 그러나 E에서도 점수의 차이에 따라 그들의 업무 스타일과 행동은 상당한 차이가 있다.

<그림 16-4> 기업가형 비교

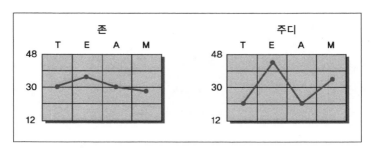

존의 경우는 다른 사람이나 소속집단이 원한다고 느낄 때에만 주도권을 잡고자 할 것이다. 그는 천성적으로 협동적이며 배려를 잘 하는 지도자형이다.

그러나 주디의 경우는 다른 사람의 생각에 관계없이 주도권을 잡으려 할 것이다. 주디에게는 E가 아주 뚜렷하게 나타나 그것이 그녀의 명확한 성격 특징이다.

어느 문자든 특정 역할에 대한 기준 점수는 30점이다. 만약 당신이 어떤 문자에서 이 기준 점수보다 8점 이상 또는 이하(38점 이상 또는 22점 이하)가 되면, 그것은 예측 가능한 행동 및 반응 유형에 해당한다.

성격유형은 기본적으로 네 가지이지만, 각 개인별로 이 네 가지 기본 요소가 서로 다른 비율로 결합되어 있다. 우리는 각자 자기 내부에 어느 정도— 점수가 높든 낮든— 이 네 가지 성격 역할을 갖고 있기 때문에 필요할 때마다 각각의 역할에 대응할 수 있다.

예를 들어 분석가형에 16점을 받은 사람은, 지엽적인 일을 싫어하여 대체로 그런 일을 피하려 하지만, 필요하다면 꽤 분석적인 사람이 되기도 한다. 감수성이 필요할 때면, 아무리 수치가 낮더라도 우리는 우리 성격의 T영역으로 이동할 수 있다. 또한 결론을 내리고 행동을 해야 할 때가 되면 우리는 E영역으로 이동할 수도 있으며, 신중함과 세심한 계획이 필요할 때는 A영역으로 이동할 수도 있다. 마지막으로 활력을 갖고 낙천적으로 행동해야 할 때는 M영역으로 이동할 수도 있다.

한 사람이 하나 또는 두 개의 영역에서 높은 점수를 받게 되면, 그것은 그들의 의사소통유형이나 스트레스와 압력에 대한 반응이 어떤지를 보여주는 훌륭한 잣대가 된다. 하지만 한 가지 유의할 사항은 성격유형이 그 사람의 가치관, 믿음, 기질에 대한 절대적인 척도는 아니라는 점이다.

당신의 성격을 요리하는 방법

당신의 성격이 균형을 잡으려면 이 네 가지 성격유형을 음식재료로 간주하여, 이 재료들의 결합을 당신의 성격을 요리하는 독특한 조리법으로 생각하는 것이다. 네 가지 기본적인 성격유형은 다양하게 결합될 수 있다.

우리는 우리 자신과 타인을 이해하기 위한 — 그들을 정형화하지 않기 위한 — 방법으로 이런 테스트를 한다. 특정 성격유형에서 점수가 아무리 낮다 하더라도, 그런 성격을 조금씩은 다 지니고 있다. 우리는 어떤 반응을 보여야 하는 상황에 놓이게 될 때, 그에 맞는 자신의 성격을 드러낼 수 있다. 예를 들어, 분석가형에 아주 낮은 점수를 받은 사람도 고속도로에서 반짝이는 빨간 불빛이 자기 뒤를 쫓아오거나 국세청직원이 방문하면 어느 정도 분석적인 사람이 된다.

<그림 16-5> 혼합된 성격유형의 계산

성격유형	점수	120(합계)으로 나눔	백분율
T - 협동가	22	22÷120	18%
E - 기업가	44	44÷120	37%
A - 분석가	16	16÷120	13%
M - 동기부여자	38	38÷120	32%

당신의 혼합된 성격유형을 파악하는 방법으로는 각 요소들의 백분율 산출이 있다. 각 성격유형의 점수를 120으로 나누어라. <그림 16-5>가 하나의 예이다.

관계/결과 지향형 프로파일(견본 및 서식)

네 가지 성격 중 두 가지 유형(T, M)은 관계 지향적이며, 두 가지 유형(E, A)은 결과 지향적이다.

당신이 개인적으로 관계 지향적인지 결과 지향적인지를 알고자 한다면, M점수와 T점수를 더하여 그 합을 <그림 16-6>에 나오는 프로파일에서 관계를 나타내는 선 위에 표시하라. 그런 다음, 당신의 E점수와 A점수를 더하여 그 합을 결과를 나타내는 선 위에 표시하라.

관계/결과 지향형 프로파일 해석

대부분의 사람들은 관계/결과 지향성을 나타내는 프로파일에서 서로 8점 이상 차이가 발생하지 않게 합계가 표시될 것이다(<그림 16-7>의 사례를 보라).

이 그림에서 우리는 이 사람이 일과 업적의 측면에서 동일한 정도

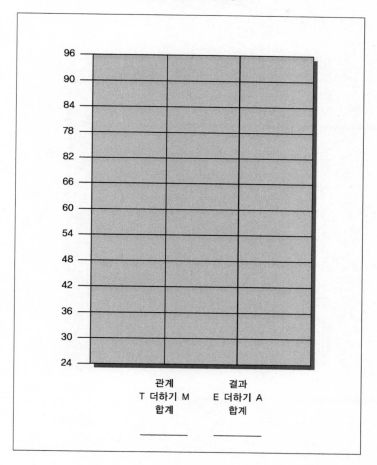

<그림 16-6> 성격균형표

의 관계지향성과 결과지향성을 지니고 있음을 알 수 있다.

　소수는 <그림 16-8>과 <그림 16-9>에서 보이는 바와 같이 관계지향성이나 결과지향성 한 쪽으로 지나치게 치우치기도 한다.

　극단적으로 관계 지향적인 사람은 종종 상대방을 파악하고 대화를 나누는 데 지나치게 많은 시간을 소모하여, 개인적으로 결과를 산출

<그림 16-7> 성격균형표─균형잡힌 경우

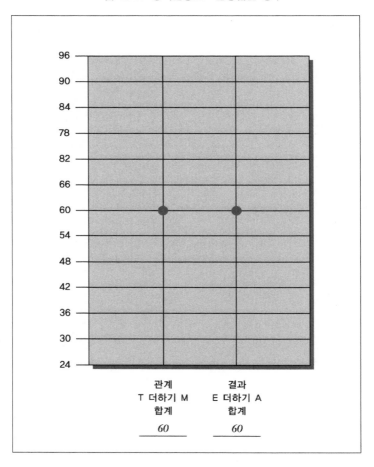

해야 할 과업에는 시간을 거의 쏟지 못한다. 우리는 종종 이런 유형
의 사람을 '인간적인 사람(people person)'이라 부른다. 극단적으로 결
과 지향적인 사람은 그 반대다. 그들은 다른 사람과 대화하거나 관계
를 형성하는 데 시간을 쓰는 경우가 거의 없고 개인적인 일이나 연
구에 빠져들기를 좋아한다. 많은 공학자가 이 부류에 해당한다.

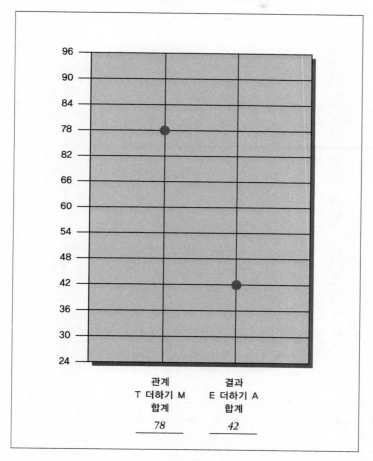

<그림 16-8> 성격균형표—관계지향적인 경우

정반대의 성격: 갈등의 원천

우리가 당면하는 갈등의 상당 부분은 성격에 기초하고 있다. 대부분의 경우 우리의 성격유형은 사람과 사건에 대해 우리가 어떻게 보며 반응하는지를 규정한다. 서로 성격유형이 다른 두 사람은 일련의

<그림 16-9> 성격균형표─결과지향적인 경우

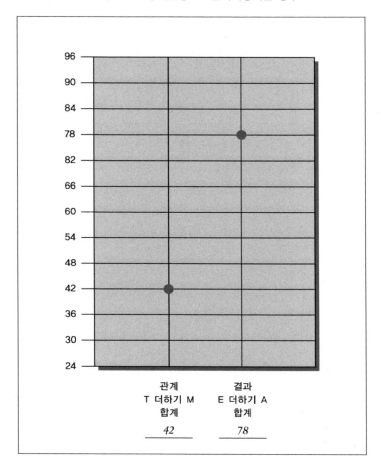

간단한 사건을 보고도 일어난 것에 대해 완전히 상반된 이야기를 할
수 있다.

우리가 직면하는 많은 갈등은 단순히 성격차이에서 발생한다. 나
도 잘못하지 않았고, 상대방도 잘못하지 않았다. 우리는 단지 사물을
다르게 인식하며, 결과적으로 갈등해소 방법에 있어 우선순위가 다

<그림 16-10> 정반대의 성격유형

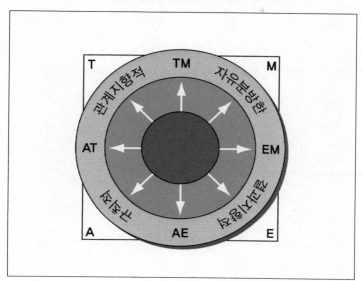

를 뿐이다.

<그림 16-10>은 네 가지 성격유형의 정반대되는 것이 무엇인지 보여준다. 신기한 것은 결혼한 부부의 75% 이상이 서로 성격이 반대된다고 한다. 우리는 왜 정반대의 성격소유자와 결혼하는 경향이 있을까? 아마 결혼할 때쯤, 우리는 자신의 성격에 지겨워하며 또 다른 유형을 경험하고 싶어 했을 것이다. 그러다가 결혼 후 어느 날 정신을 차리고 우리는 정반대 성격의 배우자를 보고선 말한다. "그래, 당신 매일 이런 식으로 할 거야!"

갈등의 대부분이 성격유형에 기초한 것임을 이해할 때 갈등해소를 위한 우리의 능력은 비약적으로 발전된다. 우리가 그러했던 것과 마찬가지로, 다른 사람들도 그저 자기 성격의 청사진을 따를 뿐이다.

고객의 이탈, 협조 거부, 설득의 어려움 등 대부분은 다른 사람의

관점에서 사물을 바라보는 능력을 개발하는 것으로 귀착된다. 다음
장에서는 성격 DNA를 알아보며, 네 가지 성격 각각에 대하여 강점,
도전과제, 개선할 영역을 설명할 것이다. 일단 당신이 이런 요소를
이해하고, 고객의 눈을 통해 상황을 보기 시작함으로써 설득기술을
개선시킬 수 있을 것이다.

17 성격 DNA 이해

성격이란 사람들 속의 사람을 의미한다. 외딴 섬에 혼자 사는 사람에겐 성격이란 없다.

—킬패트릭

우리의 눈 색깔이나 코 모양을 있는 그대로 받아들이는 것처럼, 우리의 성격이 사람이나 과정에 반응하는 방식도 통제하려고 하지 않는다. 고객에 대하여도 마찬가지다. 모든 행동, 의사소통, 반응 등은 우리의 성격 DNA — 태어날 때부터 지녔던 심리학적 청사진 — 에서 나온다. 이 성격 DNA는 어떤 유형의 사건이나 과정에 불편해하는지를 결정하는 데 주요한 역할을 한다. 일단 자신의 성격 DNA를 알게 되면, 왜 어떤 성격과는 통하고 어떤 성격과는 부딪치는지 금방 알게 된다. 우리를 미치게 만드는 과정이 무엇이고 우리를 즐겁게 하는 과정이 무엇인지 알게 된다.

우리의 성격이 청사진처럼 되었다는 사실이 우리가 행동이나 의사소통, 반응 등을 수정할 수 없다는 것을 의미하지는 않는다. 사실상, 우리가 성격 DNA를 잘 알면, 수정할 필요가 있는 곳이 어디인지 쉽게 파악할 수 있다. 우리는 특정 유형의 고객을 대할 때 그 고객을 화나지 않게 하기 위해 우리 성격 가운데 어떤 면을 억누를 필요가 있다. 하지만 우리의 성격과 어울리는 고객과 함께 할 때는 그런 특징이 빛을 발하도록 할 필요가 있다.

지각력은 위대한 설득가가 되기 위한 열쇠이다. 지각력은 세 가지 특정 영역별로 필요하다.

1. 당신은 어떤 사람인가?
2. 당신의 주위사람은 어떠하며, 그들이 당신을 어떻게 생각하는가?
3. 의사소통 과정에서 상대방과 더 친밀하고 친숙해지기 위해서 내가 조절해야 할 부분은 무엇인가?

우리는 자신의 강점과 약점, 그리고 개선해야 할 사항에 대해 알아야 한다. 성격유형에 있어서 좋고 나쁨은 없다. 각자는 각자의 성격유형을 갖고 있을 뿐이다. 자신의 성격이 다른 사람에게 어떻게 작용하는지를 깨닫고 주어진 상황하에서 자신의 성격을 통제하는 방법을 알 만큼 충분한 지각력을 갖게 될 때 우리는 성공하게 된다.

정말로 능숙한 재무상담사는 자기 성격의 약점과 인간관계에서의 태생적인 문제점을 잘 알고 있다. 이러한 본인에 대한 지각이 인간관계를 맺을 때 승패의 80%를 좌우한다. 많은 사람이 인간관계에서 동일한 실수를 반복하면서도 이것을 깨닫지 못한다. 한편, 자신의 성격 DNA를 알면, 본인의 강점을 발휘하고 약점을 피하며, 개선할 수 있는 영역에 집중할 수 있기 때문에 큰 도움이 된다. 다음은 각 성격유형별 특징이다.

협동가형

강점

- 협력과 동의를 구한다.
- 모든 사람을 참여시킨다.
- 중재자이다.
- 친절하며 상냥하다.
- 격려를 잘하고 용기를 준다.
- 붙임성 있고 재치가 있다.

약점

- 모든 사람을 기쁘게 하려 한다.
- 의사결정을 쉽게 하지 못한다.
- 자기 감정을 드러내는 데 어려움이 있다.
- 쉽게 상처받는다.
- 지나치게 소극적으로 대응하기도 한다.

개선점

- 감정을 분명히 한다.
- 분명한 방향을 요구한다.
- 의견/생각에 대해 변명하지 않는다.
- 문제에 냉철하게 대처한다.
- 감정을 배제하고 비판을 받아들인다.

강점

협동가형은 인간관계에 있어서 감정 지향적이다. 이들은 항상 의견일치나 조화, 팀워크를 이루기 위해 애쓴다. 갈등이 일어나면 쉽게 당황하며, "함께 합시다"라고 말하면서 중재자 역할을 하려 한다.

협동가형은 항상 상냥하며 다른 사람을 지지하고 격려하는 사람이

되고자 한다. 그들은 따뜻하며 상냥한 접근방법을 취하며, 다른 사람
을 공격하려 하지 않는다. 그들은 천성적으로 이해심이 많고 잘 들어
주고 즉각적인 반응을 보인다.

협동가형은 항상 남을 존중하며 동시에 존중받기를 기대한다. 그
들은 순수함과 성실함, 상냥함을 지닌 사람을 가려내며 이런 성격을
보이지 않는 사람은 멀리하는 경향이 있다.

약점

협동가형의 아킬레스건은 모든 사람을 기쁘게 하고자 하는 욕구이
다. 아킬레스건이란, 개인적인 스트레스와 인간 관계의 장애 요소의
90%를 야기하는 타고난 성격상의 특징이다. 저녁 9시경에 협동가형
의 친구에게 전화로 누군가가 그 때문에 몹시 화났다고 말하는 아주
흥미롭고 효과적인 농담을 하는 한 기업가형 인물을 안다. 전화를 받
은 그 협동가형 친구는 성격상 항상 남에게 기쁨을 주고자 하기 때
문에 아마 밤새 잠을 못 이룰 것이다. 반면에, 기업가형은 누군가가
자기 때문에 안절부절못한다는 사실을 알면서도 어린아이처럼 잠을
잘 잘 것이다.

모든 사람에게 기쁨을 주려 하기 때문에, 협동가형은 종종 의사결
정에도 어려움을 겪는다. 그들은 누구라도 그들이 내린 결정 때문에
마음상하지 않기를 바란다. 또한 그들은 자기 감정을 잘 드러내지도
못한다. 결코 협동가형이 보이는 미소를 그다지 신뢰해서는 안 된다
고 미치는 말한다. 그들은 당신에게 상냥한 미소를 띠면서 당신을 암
살할 계획을 세울 수도 있다. 그들은 자신의 본심을 잘 드러내지 않
으며, 대개는 당신이 듣고 싶어 하는 말만 한다.

다음은 인간관계에 있어서 협동가형이 공통적으로 지닌 약점이다.

- 꾸물거린다.
- 솔직하고 직선적인 태도를 싫어한다.
- 과민하다.
- 우유부단하다.
- 지나치게 심각하다.
- 다수를 따르고자 한다.
- 모험을 두려워한다.
- 끊임없이 확인을 요구한다.
- 다른 사람을 기쁘게 하려고 한다.

개선할 부분

협동가형은 가장 먼저 문제를 객관적인 방식으로 다루는 법을 익혀야 한다. 그들은 의견일치를 지나치게 강조하거나 쉽게 상처를 받기 때문에 진행 과정에서 난맥에 빠질 수도 있다. 그들은 의견이 일치하지 않는 문제를 개인적으로 다루지 않고, 비판을 감정적으로 처리하지 않도록 노력해야 한다. 어떤 사람이 하는 말은 당신 개인을 공격하기 위해서가 아니라 단순히 그 과정을 개선하기 위한 것일 수도 있다. 협동가형은 보다 더 단호해질 필요가 있다. 그들은 종종 행동으로나 말로 자신의 생각을 표현할 때 물음표를 붙인다. 마치 이런 말을 하듯이 "죄송합니다 …… 이렇게 말해도 될까요?" 확신과 결단력 있게 말하는 법을 배워야 한다.

🔭 기업가형

강점

- 결과 지향적이다.
- 경쟁적이다.
- 시간관념이 철저하다.
- 솔직하다.
- 위험을 감수한다.
- 압력을 잘 견딘다.

약점

- 사람에 대한 참을성이나 절차에 대한 인내심이 없다.
- 질보다는 속도를 중시한다.
- 지나치게 개인적이다.
- 마찰을 일으키거나 요령이 없다.
- 독단적인 경향이 있다.

개선점

- 사람에 대한 참을성과 진행 과정에 있어서 인내심을 더 보여준다.
- 보다 많은 격려와 지원을 보여준다.
- 진행하기 전에 다른 사람에게 자기 생각을 확실히 알려준다.
- 경청한다.
- 세부적인 작업은 도움을 구한다.
- 다른 사람을 참여시킨다.
- 존경심을 갖고 사람을 대한다.

강점

기업가형은 결과 지향적이다. 따라서 그들의 강점에는 활동력이 엿보인다. 기업가형은 천성적으로 경쟁적이며 이기고 싶어 한다. 그들은 시간관념이 철저하여 가능한 짧은 시간 안에 많은 일을 하고자 한다. 결과적으로 그들은 한 번에 여러 가지 과제나 프로젝트를 병행해서 하는 일에 능하다. 그런데, 이러한 병행 작업이 종종 인간적인 관점을 선호하는 협동가형을 공격하기도 한다.

기업가형은 위험을 감수하며, 변화를 즐긴다. 그들의 모토는 이런 것이다. "아무도 달성하지 못한 일이라면, 우리가 하자. 우린 충분히 오랫동안 해왔다." 기업가형은 혁신적으로 사고하기도 한다. 또 다른 기업가형의 독특한 특징은 압력 속에서도 잘할 수 있는 능력이다. 기업가형은 다른 성격유형의 사람에게는 긴장과 혼란을 유발했을지도 모르는 압력이 많은 상황에서 특히 탁월한 능력을 발휘한다. 우리는 종종 청중에게 만약 건물에서 화재가 난다면 기업가형 인간을 뒤따르라고 말한다. 그들이 건물을 빠져나오는 가장 빠른 길을 찾을 것이기 때문이다. 당신은 함께 남아 있지 못해서 미안하다며 모든 사람들에게 용서를 구하는 협동가형의 뒤를 따르고 싶지는 않을 것이다. 또한 소방규정을 하나하나 설명하거나 사람을 가나다순으로 일렬로 세워놓는 분석가형을 따르고 싶지도 않을 것이다. 그리고 불 속에서 핫도그나 마시멜로를 익히며 "잘 익어. 아주 잘 익는군!" 하는 반응을 보이는 동기부여자형을 결코 따르고 싶지 않을 것이다.

기업가형은 현실적이고 근면하며, 수완이 뛰어난 경향이 있다. 그들은 결과만을 얻고자 한다.

약점

기업가형의 아킬레스건은 사람에 대한 참을성 부족과 진행 과정에 대한 성급함이다. 일은 절대 기업가형이 원하는 속도대로 움직이지 않는다. 그래서 결국, 기업가형은 좌절하고 더 강하게 밀어붙이기 시작한다. 그들은 "이봐, 당신도 진실을 원하잖아, 아니야?"라고 하며, 가혹하고 무뚝뚝하며 마찰을 일으키는 경향이 있다.

종종, 급한 성미 때문에, 그들은 개인적인 방식으로 일에 접근하고자 한다. 우유부단한 사람이나 현상유지를 원하는 사람 때문에 지연되는 것을 원하지 않기 때문이다. 기업가형은 자신이 책임자의 위치에 있을 때 가장 행복해하기 때문에 독단적인 경향이 있다. 우리는 기업가형의 사람들에게 왜 그렇게 모든 상황을 떠맡고 싶어 하는지 물어보았다. 그중 한 사람이 전형적인 기업가형 말투로 대답했다. "이봐요. 나는 이걸 진짜 간단하게 처리할 수 있단 말이오. 다른 사람들은 멍청해. 알아듣겠소?"

인간관계에 있어서 일반적인 기업가형 약점은 다음과 같다.

- 무뚝뚝하다/둔하다.
- 성급하다.
- 독단적이다/생색을 낸다.
- 긍정적인 반응을 잘 보이지 못한다.
- 최후통첩을 하는 경향이 있다.
- 대립적인 표현을 한다.
- 쓸데없이 경쟁적이다.
- 경청하지 못한다.
- 빨리 끝내려는 충동이 있다.
- 위험을 감수하지 않으려는 사람을 보면 실망한다.
- 빈정거린다.

개선할 부분

기업가형은 사람을 끌어 모아 참여시킬 필요가 있다. 어떤 기업가형의 사람이 말한 바와 같이 "무뚝뚝한 개인주의자는 결국 외로운 존재가 될 것이다." 다른 사람 때문에 일이 느려지지만, 다른 사람이 참여해서 더 나은 결과를 창출할 수 있다는 점을 기업가형도 알고 있을 것이다.

기업가형은 더 많은 존경과 재치, 외교적 수완을 보여주도록 신경을 써야 한다. 어떤 것은 말할 필요도 없이 사실일지도 모른다. 그들은 거칠고 투박하게 대화하는 습성을 부드럽게 만들 필요가 있다. 기업가형은 행동으로 옮기기 전 — 사람들에게 (빈정대지 않고) 격려를 해주면서 — 다른 사람들에게 자신의 비전을 보여줄 필요가 있다.

마지막으로, 기업가형은 세세한 부분에서 남의 도움을 받을 필요가 있다. 시시콜콜한 부분이 커다란 문제를 일으킬 수도 있다. 기업가형은 큰 그림을 다룰 때 가장 편안해 하지만, 시시콜콜한 부분에서 다른 사람의 도움을 얻지 못하면 좌절하거나 태만해진다.

🔬 분석가형

강점

- 정확하다.
- 증거와 정당성을 찾고자 한다.
- 단계적으로 일을 계획한다.
- 사실에 주목한다.
- 양보다 질에 신경 쓴다.
- 자신이나 다른 사람에게 높은 기준을 세운다.

약점

- 비관적인 경향이 있다.

- 비판적이고 평가하기를 좋아한다.
- 자발적이지 못하다.
- 융통성이 없다.
- 지나치게 분석적이다.
- 비인간적일 때도 있다.

개선점

- 새로운 생각이나 일하는 방식을 개방한다.
- 사람을 있는 그대로 받아들인다.
- 좀 더 따뜻하고 호의적으로 행동한다.
- 판단을 자제한다.
- 스트레스를 조절한다.
- 능률적으로 의사소통을 한다.

강점

분석가형은 정확성을 지향한다. 따라서 그들은 일이 올바르게 되기를 원한다. 결과적으로, 그들은 어떤 증거자료나 데이터, 평가를 꼼꼼히 챙기는 사람이다. 그들은 사물이나 사람에 대한 사실에 초점을 맞추는 경향이 있다. 그들은 질을 따지며, 일차적으로는 스스로에 대해 그리고 부차적으로는 같이 일하는 다른 사람에 대해 높은 기준을 설정해두고 있다. 그들은 최선을 다해 제대로 일하지 않는 사람을 이해하지 못한다.

분석가형이 없었다면 우리가 아는 이 세상 모든 것이 자멸할 것이라고 말해도 틀리지는 않을 것이다. 그들은 세계를 설계하는 설계사이자 공학자이며, 일을 진행하고 제대로 완성하는 숙련된 건축가이자 교정자이며 전문가이다. 분석가형이 없다면, 우리는 품질 관리를 할 수 없을 것이다.

분석가형은 좋은 질문을 하고, 조심스럽게 계획을 하며, 후속 절차를 세심하게 관리한다. 그들은 일반적으로 성실하고 끈기가 있으며, 논리적으로 접근하고자 한다.

약점

분석가형의 아킬레스건은 회의적인 성향이다. 그들의 회의주의자적인 면모는 일의 진행 과정에서는 좋은 역할을 하지만 인간관계에서는 그렇지 못하다. 그들은 종종 약간의 실패에 대해서도 죄의식을 느끼며 다른 사람에게 어떻게, 그리고 왜 그들이 실패했으며, 누가 책임을 져야 하는지를 이야기한다.

또한 분석가형은 비판적이며 판단을 내리려는 경향이 있다. 그들은 세상을 흑백논리로 보며, 회색지대에서 간섭하는 사람을 참지 못한다.

분석가형은 결코 "서둘러라"라는 말을 듣고 싶어 하지 않는다. 급하다는 어떤 암시도 듣고 싶어 하지 않는다. 그러면 그들은 즉각적으로 '분석마비'*라는 증상으로 고통당할 것이다. 그들이 일할 시간이 줄어들면 들수록 스트레스 호르몬이 그들의 인지능력을 마비시킨다. 그들은 사람들이 뭔가를 신속하면서도 잘 할 수 있다는 것을 믿지 않는다.

분석가형은 융통성 있게 접근하지 못하는 경향이 있다. 그들에겐 자신의 사고방식을 바꾼다는 것이 어려운 일이다. 따라서 그들은 자신이 현재 생각하는 관점을 방어하기 위해 열정적으로 노력할 것이다. 또한 분석가형은 어떤 사실이나 세부사항, 절차 등에 지나치게

---

* 지나친 분석에 따른 무능력 현상.

신경 쓰고 인간적인 부분을 무시하기 때문에 결과적으로 인간관계에서 곤란을 겪을 수도 있다.

인간관계에 있어서 일반적인 분석가형의 약점은 다음과 같다.

- 비인간적인 면모와 접근방식을 보인다.
- 사람보다 과정에 가치를 둔다.
- 변화를 싫어한다.
- 비관적인 시각을 갖는다.
- 시각을 바꾸는 데 시간이 걸린다.
- 방어적이다.
- 쉽게 자기정당화를 한다.
- 지적 오만에 차 있다.
- 비판하고 판단하려는 경향이 있다.
- 압력을 받으면 긴장하고 침착성을 잃는다.

개선할 부분

분석가형에게 가장 필요한 것은 사람에 대해서 그리고 일의 절차에 있어서 유연성을 높이는 것이다. 새로운 생각이나 새로운 일의 방식을 개방적으로 수용하는 것이 중요하다. 사람이나 일의 과정이 직선 코스를 벗어나더라도 당황하지 않는 것이 중요하다. 분석가 유형 중 다수는 현 사안이 예상범위를 벗어나면 긴장하고 실망하는 경향이 있다. 따라서 스트레스를 통제할 수 있는 범위 내에서 일할 필요가 있다.

분석가형은 또한, 인간관계 기술을 개선할 필요가 있다. 미소를 짓거나 소리내어 웃거나, 열정을 드러내는 것도 좋다. 판단을 자제하고 다른 사람을 있는 그대로 받아들이며 좀 더 따뜻함과 애정을 표현해야 한다.

🌀 동기부여자형

강점

- 열정적이고 활력이 넘친다.
- 다양함을 좋아한다.
- 우호적 분위기를 만들려고 애쓴다.
- 설득력이 있으며 표현을 분명히 한다.
- 즉흥적이다.
- 잘 웃으며 재미를 즐긴다.
- 융통성이 있다.
- 낙천적이다.

약점

- 충동적이다.
- 규율과 마무리가 부족하다.
- 쉽게 지겨워한다.
- 여러 일을 동시에 진행할 수 있지만, 끝내는 것은 몇 안 된다.
- 분석하지 않는다.
- 변덕스럽다, 그래서 약속을 쉽게 잊어버린다.
- 과다하게 정열을 쏟아 붓는다.
- 작은 것을 혐오한다.

개선점

- 일을 계획하고 끝까지 관여한다.
- 약속은 신중하게 한다.
- 조직적인 지원을 받는다.
- 경청하되 논평은 삼간다.
- 남의 공로를 가로채지 않는다.

강점

동기부여자형은 활력 있는 일을 지향한다. 그들은 타고난 사회적 인간이기 때문에, 융통성 있고 우호적이며, 재미있는 사람을 상대하길 좋아한다. 그들은 삶과 일을 즐겁게, 그리고 닥치는 대로 접근하기를 좋아한다.

동기부여자형은 사람들과 대화하고 함께 어울리며, 다른 사람을 설득하여 그들이 원하는 방향으로 이끄는 것을 즐긴다. 그들은 천성적으로 흥분을 잘하며 열정을 발휘하는 재주가 있다. 동기부여자형은 충동적이며, 도중에 쉽게 변하기도 한다. 또한 여러 가지 다양성을 즐기기 때문에 단조로운 일에는 쉽게 싫증낸다.

동기부여자형은 원래 낙천적이어서 항상 장애물보다는 가능성을 보는 경향이 있다. 동기부여자형은 다른 사람에게서 긍정적인 활력소를 찾고자 하기 때문에 비난이나 회의, 냉소적인 반응에는 금방 불쾌해 한다. 동기부여자형은 항상 활력이 있으며, 타고난 카리스마를 갖고 분명하고 매력적으로 일에 접근한다.

약점

동기부여자형의 아킬레스건은 충동이다. 그들은 때때로 보기도 전에 뛰는 잘못을 저지른다. 동기부여자형 중 다수는 다음과 같은 좌우명을 갖고 살아간다. "준비, 발사, 조준!" 그들은 이따금씩 방아쇠를 너무 빨리 당긴다. 반면, 협동가형은 "당신의 방식이 그렇다면, 준비하고, 조준, 발사하세요"라는 식으로 접근할 것이다. 또 분석가형은 "준비, 조준…조준…조준…이라, 아직도 이런 옛날 규정을 지켜야 하나?"라고 할 것이며, 기업가형은 아마 "준비"도 빼먹고 바로 "발사!"를 외칠 것이다.

동기부여자형은 종종 무책임한 생각 때문에 (실언으로 이어지기 때문에), 나중에 후회할 말을 무심결에 내뱉는다. 또한 동기부여자형은 압박을 받으면 지나치게 공격적으로 말하면서 대화를 지배하려 하고, 다른 사람이 말할 때 제대로 집중하지 못하는 경향이 있다.

대다수의 동기부여자형은 문서작업이나 어떤 주어진 임무를 완수해야 하는 일을 싫어하여, 조직적이며 세부적인 문제에 힘들어 한다. 그들은 일을 끝내는 것보다 시작하는 것을 더 좋아한다.

또한 동기부여자형은 꽤 변덕스럽기도 한데, 이 때문에 그들은 쉽게 잊어버릴 약속을 많이 한다. 이것은 인간관계에서 갈등을 야기할 가능성이 크다. 이런 갈등이 생기면, 동기부여자형은 거기에 정면대응하기를 꺼린다.

인간관계에 있어서 일반적인 동기부여자형 약점은 다음과 같다.

- 쉽게 지겨워한다.
- 충동적이다.
- 뒤처리를 잘 못한다.
- 지키지 못할 약속을 자주 하며 잘 어긴다.
- 조직적이지 못하다.
- 설득을 위해 아첨을 잘한다.
- 갈등에 부딪히는 것을 꺼린다.
- 부적절한 말이나 불쾌한 행동을 한다.
- 대화를 지배하려 한다.
- 남의 이목이나 인정을 받는 것을 지나치게 원한다.
- 목적달성을 위해 교묘한 설득을 한다.
- 규율과 자제력이 부족하다.
- 남의 공로를 가로챈다.

개선할 부분

동기부여자형은 약속을 지키고, 과제와 직무에 열중하며, 의사소통을 끝까지 하는 훈련을 할 필요가 있다. 많은 동기부여자형은 조직적인 일이나 세부적인 작업에 있어서는 남의 도움을 받는 편이 현명하다.

동기부여자형은 착안한 일을 실행에 옮기기 전에 요모조모 잘 따져볼 필요가 있다. 그들은 다른 사람이 얻어야 할 공로를 빼앗지 않도록 조심해야 한다. 또한, 과거의 이미지를 탈피하고 보다 진지하게 사람을 대할 필요가 있다.

다음 장에서는 당신이 상대하는 사람을 정확히 파악하기 위해 시각적, 언어적 기호를 읽어내는 방법에 대해 알아볼 것이다. 고객의 성격 DNA에 연결될 수 있게 의사소통 과정을 조율하기 전에, 당신은 먼저 그 고객이 어떤 성격의 소유자인지를 은밀히 알려주는 여러 신호를 익혀야 한다.

18 고객을 알아야 고객을 주도한다

성격유형의 신호 파악하기

앞서 언급한 바와 같이, 한 연구팀은 재무상담사와 고객이 각각 이야기하는 시간분량을 파악하기 위해 1,000건의 판매 인터뷰를 조사했다. 누가 더 많은 말을 했겠는가? 총 60초 중 49초를 재무상담사가 이야기했다.

전형적인 영업조직의 문제점 중 하나는 판매자가 대개 매우 열정적인 사람이라는 점이다. 하지만 그러한 열정 때문에 그들이 일을 잘할 수도 있겠지만, 많은 사람이 영업을 말로 하는 것이라고 믿게 만든다. 그러나 사실은 우리가 물건을 팔기 위해서는 먼저 경청해야 한다. 듣기도 전에 말부터 한다면, 이는 씨앗을 뿌리기 위해 땅을 파는 것이 아니라, 그다지 비옥하지도 않은 땅에 씨앗을 그냥 내던지고 있는 것과 같다. 우리는 하고자 하는 이야기에 너무 열을 올린 나머지, 우리가 말하는 상대가 누구인지 파악하기 위해 땅을 파기도 전에 이야기를 시작한다.

제6장에서, 우리는 MVP접근법 — 고객과 지속적으로 관계를 갖는 전략 — 을 소개했다. 그 각 단계를 다시 한 번 살펴보자.

고객에게 영향을 미치는 가장 바깥 원에는 의사소통을 하고 다른 사람에게 판매를 하기 위해 배워야 할 방법이 있다. 이것은 고객과의 관계형성에 있어서 우리가 배우는 기본적인 기술이다.

그 아래 단계가 가치관이다. 고객의 가치관을 파악할 수 있는 가장 좋은 방법은 그들의 경험을 듣는 것이다. 고객에게 물어볼 수 있는 가장 좋은 질문 내용으로는 그들이 태어난 곳, 그들이 자란 곳, 그리고 그들이 일하는 곳 등이 있다. 이런 질문을 통해, 우리는 개개인이 저마다의 경험이 있다는 것을 알게 된다. 당신은 그들이 인생에서 원하는 바가 무엇이며 누구와 함께 일하고자 하는지 알게 될 것이다. 고객의 가치관을 파악하기 위해 촉각을 곤두세우는 자세가 중요하다.

가장 중심에 있는 것이 성격 — 우리가 성격 DNA라 부르는 것 — 이다. 아무리 노력해도 자신의 현재 성격을 버릴 수 있는 사람은 없다. 이미 앞서 우리는 인간관계를 형성할 때 알아야 할, 단순하면서도 매우 찬란한 보석 같은 지혜를 알아보았다. 그것은 바로 "모든 사람을 최고(10)로 대우하라"라는 것이다. 이것은 보 데릭의 오래된 영화에서 나오는 말이다. 하지만 만나는 사람마다 최고로 대하는 사람은 거의 없다. 우리는 모두 사람에 대해 편견을 가지고 있다. 우리는 이 사람은 저 사람보다 더 중요하다고 생각한다. 우리는 외모나, 어투, 출생지, 거주지 등에 따라 편견을 갖고 사람을 판단한다. 그래서 우리는 당신이 그런 편견을 극복하고 모든 사람을 최고로 대우할 수 있는 방안을 제시할 것이다. 어떻게 그럴 수 있을까? 고객의 핵심 성격을 파악하고 친밀해지면 된다. 이 장과 다음 장에서 이 부분을 다룰 것이다.

각 성격유형의 핵심을 살펴보자. 우리는 그것을 레이더에 비유해볼 수 있다. 각 성격유형에는 하나의 안테나가 있다. 당신이 회의실 안으로 들어갈 때, 자신의 안테나가 무엇을 찾고 있는지 물어보라. 협동가형이 회의실 안으로 들어간다면, 그들은 어떤 감정을 찾는다. 그들의 주요한 관심사는, 다른 사람에게 어떤 식으로 표현할까 하는 감수성의 문제에 있다. 기업가형의 안테나는 — "내가 결과를 얻는 데 당신이 도움이 될까?"라는 식으로 — 결과를 위해 작동한다. 만약 당신이 분석가형과 함께 한다면, 그들은 정확성을 추구하기 위해 안테나를 세울 것이다. "이게 올바르게 될까?" 경험상 당신은 두 가지 단어 — '올바른'과 '주의' — 만 사용하면 분석가형을 이길 수 있다. 이렇게 말해보라. "우리는 이게 올바르게 될 것인지 확인하려고 합니다." 그리고 "주의하세요" 동기부여자형은 활력을 찾기 위해 안테나를 세운다. "당신이 협상에 얼마나 활력을 쏟을 수 있는가?" 그리고 "당신은 얼마나 긍정적인 사람인가?"

바람직한 관찰자 되기

우리의 목적은 당신의 관찰기술이 향상되도록 돕는 것이다. 대부분의 사람이 인간관계에 성공하여 강한 연대감을 형성하지 못하는 주된 이유는 사람에 대한 관찰능력이 부족하기 때문이다. 통상 재무상담사가 60초 중 49초를 혼자 떠들었다는 연구결과를 보라. 재무상담사가 대화하는 동안 거의 혼자 떠든다면 상대방을 관찰하기란 쉽지 않을 것이다. 입으로 말하는 동안은 거의 아무 것도 배우지 못한다. 승자는 관찰하는 사람이다. 사람들이 관찰하지 않는 이유는 그들이 무엇을 찾아야 할지 모르기 때문이다. 우리는 이제 우리가 찾아야 할 대상 — 즉, 고객의 동기요인, 가치관, 성격 — 을 안다. 이 장에서는, 그중 성격에 대해 집중적으로 언급하겠다.

관찰능력을 향상시키기 위해서는 고객, 혹은 잠재고객의 성격유형을 재빨리 파악하는 법을 배워야 한다. 이 기술은 아주 간단하다. 복잡하게 들릴지도 모르지만, 주위에 있는 사람들을 관찰하고 그들이 보내는 신호를 파악한다면, 당신은 사람들을 파악하는 게 얼마나 쉬운지를 알고 머리를 절레절레 흔들 것이다. 그러고 나면 이 기술을 상품판매에 어떻게 활용할 것인가에 대해 자연스럽게 배우게 되는데, 이 부분, 즉 각 성격유형에 따라 판매제안을 하는 방법에 대해서는 제19장에서 다룰 것이다.

인식도구

궁극적으로, 우리의 목표는 당신이 이런 관찰을 직관적으로 할 수 있게 만드는 것이다. 당신이 어떤 사람에게든 다가가 말을 건네고, 그들이 말하는 방식과 표정을 관찰하여 이를 기억한 후, 파악한 그들의 핵심 성격에 맞춰 대화를 진행할 수 있도록 하는 것이다. 그 과정에서 우리는 당신에게 '고객 대화 프로파일'(<그림 18-1>과 <그림 18-2> 참조)이라는 것을 제시할 것이다. 당신이 잠재고객을 상대할 때 그들의 성격을 파악하고자 한다면 이 프로파일을 활용할 수 있다. 고객과의 대화가 끝난 후 대화내용을 바탕으로 이 프로파일을 채워보면, 그 고객의 성격유형을 파악할 수 있는 여러 징후를 보게 될 것이다.

<그림 18-1> 고객 대화 프로파일

고객명: _____

작성 방법: '적절' 칸에서 당신의 고객과 가장 가까운 항목에 밑줄을 그으시오. '부적절' 칸에는
당신의 고객과 가장 거리가 먼 항목에 밑줄을 그으시오.

신체언어 및 목소리

1. 음의 고저	적절	부적절	6. 질문형태	적절	부적절
· 범위가 제한됨	T	T	· '어떻게'라 물음	T	T
· 특정단어에서는 높음	E	E	· '핵심'으로 곧장 감	E	E
· 단조로움	A	A	· 정보를 모음	A	A
· 아주 폭 넓음	M	M	· 인간적 문제에 주목함	M	M
2. 어조	적절	부적절	**7. 청취형태**	적절	부적절
· 상냥함	T	T	· 수용적임	T	T
· 퉁명스러움	E	E	· 조바심을 내며 당돌함	E	E
· 자제되고 날카로움	A	A	· 많은 관심을 보임	A	A
· 우호적이며 즐거움	M	M	· 감동함/활력을 억제함	M	M
3. 말의 빠르기	적절	부적절	**8. 제안에 대한 반응**	적절	부적절
· 느리고 한결같음	T	T	· 고개를 끄덕이며 협조적임	T	T
· 빠르지만 중간에 끊어짐	E	E	· 끼어 듦/빨리 결론 내림	E	E
· 느리고 조심스러움	A	A	· 회의적이고 주저하며 조심함	A	A
· 크고 빠름	M	M	· 감정을 표현하며 솔직함	M	M
4. 대화방식	적절	부적절	**9. 눈과 표정의 언어**	적절	부적절
· 붙임성이 있음	T	T	· 관심어린 눈, 쉽게 얼굴 붉힘	T	T
· 자신 있고 과감하며 솔직함	E	E	· 날카로운 눈, 자신있는 태도	E	E
· 신중하며 말수가 적음	A	A	· 뚫어지게 보며, 포커페이스	A	A
· 자유롭고 거침이 없음	M	M	· 행복한 눈, 큰 미소	M	M
5. 대화 중에 고객은	적절	부적절	**10. 몸짓**	적절	부적절
· 조용하며 수동적임	T	T	· 공손하며, 순응적임	T	T
· 결론으로 바로 감	E	E	· 불안하고, 긴장함	E	E
· 이야기의 전환에 불편해 함	A	A	· 신경질적이고, 긴장함	A	A
· 분위기를 지배하고자 함	M	M	· 쉬 흥분하고 몸짓을 많이 함	M	M

<그림 18-2> 고객 대화 프로파일—점수표

작성 방법: '적절'란에 있는 문자를 세어 아래 표에서 해당하는 문자에 기록하시오(여기서 주 역할과 보조 역할을 찾는다). 다음으로 '부적절'란에 있는 문자를 세어 해당하는 문자에 기록하시오. 마지막으로, 주 역할(최고점수), 보조 역할(두번째 높은 점수), 기피 역할(가장 낮은 점수) 및 그 점수를 구하시오(이전에 점수화된 사례를 참고).

점수판	
적절:	T = E = A = M =
부적절:	T = E = A = M =
주 역할: '적절'란의 최고점수	*
보조 역할: '적절'란의 두번째 높은 점수	*
기피 역할: '부적절'란의 최고점수	*

지금 당장 시간을 내서 당신이 인간관계를 맺고자 하는 고객을 생각해보라. 그 사람과 최근에 나눴던 대화를 떠올리면서 이 프로파일을 채워 보라. 그리고 다 채운 후, TEAM 역학 성격분석과 같은 방식으로 점수를 집계해보라. T, E, A, M의 점수를 합산하라. 그러면 총점을 통해 그들의 주 역할과 기피 역할을 알게 될 것이다.

당신 생각에 지금 막 당신이 평가한 사람에 대한 결과가 생각대로 나온 것 같은가? 고객 대화 프로파일은 당신이 상대하는 고객을 움

직이는 것이 무엇인지 밝혀낼 수 있는 신속한 방법이다. 이 평가가
제대로 들어맞는 이유는 성격이란 무의식중에 드러나기 때문이다.
이를 통해 개인의 성격 경향이 심리적 DNA에 청사진처럼 찍혀 있
다는 점을 알 수 있다. 우리의 성격유형은 우리의 눈과 태도, 얼굴,
대화방식, 질문방식에 따라, 그리고 목소리의 고저나 빠르기 속에 담
겨 있다. 우리의 핵심 성격은 일상적인 버릇을 통해 자연스럽게 드러
난다.

우리는 각 성격그룹에 해당하는 고객을 카메라를 앞에 두고 인터
뷰했다. 테이프를 보고 난 후, 우리는 고객이 대본대로 이야기한 것
이 아닌가 착각할 정도였다. 왜냐하면 각 성격그룹의 사람들이 똑같
은 어조(語調)로 똑같은 답변을 했기 때문이다. 하지만 그들에겐 대본
이 없었다. 그들은 단지 우리가 한 질문에 자연스럽게 반응했을 뿐이
었다. 우리는 그들에게 어떤 자질을 갖춘 재무상담사를 원하는지 물
었고, 그 질문에 대한 답변으로 그들의 성격유형을 파악할 수 있었
다. 우리는 이 테이프를 재무상담사에게 보여주면서 이런 기술을 훈
련했고, 그들은 성격유형이 얼마나 분명하게 드러나는지를 직접 볼
수 있었다.

지금 당장 관찰을 시작하라. 이 책을 내려놓자마자 당신의 관찰력
을 발휘해보라. 태도, 눈, 얼굴, 몸짓, 대화방식, 질문태도, 어조 등을
잘 살펴보라. 그리고 머릿속으로 기억하라. 두서없이 대화만 하지 마
라. 관찰하라!

<그림 18-3> 대화상의 단서: 협동가형

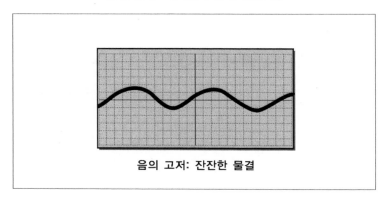

음의 고저: 잔잔한 물결

협동가형

이제 협동가형에게서 보이는 시각적 단서를 찾아보자.

- 행동은 우호적이지만, 다소 활기가 없다.
- 조용하고 수동적이다.
- 부드럽고, 관심을 표하며, 친근한 눈을 가졌다.
- 위협적이지 않으며, 일반적으로 다른 사람의 지시를 따르고자 한다.
- 다른 사람의 버릇을 모방하는 경향이 있다.

협동가형임을 확인하기 위해 살펴볼 단서 중 하나는 고갯짓이다. 무의식적으로 머리를 끄덕이는 사람은 거의 대부분 협동가형이다.

각 성격그룹의 고객과 카메라 인터뷰를 하면서, 우리는 협동가형이 질문에 답한 후 "제 답변이 괜찮았나요?"라고 묻는 듯 미심쩍은 표정으로 질문한 사람을 자주 쳐다보는 것을 관찰했다. 그들은 감탄사가 아닌 물음표로 말을 마쳤다. 그들은 때때로 동의를 구하고자 하는데, 이러한 경향은 쉽게 버릴 수 없는 협동가형의 단면 중 하나다.

그들에게 무얼 들었는가? 협동가형은 대화에서 호응을 잘하고, 정중하며, 협조적이다. 그들의 질문유형을 살펴보라. "당신은 저에게 뭘 기대하시나요?" "제가 당신께 뭘 해드릴까요?" "어떻게 절 도와주시겠습니까?"와 같은 역할 지향적인 질문을 듣게 될 것이다. 우리는 이것을 우호적인 질문이라고 한다.

고객의 어조에 귀 기울이는 것도 중요하다. 만약 당신이 고객을 성격에 따라 분류한 후, 그들의 대화를 녹음하여 청력계로 재본다면, 당신은 아마 각 성격유형별로 일정한 패턴의 그래프를 볼 수 있을 것이다. 협동가형(<그림 18-3> 참조)의 패턴은 너무 높지도 낮지도 않은, 잔잔한 물결처럼 느리며 일정하다.

기업가형

기업가형은 그들의 신뢰수준이 목소리에서 크고 분명하게 나타난다. 사업 세계에서 기업가형은 많은 일을 조정하는 사람이다. 기업가형을 이기기 위해 기억해야 할 법칙은 마크 트웨인의 저서에 나온다. 당신은 아첨과 비난 사이의 아슬아슬한 길을 걸어야 한다. 기업가형은 함께 있으면서 듣고 싶은 말만 하는 사람에게는 관심이 없다. 반대로, 그들은 스스로를 신이 세상에 준 선물이라 생각하기에 — 그렇게 말하는 사람은 그리 많지 않기에 — 어느 정도는 아첨할 필요가 있다. 그러면서도 기업가형은 자신을 비난할 만큼 힘있는 사람을 존경한다. 하지만 그렇다고 너무 빨리 비난하는 실수를 저질러서는 안 된다는 사실을 명심하라.

기업가형에게서 찾을 수 있는 시각적 단서는 다음과 같다.

<그림 18-4> 대화상의 단서: 기업가형

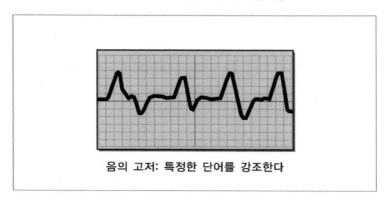

음의 고저: 특정한 단어를 강조한다

• 솔직하고 경쟁적이다.
• 눈은 레이저처럼 날카로우며 바쁘게 움직인다.
• 때때로 히죽거리며 웃거나 머리를 곧추 세운다.
• 턱을 치켜든다.

  기업가형을 식별해내고 싶다면, 포커 판에서 매우 좋은 패를 가진 사람의 표정을 생각해보면 된다. 기업가형은 아직 보여주지 않은 대단한 패를 가지고 있다는 듯 웃는 인상을 보여주려 한다. 심지어 그런 패가 없을 때조차도 그런 것 같은 인상을 주려 한다.

  기업가형은 쉬지 않고 항상 행동할 준비가 되어 있다. 언제든지 공격할 채비를 갖춘 독사를 생각해보라. 대화를 하다보면 그들이 결론까지 몰아붙이는 것을 듣게 된다. 기업가형은 빠른 속도로 대화를 진행하며 끊임없이 끼어들기로 유명하다. 기업가형은 대립적이다. 그들은 어떤 기지를 발휘하거나 절충하기 위해 대립하는 것이 아니라, 빨리 결론을 내기 위해 대립한다. 그들은 말하다 말고, 때때로 "결론이 뭐죠?" 또는 "얼마나 걸려요?"와 같이 시간과 결과를 묻기도 한다.

기업가형과 분석가형은 모두 표정관리에 능하기 때문에 이따금씩 양자간의 신체언어를 구별하는 것이 어려울 때가 있다. 그러나 우리는 기업가형과 분석가형의 접근방법이 사뭇 다르다는 것을 안다. 두 성격유형은 속도와 정확성에 대한 선호도가 다르다. 기업가형은 빠른 결론을 원하지만 분석가형은 정확한 결과를 원한다. 이러한 속도 차이로 그들을 구분할 수 있다.

기업가형과 분석가형을 구분하는 또 다른 방법은 어조이다. 분석가형은 어조를 매우 잘 조절한다. 기업가형도 마찬가지이긴 하지만, 당신이 그들의 어조가 평탄하게 안정됐다고 생각하는 바로 그 순간 그들은 큰소리를 한마디 날릴 것이다(<그림 18-4> 참조).

분석가형

분석가형 고객임을 알 수 있는 단서로는 어떤 것이 있을까? 무엇보다도 그들의 눈을 보라. 그들의 눈은 너무나 진지하고 강렬하여 마치 그 속에서 물음표를 볼 수 있을 정도다. 그들의 눈은 "여기서 말하려는 게 뭐죠?"라고 묻는 것 같다. 그들의 눈은 명쾌함을 찾는 듯하다. 그들은 "한 번 더 설명해주세요"라는 듯한 표정을 짓는다. 분석가형이 당신에게 보여주는 시각적 단서는 다음과 같다.

- 신중하며, 말수가 적고, 신경을 많이 쓴다.
- 눈은 뚫어지게 자세히 살피며, 가늘게 실눈을 뜨고 본다.
- 표정관리를 잘하여 감정을 드러내지 않는다—포커페이스.
- 자세가 매우 굳어 있다.

분석가형의 대화는 아주 사려 깊고 초점이 확실하다. 주목할 것은

<그림 18-5> 대화상의 단서: 분석가형

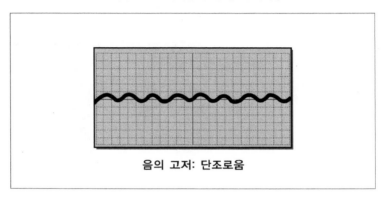

음의 고저: 단조로움

그들이 말을 하거나 단어를 선택할 때 머뭇거린다는 점이다. 기업가형은 다른 것을 위해 말을 빨리 끝내려 하지만, 분석가형은 그들이 생각하는 것을 표현하기 위해 정확한 단어를 꼼꼼하게 찾는다. 분석가형은 어떤 다른 성격유형보다도 질문이 많다. 그들은 세세한 부분에 대해 질문하기를 좋아하며, 누가, 무엇을, 언제, 어디서, 왜 등과 같은 단어로 질문을 시작한다. 그러나 그들이 하는 질문이 모두 "이렇게 하는 게 올바른가요?"라는 커다란 질문과 관련되어 있다는 점을 명심하라. 분석가형에게 '올바른'과 '주의'라는 단어를 사용하는 것은 정말로 효과가 있다.

당신은 <그림 18-5>에서 분석가형의 어조가 규칙적이고 때로는 단조로우며, 느리고 신중하며, 항상 통제되어 있다는 점을 알 수 있다. 명심하라. 분석가형에 관해서는 그들이 감정을 절제하려 한다는 점만 알면 된다.

동기부여자형

동기부여자형에게 인생은 즐거움을 찾는 여정이다. 당신은 그들의 신체언어에서 정말로 동작이 많다는 것을 관찰하게 될 것이다. 동기부여자형과의 대화는 마치 춤추는 것과 같다. 수많은 언어가 난무한다. 상당수 동기부여자형의 관점에서 보자면 일이란 단지 인생을 즐기는 가운데 생기는 어떤 것이다. 동기부여자형에 있어서 어떤 결론을 내리고, 계약서에 서명하고, 계약을 체결하는 일은 거의 중요하지 않다. "왜 또 이 얘기죠?"라고 그들이 물어볼지도 모른다. 그러고는 기억을 되살리며 말한다. "아! 그렇지, 해야죠." 동기부여자형임을 알 수 있는 시각적 단서는 다음과 같다.

- 자유로우며, 명랑하고, 활기가 넘친다.
- 눈은 행복해하며, 춤추는 것 같으며, 상당히 개방적이다.
- 얼굴표정과 몸짓은 따뜻하며 열정적이다.

동기부여자형과의 대화는 유연하면서 두서없이 흘러간다. 한 회의 석상에서 분석가형과 동기부여자형을 함께 관찰하는 것은, 당신의 일과 관련이 없는 회의라면 정말로 흥미롭다. 분석가형은 모든 것을 직선적인 방식으로 — 가, 나, 다, 라와 같이 — 다룬다. 반면, 동기부여자형은 직선적이라는 말 자체를 모른다. 동기부여자형의 경우 대화 중 어디서건 비약이 생긴다. 동기부여자형에게 알맞은 이야기는 핀볼게임 같은 것이다. 이런 두서없는 대화를 하면서도, 허풍을 떨며 "암 그렇지, 우리가 이 이야기를 하려고 했지"라며 그들의 입장을 밝힌다. 또한 동기부여자형은 안절부절못할 수도 있다. 왜냐하면 그들의 보닛 밑에는 활력이 너무 많이 있고 당신에게 보여주지 못한 재

<그림 18-6> 대화상의 단서: 동기부여자형

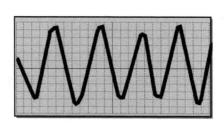

음의 고저: 전 범위에 걸침

능 또한 많기 때문이다.

동기부여자형은 성격의 힘으로 뭔가를 달성하려 한다는 사실을 명심하라. 그 때문에 분석가형과 동기부여자형은 말 그대로 서로를 싫어한다. 두 성격유형간의 차이를 더 잘 이해하려면, 이들이 결과를 얻는 경로가 서로 다르다는 점을 기억하면 된다. 분석가형은 일정한 과정을 거쳐 결과를 얻고, 그 명확한 과정을 규정한 후 거기에 집착한다. 반면에 동기부여자형은 성격의 힘을 믿기 때문에 과정을 중요하게 생각하지 않는다. 동기부여자형은 자신에게 매력과 카리스마가 있으면 다른 사람을 제압할 수 있으리라고 생각한다. 그렇다면 여기서 어느 쪽이 옳을까? 둘 다 옳다. 그들은 이제 서로 상대방을 다루는 법을 배워야 한다.

동기부여자형은 네트워크를 형성하는 것을 좋아하며, "누구와 일하는가? 누구를 아는가? 이 일이 얼마나 커질까?"와 같은 질문을 잘한다. 동기부여자형은 다른 사람에게 좋은 이야기를 하면 자신이 멋있어 보이는 것을 알기 때문에, 당신은 그들에게 다른 사람에게 들려줄 만한 이야기를 알려줌으로써 그들을 당신 편으로 만들 수 있다.

<그림 18-6>에서 보는 것처럼 동기부여자형의 어조는 전 영역에 걸쳐 고음과 저음으로 이루어진 광범위한 진폭을 보인다.

다른 사람을 파악할 때는, 진정한 마음의 창에 해당하는 눈부터 파악하라. 핵심 성격은 눈을 통해 알 수 있다. 한 개인의 핵심 성격은 자세나 표정, 말의 어조와 속도 등을 통해 저절로 드러난다. 이런 버릇을 예리하게 관찰해보면 흥미롭다. 당신은 자신의 눈으로 발견한 예측 가능한 신호를 인식하곤 즐거워할 것이다. 일단 고객의 성격을 알게 되었다면, 당신은 이제 특별한 제안을 할 준비를 제대로 한 셈이다. 이 방법에 대해서는 다음 장에서 언급하겠다.

19 성격유형별 설득 방법

　이 장에서는 개별적인 설득기회를 최대한 활용하고, 혼돈과 갈등, 오해를 최소화하면서 각 성격유형과 의사소통할 수 있는, 감성적으로 지적인 방법을 소개하고자 한다. 이러한 목표는 고객의 관점에서 시나리오를 생각하고, 신뢰와 협력을 높일 수 있게 대화하는 방법을 익히면 가능하다. 우리는 빈번히 투자상담사나 재무상담사가 고객보다 자신의 이익을 우선하는 것을 본다. TEAM 역학방식으로, 우리는 고객에게 우리가 그들의 핵심 니드와 불안 정도를 이해하고 있음을 확인시킬 수 있다. 이 방식은 분명 현재 고객과의 관계를 개선하며, 이 개선된 관계를 견고히 할 수 있는 발판을 제공할 것이다.

　현명한 재무상담사는 고객의 동작이나 반응으로 그들이 행동하고 의사소통하는 핵심 성격유형을 파악한다. 일단 고객의 성격을 알게 되면, 당신은 의사소통경로를 선택하여 명쾌하게 대화를 이끌며, 이해를 바탕으로 고객과의 팀워크를 형성할 수 있다.

많은 전문가가 저지르는 전통적인 실수는 그들의 의사소통방식에 고객이 모두 저절로 동조할 것이라고 예상한다는 점이다. 그렇지 않다. 이런 가정은 대화를 단절시키고, 재무상담사와 고객 간 관계의 중심에 있는 신뢰를 무너뜨린다.

이 장에서 당신은 고객과의 의사소통의 질을 높이기 위해 각 성격 유형별로 요구되는 미묘한 조율 과정을 배우게 될 것이다.

의사소통의 문제점과 장애물

다음 절에서 우리는 각 성격유형별 본성과 경향, 그리고 영업전문 가에게 필요한 설득 조정법, 그리고 고객이 감성적으로 안정감을 느끼는 데 영향을 미치는 단어나 어구 등을 집중적으로 살펴볼 것이다.

각 성격유형별로 선호하는 제안형태를 포함하여, 가장 편하게 여기는 의사소통방식도 소개할 것이다. 물론 좋아하는 것과 싫어하는 것을 비롯하여, 위험을 감수하는 수준, 각 성격유형별 의사소통에 있어서의 문제점 등에 대해서도 소개할 것이다.

우리는 수백 명에 이르는 각 성격유형별 집단을 대상으로 조사를 하면서 다음과 같은 질문을 했다. "재무상담사가 어떤 식으로 판매하길 바랍니까?" 이에 대한 의미 있는 상세한 대답이 아래에 이어질 것이다. 그들의 다양한 답변은 각 성격유형별로 설득에 대한 니드가 다양하다는 것을 반영한다. 고객의 성격유형과 적절한 투자 대상간 상관관계는 매우 높다. 예를 들어 협동가형과 분석가형은 천성적으로 위험을 기피하지만, 기업가형과 동기부여자형은 위험 앞에서도 불안해하지 않는다.

의사소통 접근방식을 바꾸는 방법은 간단해 보이지만, 고객이 당신이 제공하는 정보와 아이디어를 편안하게 받아들이는 데 도움을 줄 수 있기 때문에 그 효과 면에서는 대단하다. 당신은 이미 어느 정도 직관적으로 고객에게 이런 식의 조정을 해왔을 수도 있다. 다음에 나오는 정보는 이러한 의사소통전략을 확인시켜줄 것이다.

협동가형에게 판매하는 비법

협동가형을 상대할 때는 다음과 같은 설득지침을 명심하라.

- 고객이 말할 때 주의를 기울이며 관심을 표하라.
- 성실함을 보여라. 그들은 함께 일하기 전에 당신을 개인적으로 좋아하길 바란다.
- 사람에 대해 관심을 가지고 배려하라.
- 천천히 진행하라. 그들이 당신을 신뢰할 때까지 기다려라.
- 당신의 상품이나 서비스, 그리고 그 용도에 대한 느낌을 물어보라.
- 구매를 결정하도록 강요하지 마라. 압박하는 듯한 기법은 피하라.
- 협동가형은 상처받기 쉬우므로 신중하게 행동하라.
- 충분히 생각할 시간을 주어라.
- 당신에게 만족했던 고객에 대한 이야기를 하라.
- 약속을 하고 지키려 노력하라.
- 구체적인 단계와 시간 스케줄을 언급하라.

많은 협동가형 재무상담사는 우리에게 와서 그들이 계약을 마무리 짓는 데 얼마나 힘들었는지 이야기한다. 그러면 우리는 그들을 앉혀 놓고 우리 앞에서 다시 한 번 해보라고 한다. 열에 아홉은 회사에서 정한 틀에 박힌 방식으로 마무리를 하면서 시종일관 움츠리고 변명하는 듯한 눈빛을 보였다. 아마 고객도 그것을 보았을 것이다.

이런 재무상담사에게 보다 효과적인 것은 본인의 성격에 맞는 맞춤형 마무리 — "저는 고객님을 위하여 그렇게 하고자 합니다. 고객님께서 너무 바빠서 미처 확인하지 못한 세부적인 내용은 제가 전부 살펴볼 것입니다"라는 것을 고객이 알도록 하는 마무리 — 를 하는 것이다. 그들의 눈은 이제 이 마무리 발언에 몰두해 있다. 자신이 믿는 것을 말하지 않는다면, 계약을 마무리하면서도 그들은 눈으로 계속 변명을 할 것이다.

당신이 협동가형을 상대로 판매를 할 때 조정해야 할 중요한 점 몇 가지를 살펴보자. 천천히 진행하고 그들이 말할 때 주목하라. 만약 협동가형이 말할 때 주의를 기울이지 않는다면, 당신은 금방 그들을 잃게 될 것이다. 그들이 말할 때 다른 데 정신을 팔면, 그것으로 끝이다. 만약 당신이 동시에 여러 가지 일을 하길 좋아하거나 직업상 집중력 결핍증을 앓고 있다면, 이런 성격의 소유자를 화나게 할 것이다.

당신의 기존 고객에 대한 관심을 보여주어라. 당신이 하는 이야기 속에서 이런 관심이 드러나야 한다. 약속의 말을 하는 것을 잊지 마라. 당신의 상품에 대한 그들의 느낌을 물어보는 것도 명심하라.

구체적인 단계와 시간스케줄을 잡고 마무리하라. 큰 붓으로 한 번 넓게 칠하듯 마무리하지 말고 특정 부위별로 세밀하게 칠하듯 하라. "그래서 우리가 하고자 하는 것은 이것입니다. 첫째, 둘째, 그리고 셋째, 그리고 첫 번째는 언제까지 해야 하고, 두 번째는 언제까지 해야 하고……."

구매의사를 강요하지 마라. 협동가형의 사람이 우리에게 들려준 말 중 하나는 그들은 마무리하고 싶은 때를 당신에게 알려준다는 점이다. 그들은 제안 과정 중에 몸을 앞쪽으로 기울이고, 고개를 끄덕이며, 당신과 악수할 준비가 되었음을 알려주는 말을 한다는 것이다. 만약 고객의 감정적인 문제가 모두 처리되기 전에 당신이 마무리하려 한다면 실패할 것이다. 협동가형의 문제점 중 하나가 거절하지 못한다는 점이기 때문에 고객이 "예"라고 말했더라도 상품을 구매하겠다는 의미는 아니다. 우리 중 어느 누구도 고객이 그런 식으로 후회하는 모습을 보고 싶은 사람은 없다.

협동가형 재무상담사인 브렌트는 침대보를 사기 위해 쇼핑하러 갔을 때, 가게의 영업사원이 자기의 성격을 얼마나 잘 못 짚었는지에 대해 이야기해주었다.

"우리는 가게 안으로 들어가 특정 침대에 대해 가격을 얼마까지 해줄 수 있는지 물었어요. 영업사원은 우리에게 가격을 제시하며 그게 최선의 가격이라고 단호하게 말하더군요. 저는 그에게 시내 건너편에서 똑같은 침대를 200달러 싸게 팔더라고 말했죠. 그는 '잠시 기다리세요. 매니저에게 얘기해보죠'라고 하더군요. 그리고 다시 돌아와선 자기들도 그 경쟁자만큼 싸게 팔 수 있다고 했죠. 전 '아니요. 됐습니다'라고 말하고서 나와버렸어요. 저는 그가 처음부터 저를 진심으로 대하기보다는, 가능하면 우리 속여 200달러를 더 받아먹으려 했다고 느꼈어요."

이 이야기는 협동가형의 접근방식을 전형적으로 보여준다. 이 성격 유형은 정직, 성실함, 진심, 존경심 등을 중시한다. 그들은 다른 사람이 이런 능력을 보여주지 못할 경우 아연실색하며 재빨리 달아난다.

다음은 협동가형이 다른 사람과의 관계에서 바라는 것이다.

원하는 것: • 믿을 만하고 안정적인 관계.
원하지 않는 것: • 결정을 내릴 것을 강요하거나 압박하는 방식

(거절을 하지 못한다).
- 다른 사람이 나 때문에 화를 내는 것(다른 사람이 본인 때문에 언짢아하거나 불만을 느끼는 것을 힘들어한다).

확인하고 싶은 것:
- 상품이나 서비스가 내 인생에 안정과 간소함을 줄 수 있는가?
- 어떤 의문이 생기거나 문제가 발생할 때, 항상 나를 도와줄 수 있는가?

협동가형은 당신이 갖고 있는 인간관계 기술의 질적인 측면에 가장 높은 프리미엄을 부여한다는 점을 기억하라. 그들은 불성실한 언행이나 거짓제안, 무례함, 성급함, 압박하는 듯한 기법, 기회주의적 접근 등을 탐지하고 경계한다. 그들은 재무상담사가 시간을 충분히 내어 천천히 전 과정을 설명해주고 의문사항에 답해줄 만큼 협력적이고 안정적이길 원한다.

다음은 협동가형이 편안하게 느끼는 몇 가지 단어이다.

- 우리, 합시다.
- 관심
- 감수성
- 팀워크
- 헌신
- 안전
- 차근차근
- 장기적으로

협동가형은 인간관계를 형성하는 데 있어서 시간을 들이면서 결코 서두르지 않는 사람과 만날 때 감정적으로 편안함을 느낀다. 그들은 쉽게 상처받을 수 있다. 그러니 어떤 유머를 사용할지 고심해야 하며 논쟁이 될 만한 주제는 피해야 한다.

그러나 가장 중요한 것은 당신이 좋은 사람이라는 걸 보여주는 것이다. 관심과 성실함을 보여주기 위해 열심히 노력하라. 협동가형은 수시로 마찰을 일으키고, 지나치게 이기적이며, 서두르고, 다른 사람의 안위에 관심이 없는 사람을 견디지 못한다.

다른 성격유형의 사람과 같이 일할 때 용어선택이 과연 의미가 있을까? 당연하다. 각 성격유형을 조사하는 과정에서 우리는 사람들에게 어떤 단어에 편안함을 또는 불편함을 느끼는지 물어보았다. 고객이 우리에게 더 좋은 감정을 갖게 되고, 그 결과 우리와 함께 일하는 것이 우리의 본업이라면 우리는 결코 대화 도중 고객을 불편하게 하는 전문용어를 사용하지 않을 것이다.

앞서 우리는 협동가형에게 가장 호소력 있는 단어를 나열했다. 만약 당신이 협동가형 고객에게 상품을 판매하고자 한다면, 이중 당신에게 도움이 될 단어를 살펴보라. 특히 토론을 할 때는 더욱 그렇다.

'우리'라는 단어는 협동가형에게는 특별한 의미가 있다. 당신이 그들과 대화하면서 '나'라고 할 때, 일반적으로 그들은 당신이 이기적으로 행동할거라고 가정하고 당신을 대할 것이다. 또한 당신이 '당신'이란 말을 많이 사용하면, 그들은 당신이 자기들을 너무 압박한다고 느낄지도 모른다. '우리'라는 말은 제휴와 협력을 암시하기 때문에 협동가형에게는 아주 중요한 말이다. 만약 당신이 기업가형이라면 협동가형이 당신에겐 가장 힘든 기피 역할이므로, 이 단어로 대화를 시작하는 것이 당신 자신을 위해 훨씬 중요하다는 점을 명심하라.

기업가형에게 판매하는 비법

다음은 기업가형에게 제안할 때 필요한, 중요한 설득지침이다.

- 무엇을 원하는지 (간단히) 물어본 후, 당신의 회사에 대해 말하라.
- 그들이 가장 많은 관심을 두는 것/선호하는 것을 보여주라.
- 가장 핵심이 되는 이익을 강조하라.
- 본론을 먼저 꺼내라. 결과를 미리 알려주고 일을 진행하라.
- 잡담으로 시간을 허비하지 마라.
- 큰 그림을 대략적으로 그려라. 기업가형은 약간의 정보만 듣고도 의사결정을 내릴 것이다.
- 그들을 현혹하지 말고 그들의 의견을 묻고 확인하라.
- 긴 얘기나 지나치게 열정적인 제안으로 설득하지 마라. 그들은 이것을 인위적으로 조작되었다고 여긴다.
- 사실에 기초하여 신속하게 결정을 내릴 수 있게 준비하라.
- 그들이 이길 수 있도록 양보하라.
- 선택권과 가능성을 제공하고 그들이 결정하도록 하라.
- 뒷받침할 정보나 확신이 없다면 반박하지 마라.
- 그들의 자만심에 호소하라.
- 주로 듣게 하기보다는 역할을 바꿔 그들 스스로 말하게 하라.

이것이 기업가형에게 요구되는 몇 가지 조정사항이다. 당신의 역량과 철학을 빨리 확립하라. 이것들은 당신이 기업가형과 함께 할 때 해결사 노릇을 할 것이다.

만약 기업가형에게 상품을 팔고자 한다면, 방으로 들어가 제안하는 대신 이렇게 말하라. "먼저, 저의 철학을 말씀드리고 싶습니다." 이 말이 기업가형에게 전달하는 내용은 이렇다. "우리의 투자철학이 일치한다면, 우리는 같이 얘기할 뭔가가 있는 것이고, 그렇지 않다면, 피차 시간을 소모하지 맙시다." 그러면 그들은 즉시 "나도 그렇다네"라고 응답하거나 아니면, 그 말에 몇 마디를 덧붙일 것이다. 따라서 그들이 당신의 철학에 공감하기만 하면 그 즉시 나머지 일은 쉽게 풀린다. 우리는 이런 방식이 통한다는 걸 여러 번 목격했다. 기업가형은 바로 당신의 철학을 듣고자 하며, 당신이 역량이 있는지 알고자 한다.

기업가형을 상대할 때 당신의 역량을 높일 수 있는 또 다른 열쇠
는 역량 있게 보이는 것이다. 만약 사무실을 방문할 때 확신에 찬 모
습을 보여주지 못할 것 같다고 생각한다면 일부러라도 그렇게 꾸며
라. 턱을 위로 치켜들고, 눈을 똑바로 쳐다보며, 목소리에 약간의 힘
을 넣어라. 만약 당신이 그렇게 하지 않는다면, 401(k)기업연금위원
회를 관장하는 기업가형 사장은 당신을 쳐다보지도 않을 것이다. 기
업가형은 역량을 요구한다.

그들이 이룩한 업적에 대해 물어보라. 그것이 그 사람에 관한 모
든 것이다. 기업가형이 키를 잡도록 하라. 당신은 기업가형에게 항상
그들이 대장으로서 모든 것을 통제한다는 느낌을 갖도록 해주어야
한다. 빠르게 진행하라. 당신이 준비한 대본에 얽매이지 말고 큰 그
림을 대략적으로 그려라(그들이 이길 수 있도록 양보하라는 점을 명심하
라). 또한 당신은 해야 할 일을 정확하게 찾아내어 재빨리 완료하는
편이 좋을 것이다. 그들에게 당신이 의도한 것을 보여주어라.

기업가형에 해당하는 재무상담사 수잔은 그녀에게 영양보충제를
팔려고 했던 한 이웃사람에 대한 이야기를 들려주었다.

"그 사람은 내 이웃이었는데 비타민과 같은 유의 상품을 판매하는 다
단계판매회사 영업사원이었어요. 그가 나에게 와서는 자기 생각엔 내가
아주 잘해낼 거라 생각되는 일이 있다고 하더군요. 그는 괜찮은 남자로,
이래저래 무난한 편이었습니다. 하지만 그는 여태까지 제가 본 사람 중
가장 심하게 말을 더듬고 주저하면서 제안을 했어요. 그는 쉬지 않고 말
을 했지만 조리 있게 연결되진 못했어요. 그러면서 전 내내 생각했죠. '이
남자, 너무 나약하군, 이 사람에게선 걸스카우트 쿠키도 사고 싶지 않은
걸?' 재미있는 건 그가 팔려는 상품이 실제로 내가 쓸 수도 있는 물건이라
는 점이죠. 하지만 그 남자에게서 살 순 없었어요."

수잔의 말은 기업가형의 성격에서 볼 수 있는 여러 가지 핵심적 측면이 드러난다. 기업가형은 함께 일하는 사람, 또는 물건을 파는 사람에게서 역량과 자신감 두 가지 모두를 보고 싶어 한다. 그들은 상어가 피 냄새를 맡듯이 나약함의 냄새를 맡는다. 조금이라도 자신 감 없게 행동하면 고객은 금방 달아날 것이다. 수잔의 이야기에서 분 명하게 나타나듯이, 기업가형은 제대로 된 설득으로 빨리 핵심에 도 달하기를 원한다.

기업가형이 다른 사람을 대할 때 원하는 것은 다음과 같다.

원하는 것:
- 지배하는 것.
- 결과.

원하지 않는 것:
- 이용당하는 것.
- 일이 느려지는 것.

확인하고 싶은 것:
- 당신의 상품으로 내가 무엇을 할 수 있는가.
- 내가 볼 수 있는 결과는 무엇인가.

기업가형은 적정한 시간 내에 효율적이면서 제대로 된 결과물을 획득하는 데 가장 많은 프리미엄을 둔다. 기업가형은 좀처럼 통제권을 이양하려 하지 않는다. 그들은 재무상담사가 결과를 지향하지 않거나 이기심을 부리는 것을 재빨리 인식한다. 기업가형은 전형적으로 위험을 두려워하지 않으나 어떤 위험인지는 솔직하게 듣고자 한다. 재무상담사가 역량을 보여주면 기업가형은 보다 더 잘 견디고, 관대해지며, 친해지고자 한다. 그들은 모순에 대해 신속하게, 어떨 때는 거세게 대항하며, 재무상담사가 설명을 잘못하거나 빼먹을 경우 이를 금방 안다.

기업가형은 최단 시간 내에 최선의 선택을 하기를 원한다. 그들은 때때로 매일매일 가능한 한 여러 가지 일을 병행하고자 한다. 그들은 할 일을 지시 받는 것을 싫어하며, 규정에 대해 유연하게 대처하기도 한다. 그들은 위험을 감수하는 사람이나 자기를 생각해주는 사람과 일하는 데 익숙하며, 무의미한 잡담이나 행동을 즐기지 않는다.

기업가형에게는 일을 해내는 당신의 능력 중 전문성과 자신감을 보여주는 것이 중요하다. 기업가형은 역량 있고 자신감 있는 사람과 함께 일할 때 편안함을 느낀다. 이러한 성격유형은 자기의 일을 잘 모르는 사람이나 또는 자신과 회사에 대해 자신감이 없는 사람을 금방 골라낸다. 기업가형은 느린 진행이나 지나친 관료주의, 횡설수설하는 답변, 깔끔하지 못한 마무리를 싫어한다.

다음은 기업가형이 편안하게 느끼는 몇 가지 단어이다.

- 결과
- 맞춤식 해결
- 혁신적인
- 효율적인
- 아주 경쟁력이 있는
- 연구조사
- 독특한
- 촉진하는

기업가형에게 가장 중요한 단어는 '당신'이다. "당신은 남자답군요." "당신 생각을 알고 싶습니다." "당신의 경험은 어떤가요?" 기업가적 성향이 강한 사람은 자아를 다독거릴 뿐이라는 걸 알면서도, 여전히 그런 말을 듣고 싶어 한다. 전형적으로 기업가형은 최소한 그들이 얼마나 멋있는지 정도는 깨달을 만큼 당신이 똑똑한가를 확인하려 한다.

그들이 듣고 싶어 하는 말은 '결과물'이다. 그들은 당신이 해낼 것이라는 말을 듣고 싶어 한다. 그들은 맞춤형을 좋아한다. 기업가형은 공장에서 찍어낸 듯한 재무설계를 원하지 않는다. 그들의 관점은 "나에겐 나만의 특별한 사정이 있어, 나를 위한 계획을 짜줘"라는 식이다. 그들은 혁신적인, 효율적인, 아주 경쟁력 있는, 독특한, 촉진된, 그리고 신속한 이라는 단어를 좋아한다. 이런 단어는 기업가형에게는 마법과 같다. 만약 당신이 협동가형이라면 당신에게 가장 맞지 않는 성격은 기업가형이다. 따라서 이런 단어를 기억하여 기업가형에게 제안할 때 사용하라.

분석가형에게 판매하는 비법

다음은 분석가형에게 제안할 때의 설득지침이다.

- 속도를 늦추고 의식적으로 귀를 기울여라.
- 정확히 하라. 숫자를 대충 말하거나 근사치로 말하지 마라.
- 사전 조사를 하라. 상품이나 서비스에 관한 모든 내용을 상세하게 설명해 줄 수 있을 정도로 준비하라.
- 자료에 대한 신뢰를 주기 위해 사전 준비를 하라.
- 그들의 관심사(최신 기술 등)를 파악하라.
- 특성/효용에 대해 논리적이고 합리적으로 설명하라.
- '서두르세요'라는 식의 말이나 동작을 결코 하지 마라.
- 신중하게 당신의 제안을 요약하라.
- 향후 계획을 상세하게 설명하라.
- "당신에게 맞는 건 이겁니다"라는 식으로 말하지 마라.
- 과장되거나 격렬한 제안은 피하라.
- 의사를 결정할 충분한 시간을 주라.

분석가형에게는 사실이 중요하다. 분석가형은 판매하기 어려운 상대이므로, 그들과 함께 할 때는 속도를 늦추고 의도적으로 귀를 기울여라. 메모장과 펜 없이는 절대 분석가형을 만나러가지 마라. 분석가형에게 좋은 인상을 남기는 방법 중 하나는 그들이 말하는 동안 상세하게 기록하는 것이다. 우리는 당신도 이렇게 하길 권한다. 당신이 다 아는 내용이라서 미키마우스 그림을 그리게 될지라도 중요한 사실은, 기록을 하는 태도가 그들에게 인상을 남긴다는 점이다.

사전 조사를 하라. 분석가형에게는 "작년 이 펀드의 수익률이 10%대 중반쯤 됩니다"라고 말하는 것으로 충분하지 않다. 이것은 그들에게는 그다지 좋은 표현이 아니다. 자, 이제 솔직해지자. 고객에 관한 중요한 사실 한두 가지를 알지 못해 우리가 놓친 거래가 얼마나 많은가? 나중에서야 우리는 그들이 정말 무엇을 알고자 했는지 깨닫는다. 제안을 마친 후 우리는 "감사합니다, 그런데, ⋯⋯때문에 사양합니다"라는 말을 자주 듣는다. 그 "⋯⋯때문에"는 우리가 사전 조사만 제대로 했다면 알 수 있었던 내용이다. 조사하지 않고 질문하지 않았기 때문에, 우리는 분석가형을 고객으로 만들 수 없었다. 우리가 들어본 사례 중에 이 원칙을 가장 간결하지만 가장 멋지게 보여준 경우는 분석가형 재무 담당 임원에게 항상 이렇게 질문하는 한 재무 상담사의 이야기다. 그는 "선생님께 중요한 문제는 무엇입니까? 선생님께서 확인하고자 했던 내용이 충분히 언급되었습니까?"라고 묻는다. 그는 나중에 거절 편지를 통해 이런 내용이 언급되지 않기를 바라기 때문에 반드시 이런 질문을 한다.

과장이나 격렬한 감정표현, 혹은 과도한 약속은 피하라. 모든 사람이 무언가에 열광할 때도 분석가형은 그저 왜 그럴까 궁금해할 뿐이다.

우리는 많은 분석가형이 이렇게 말하는 것을 들어왔다. "전 열광하는 것을 훈련부족이라고 봅니다"(동기부여자형과는 반대다. 그들은 만약 열정을 보이지 않으면, 시간을 내지 않을 거라고 말한다). 분석가형이 열정을 보이지 않는다고 노선을 바꾸지 말라. 그들은 포커페이스로 유명하다.

당신의 제안을 신중하게 요약하라. 상담 중에 들었던 내용 — 주요 관심사, 토론방향, 일정 — 을 정확하게 요약하여 그것을 활용하라. 분석가형은 그 요약을 보고 당신이 집중했는지 여부를 파악한다. 또한 반드시 그들에게 시간여유를 주어라. 계약을 금방 체결하려 하지 마라.

분석가형에 해당하는 아니(Arnie)는 한 자동차 영업사원과 관련된 이야기를 들려주었다.

"전 자동차영업소 진열대에 놓인 모델 중 한 대를 사려고 마음먹고 영업소 안으로 들어갔어요. 영업사원 하나가 다가와서는 — 그는 만면에 미소를 띠고 악수를 하더군요 — 그 모델이 얼마나 좋은지 이야기하기 시작했죠. 저는 이미 그 모델이 좋다는 것을 알고 있었기 때문에 금방 짜증이 났어요. 하지만 그는 계속해서 말을 이었죠. '시운전해보지 않겠습니까?'라고 그가 묻길래 저는 거절하면서 말했어요. '글쎄요. 몇 가지 질문이 있는데요.' 그리고 나서 제가 차를 타자 그도 제 옆에 앉았습니다. 전 계기판에 있는 낯선 단추 몇 개를 보고 그것이 어떤 용도인지 물었죠. 그러자 그는 잘 모르겠으니 시운전한 후 매뉴얼을 보는 게 어떻겠냐고 말하더군요. 그 친구는 저에게 자기도 제대로 모르는 3만 5,000달러짜리 상품을 팔려고 했던 겁니다. 그는 제가 물어본 어떤 질문에도 거의 대답을 하지 못했어요. 결국, 저는 그가 시운전을 네 번쯤 권할 때 몇 가지 정보만 수집하고 나와버렸습니다."

아니의 반응은 판매를 할 때 분석가형이 보이는 특징을 그대로 반영하고 있다. 아니는 정보를 원했지 감성을 원했던 게 아니다. 그는 핸들을 잡기 전에 먼저 여러 의문점을 해결하려고 했다. 그는 준비도 하지 않고 교육도 받지 않은 채 계약만 체결하려고 밀어붙이는 사람과는 거래하고 싶지 않았다.

다른 사람과 거래를 할 때 분석가형이 원하는 요소는 다음과 같다.

원하는 것:	• 정확성, 확신, 그리고 증거.
원하지 않는 것:	• 비판받는 것.
	• 재촉 당하는 것.
확인하고 싶은 것:	• 상품을 구매해야 하는 이유.
	• 당신의 과거 실적.

분석가형은 인간관계에 있어 매우 논리적이고 직선적이다. 분석가형은 다른 사람이 자신과 동일한 수준의 높은 기준을 지니고 있지 않다고 생각하기 때문에, 때때로 다른 사람이 하는 일이나 좋아하는 것에 무관심하다. 그들은 논리적인 질문을 하며 사실에 입각한 답변을 원한다. 분석가형은 과장이나 열광 또는 논란거리가 될 만한 증거를 제시하면 더 의심을 한다. 그들은 제안의 논리뿐만 아니라 배경이 될 만한 자격증이나 업무실적에도 관심을 가질 것이다. 재무상담사가 압력을 행사하거나 의사결정을 재촉하거나 고객의 판단에 비판적이면, 이들의 관계는 끊어지게 된다. 논리적이고 조직적이며, 직선적으로 접근하는 현명한 재무상담사는 정확한 자료에 입각하여 추천을 한다. 분석가형은 원래 변화 앞에서 주저하거나 저항하며, 불편해한다는 점을 이해하라.

분석가형은 정확하고 예측 가능한 내용을 다룰 때 감정적으로 편안함

을 느낀다. 신뢰와 믿음을 쌓는 데는 시간이 걸린다. 그리고 분석가형은 안전장치가 완전히 준비되지 않은 상태로는 위험을 감수하려 하지 않는다. 분석가형은 사물을 흑백논리로 보며, 규정이나 지침을 어기는 듯한 어떤 행동이나 말을 엄격하게 평가하려는 경향이 있다. 분석가형은 영업분야에서 많은 사람이 활용하는 기교 — 과도한 약속, 과장, 관심 돌리기, 인간성으로 끌어들이기 등 — 를 싫어한다.

분석가형은 조용하고 끈기 있게 진행되는 사실적이고 논리적인 접근법을 아주 선호한다. 그들은 정확한지, 그리고 끝까지 약속을 지키는지 확인하려 한다.

다음은 분석가형의 심리를 안정시킬 수 있는 단어이다.

- 주의
- 조사
- 예측
- 증거

- 논리적인
- 분석적인
- 철저한
- 높은 기준

당신이 동기부여자형이고, 분석가형이 당신의 기피 역할이라면, 특별히 다음 단어 몇 가지 — '분석', '철저한', 그리고 '높은 기준' — 를 사용하라. 분석가형은 스스로 아주 높은 기준을 세우고 있으며, 기준이 높지 않은 사람을 잘 상대하지 못한다는 점을 명심하라. '일관성'이라는 단어를 사용하라. 분석가형은 이를테면, 오늘은 이것, 내일은 저것, 하는 식으로 변덕을 부리는 어떤 절차나 사람을 싫어한다. 그들은 일관성 있는 이야기를 듣고 싶어 한다.

분석가형의 가장 큰 관심은 올바르게 일을 하는 것이다. 이것이 그들이 그렇게 많은 질문을 하는 이유이다. 분석가형을 설득할 때 당신이 할 일은 가장 올바른 상품을 찾도록 도와주는 것이고, 그것이 그들에게 가장 올바르다는 것을 확인시켜주는 것이다.

동기부여자형에게 판매하는 비법

다음은 동기부여자형에게 제안할 때의 설득지침이다.

- 속도를 내고 활력을 보여라.
- 당신이 제시하는 상품과 서비스의 잠재력을 말하라.
- 당신이 제시하는 특전과 프로그램을 열정적으로 설명하라.
- 스토리셀링, 예시, 일화, 은유, 그리고 실제 경험을 활용하라.
- 신속한 의사결정에 대응할 수 있게 준비하라.
- 고객에 대하여 많은 질문 — 그들의 과거와 성공담 등 — 을 하라.
- 고객에게 그들의 목표를 말할 기회를 주라.
- 그들은 상품의 특징이나 증거보다 당신의 열정과 확신을 보고 구매한다는 점을 명심하라.
- 비공식적이며 사교적인 접근법을 사용하라.
- 작은 글씨로 가득한 두꺼운 제안서는 피하라.
- 그들에게 주어질 혜택에 초점을 맞춰라. 인정, 흥분, 또는 수입 등.

웃으며 시작하라. 그들은 당신의 웃는 모습을 볼 필요가 있다. 비록 쉽지 않더라도, 약간은 격의 없으면서도 즐겁게 일을 하라. 그러면 그들에게 당신과 함께 일하면 즐겁다는 인상을 줄 수 있다.

그들의 과거와 성공담, 그리고 목표를 물어보라. 동기부여자형은 자기 이야기하기를 좋아한다. 먼저 열정적으로 고객을 휘어잡은 후, 상품의 특징과 그것을 입증할 만한 증거를 내밀어라. 만약 당신이 동기부여자형이 아니라 분석가형에게 제안을 한다면, 완전히 반대되는 분위기로 진행해야 한다. 놀랍지 않는가? 분석가형이 싫어하는 것은 동기부여자형이 좋아하며, 그 반대도 마찬가지다.

이야기, 일화, 은유 등을 사용하라. 동기부여자형은 적절한 은유나 예시, 일화, 유추 등을 좋아한다. 이러한 것은 동기부여자형에게 딱 들어맞는데, 그것은 바로 무미건조한 사실에 생명을 불어넣기 때문이다.

작은 글씨로 가득한 두꺼운 제안서는 피하라. 농담이 아니다. 당신이 동기부여자형 앞에 작은 글씨로 빼곡히 쓰여진 자료를 내놓는다면 어떻게 될까? 그들은 뒤로 물러서며 긴장할 것이다. 그들은 신경구조상 작은 글씨나 두꺼운 제안서를 보면 혼란스러워 한다. 그들은 생각할 것이다. "오~ 안 돼. 우리가 이 모든 것을 다 해야 돼." 이런 종류의 제안이 주의력을 유지하는 시간이 짧은 그들에게 잘 먹힐 리 만무하다. 동기부여자형에게는 상세한 내용을 담은 편지를 절대 보내지 마라. 문서를 주고받을 때, 기업가형이나 동기부여자형에게는 대략적으로, 협동가형이나 분석가형에게는 상세하게 써야 한다. 또한, 동기부여자형과의 대화를 끝낼 때는 반드시 재미있는 이야기나 농담을 하라.

동기부여자형에게는 혜택을 강조하라. 동기부여자형은 항상 "나에게 무슨 혜택이 있지?" 그리고 "이게 내게 얼마나 유용한 것일까, 혹은 이게 내게 도움이 될까?"라는 의문을 품는다.
기억하라. 부정적인 경향은 거래를 망친다. 투덜거리며 동기부여자형의 사무실에 들어가지 마라. 동기부여자형 앞에서는 냉소적인 재치를 사용하지 마라. 그들은 당신이 긍정적인 사람이기를 기대한다. 그들은 낙천적인 사람과 거래를 하며 일을 마무리하려고 하지, 항상 우는 소리를 하며 불평하는 사람과 거래하려 하지 않는다.

재클린은 동기부여자형에 해당하는 재무상담사이다. 그녀는 자신의 회사에서 일해달라고 요청했던 어떤 사람이 그녀를 어떻게 설득하려 했는지 들려주었다.

> "경력상 변화가 필요하다고 느끼는 시점이었기 때문에 전 다른 회사의 면접요청을 받아들였어요. 그건 정말 끔찍한 경험이었죠. 저를 면접한 그 남자는 절대 미소를 짓지도 소리 내 웃지도 않았어요. 너무도 진지하더군요. 그는 자기가 생각하는 회사의 전망과 규정, 그리고 경쟁적 우위에 대해서만 말하더군요. 전 혼자 생각했죠. '여기에 있는 사람들이 모두 당신처럼 재미없을까봐 겁나는군.' 저는 그토록 진지하게 생각하는 사람을 위해, 또는 그 사람과 같이 일한다는 것을 상상할 수가 없었죠. 제 말은 돈이야 더 많이 벌겠지만 순간순간이 싫어질 것 같은 생각이 들었다는 거죠."

다른 동기부여자형과 마찬가지로 재클린도 우호적이고 부드러우며, 즐길 줄 아는 낙천적인 사람을 찾고 있다. 동기부여자형은 절차보다는 사람에 훨씬 더 많은 관심을 가진다. 그들은 당신과 함께 즐기면서 일할 수 있는지 알고 싶어 한다. 동기부여자형은 그들이 만나는 사람으로부터 긍정적인 활력을 찾으려 한다. 그들은 가능한 한 인생에서 즐길 수 있는 모든 즐거움을 짜내려고 한다.

다른 사람을 대할 때 동기부여자형이 원하는 것은 다음과 같다.

원하는 것:

- 주목받는 것
- 사람을 설득하고 영향을 미치는 것

원하지 않는 것:	• 거절당하거나 무시당하는 것
	• 세세한 내용에 얽매이는 것
확인하고 싶은 것:	• 누가 당신의 상품을 쓰는가
	• 다른 사람에게 그것을 어떻게 자랑할 수 있는가

동기부여자형은 인간관계 유형에 있어서 가장 직관적이다. 동기부여자형은 그들이 만나는 사람에게서 어떤 느낌을 얻고자 한다. 그들은 낙관적이고 열정적이며, 의기투합한 태도에서 보이는 긍정적인 활력을 찾는 데 꽤 의지를 보인다. 동기부여자형은 재무상담사가 세부 내용을 알아서 관리할 것이라 기대하고, 스스로 어떠한 세세한 내용에 관여하는 것을 귀찮아한다. 그들은 재무상담사가 대략적인 큰 그림을 제시하거나 예시를 해주거나, 그들이 제공한 서비스를 실제 사용한 사람이 증언해주기를 바란다. 동기부여자형은 자신이 들은 제안에 대한 자신의 생각이나 경험, 의견을 분명히 밝히고자 한다. 현명한 재무상담사는 이렇게 분명히 표현하고자 하는 그들의 요구를 수용할 것이며, 제안이나 회의 내용이 궤도를 이탈하더라도 당황하지 않는다.

동기부여자형은 우호적이고 유연한 사람과 같이 일할 때 감정적으로 안정감을 느낀다. 그들은 일상에 젖어 있거나, 아주 세부적인 사항에 매달리거나, 너무 진지하게 접근하는 사람을 싫어한다. 동기부여자형은 여러 가지 대화를 즐기면서 당신을 파악하고 자기 이야기를 한다. 그들은 일의 사회적 측면을 중요시하는데, 왜냐하면 그것으로 당신이 어떤 사람이며, 얼마나 융통성이 있는지를 파악할 수 있기 때문이다. 동기부여자형은 압박을 받거나 강요에 시달리는 것을 싫어한다.

그들은 갈등을 아주 싫어하여 부정적인 문제에 맞닥뜨리는 것을 꺼린다. 그들은 유머 있는 사람, 그리고 같이 일하기 편한 사람과 일하고자 한다. 동기부여자형은 또한 경쟁이나 가능성을 보고 자극을 받기도 한다.

다음은 동기부여자형이 편안하게 느끼는 단어이다.

- 빠른
- 쉬운
- 혁신적인
- 재미있는
- 큰, 대표적인
- 최신의
- 경쟁력 있는
- 가능성
- 부드러운, 융통성 있는
- 기회

동기부여자형에게 매력적인 단어는 실제로 꽤 우스운 것이다. '대단한'이란 단어를 보자. 사무실로 들어가서 이야기하는 것을 들어보아라. 당신이 '대단한'이란 말을 들을 수 있는 곳에는 어디든 동기부여자형이 있다. "야~ 대단하다." 당신은 이런 말을 들을 것이다.

'쉬운'이란 단어 역시 마찬가지다. 또한 '혁신적인', '창조적인', '큰', 그리고 '대표적인' 등도 마찬가지다. 사전을 들고 '큰'이나 '대표적인'과 비슷한 말을 찾아 사용하라. 동기부여자형은 이런 말도 좋아한다. "이거 엄청나겠는 걸." 동기부여자형에게 매력적인 또 다른 단어는 '최신의', '경쟁력 있는', '가능성', '부드러운', 그리고 '융통성 있는' 등이다. 동기부여자형에게 당신의 생각을 제안할 때는 그들에게 마음만 바꾼다면 아무런 문제도 없을 것이라는 점을 알려주어라. "이 모든 제안은 매우 탄력적입니다. 융통성이 아주 크다는 얘기지요. 우리는 이것을 포함할 수도, 저것을 제외할 수도 있습니다." 동기부여자형은 이러한 접근법을 편안하게 느낄 수 있을 것이다. 그들은 어떤 틀에 얽매이기를 원하지 않는다.

동기부여자형에게 매력적인 또 하나의 단어는 '기회'이다. 동기부여자형은 천성적으로 낙천적인 사람이다. 따라서 그들은 자신이 더 크고 좋은 것을 할 수 있다고 믿고 싶어 한다. 그들은 불가능한 일을 할 수 있다고 동기를 부여해주는 제안을 듣는 것을 좋아한다. 그들은 아무도 도달해보지 못한 목표에 이르고자 하기 때문에 기회와 성취라는 단어를 즐겨 사용하라.

설득의 핵심에서

사람들의 마음 한가운데에 그들의 관점과 의사소통방법, 그리고 당신을 포함한 타인에 대한 반응을 주도하는 성격 청사진과 성격 DNA가 있다는 것을 기억하라. 설득의 대가는 직관적으로 고객이 편안하게 느끼는 수준으로 의사소통을 조절하는 법을 안다. 이처럼 성격유형별로 설득을 하는 통찰력을 길러라. 그런 후, 고객이 어떻게 반응하는지에 대해 이전과의 차이를 살펴보라.

　성격에 따른 설득 과정에서 우리가 이해할 필요가 있는 다음 단계는 각 성격유형별 지뢰와 금광을 파악하는 것이다. 여기서 지뢰란 스트레스를 주는 자극 요인이며, 금광이란 동기부여를 하는 자극 요인을 의미한다.

　이렇게 개인적으로 스트레스를 주는 요인, 즉 지뢰를 제거하려는 자세는 매우 중요하다. 우리 모두는 매일 일상적인 문제에 봉착하면서 우연히 알지 못한 상태에서 어떤 사람의 지뢰를 밟기도 한다. 비록 의도한 바는 아닐지라도 우리는 고객의 뇌가 "제게 그렇게 말하지 마세요"라고 말하도록 자극하는 어떤 말을 한 것이다. 하지만 반대로 다른 사람의 금광을 자극하여 사람을 감정적으로 이끌 수도 있다. 고객이 고개를 끄덕이고 웃으면서 "돈에 대해 잘 아는군. 나도 그런 경험이 있어"라고 생각하는 때가 그런 상황이다. 당신이 각 성격유형마다 독특한 지뢰와 금광을 파악해둔다면 기존의 고객과 잠재 고객에게 불쾌감을 주지 않으면서도 사람들이 당신에게 매력을 느끼게 할 수 있을 것이다.

우리는 수천 명의 고객과, 관리자, 그리고 재무상담사를 대상으로, 개인적으로 스트레스를 느끼는 요인과 동기부여를 받는 요인에 대해 조사했다. 먼저 대상자를 성격그룹별로 분류한 후, 다음과 같은 두 가지 질문을 했다.

1. 다른 사람과 일할 때 가장 귀찮은 것이나 스트레스를 받는 요인은 무엇인가?
2. 당신이 어떤 사람과 일하고 싶어 할 때의 동기는 무엇인가?

각 성격유형별로 응답결과는 놀라울 정도로 일치했다. 스트레스를 주는 요인은 실제로 지뢰에 해당한다. 당신이 이 버튼을 누르면 얼굴에 파편이 박힐 것이며 관계를 형성하는 데 어려움을 겪을 것이다. 한편, 동기를 유발하는 요인은 금광이다. 이러한 요인을 제공할 때 고객은 당신에게 편안함을 느끼고, 당신과 함께 일하고 싶어 할 것이다.

다음은 각 성격유형별로 스트레스를 주는 요인과 동기를 부여하는 요인을 정리한 것이다. 또한 인간관계형성에서 지뢰를 피하고 금광을 발굴하는 방법을 알고 있는 사람들에게서 얻은 몇 가지 지혜도 소개한다.

협동가형

스트레스 요인
- 변화에 대처해야 할 때.
- 솔직하거나 적극적이거나, 단호해야 할 때.

- 혼자 공개적으로 나서야 할 때.
- 일을 주도해야 할 때.
- 자율적으로 결정해야 할 때.
- 피드백 없이 복잡한 임무를 완수해야 할 때.
- 인정받지 못할 때.
- 거절을 하지 못해 시간부족에 시달릴 때.

동기부여 요인

- 남을 지원할 때.
- 타인과 공동으로 일을 할 때.
- 자세한 설명을 들을 때.
- 구두와 서면으로 인정을 받을 때.
- 호감이 가고 사려 깊은 사람과 만날 때.
- 압박감이 없고 경쟁적이지 않은 환경이 주어질 때.
- 계획 단계에서 상의할 때(팀 접근).
- 구체적인 절차와 명확한 시간 일정이 나올 때.

협동가형에게 이야기를 할 때는 특히 의식적으로 모든 에너지와 관심을 쏟아야 한다. 이런 성격유형의 사람에게는 늘 그들에게 감사하고 존경한다는 신호를 보내는 일이 중요하다. 기업가형은 흔히 여러 가지 일을 병행함으로써 협동가형을 경멸하는 태도를 무심코 보여 스트레스를 준다. 또한 동기부여 요인은 쉽게 깨져 오히려 스트레스 요인이 되기도 한다.

협동가형은 평가와 인정을 받지 못할 때 스트레스를 받는다. 그들은 팀원으로 일하기를 좋아하고 자기가 관여함으로써 나아졌다는 식의 인정을 받고 싶어 한다. 협동가형과 동기부여자형은 모두 인정받기를 바라지만 양자간에는 차이가 있다. 협동가형은 회의에서 어느 정도 자신에게 관심을 보이며 "실비아가 훌륭하게 일을 처리해줘서 감사해요"라는 식으로 말해주기를 바란다. 반면 동기부여자형은 제

이레노*쇼나 티커테잎퍼레이드**에 참가하는 것처럼 다양하고 강렬한 조명을 받고 싶어 한다.

협동가형은 또한 편안하게 느끼는 영역을 침해당할 때 스트레스를 받는다. 협동가형은 일할 때 편하게 여기는 특정한 방법이 있는데, 누군가가 이를 침범해 정해진 일정을 망쳐버리면 매우 힘들어한다. 협동가형에게는 변화에 적응할 시간이 필요하다.

협동가형에게 스트레스를 주는 또 다른 요인은 솔직해지거나 나쁜 소식을 전하도록 강요받는 것이다. 그들은 또한 공개적으로 혼자 나서거나 일을 주도해야 할 때 스트레스를 받는다. 협동가형은 누군가가 나서서 해주기를 바라며 자신은 그런 후 남은 일을 완수하고자 한다.

협동가형은 그들이 하고 있는 일이 올바른 것인지를 누군가가 말해주지 않으면 힘들어한다. 또 종종 기업가형이 확언을 주지 않으면 실망을 한다. 따라서 기업가형은 협동가형에게 훌륭하게 잘해냈다고 말해줄 필요가 있다.

협동가형은 기획 단계에서 상의하지 않으면 불쾌해한다. 그러므로 완성된 프로젝트를 건네주면서 "기획서입니다. 이제 시작하세요"라고 말하기보다는, 결정하기에 앞서 협동가형과 먼저 상의하는 것이 중요하다. 협동가형은 압박을 덜 받는 비경쟁적인 환경을 좋아한다. 함께 일할 팀이 있다는 이유에서 타인과 함께 일하는 것이 그들에게 동기를 부여한다.

---

* 미국 NBC 방송국 투나잇 쇼 진행자.
** 미국 뉴욕에서 전통적으로 실시되는 종이가 휘날리는 행진.

기업가형

스트레스 요인

- 예측 가능한 단조로운 환경에 놓일 때.
- 자세한 내용을 경청해야 할 때.
- 절차가 복잡한 일을 처리해야 할 때.
- 변화와 결정을 기다려야 할 때.
- 진실된 생각이나 감정을 억제하는 사람을 만날 때.
- 지배받거나 통제받을 때, 연약하고 나약하게 보일 때.
- 에둘러 말하거나 솔직하지 못한 재무상담사를 만날 때.
- 프로젝트가 종결되지 않을 때.
- 지나치게 신중하고 꾸물거리는 사람과 일할 때.

동기부여 요인

- 상황에 대한 통제권을 확보할 때.
- 솔직함을 원하는 분위기가 될 때.
- 창의적인 사람과 일할 때.
- 실용적인 사람과 일할 때.
- 마감시간과 압박을 느낄 때.
- 자율적일 때(타인에게 의존하지 않을 때).
- 리더십을 발휘하는 위치에 놓일 때.
- 실제 일어날 것 같지 않은 일이나 매우 가능성이 희박한 일에 도전할 때.

인정받지 못한다는 것은 분명 모든 그룹 구성원에게 스트레스를 주는 요인이다. 그러나 방법이 다르고 이유가 다르다. 기업가형에게는 그것이 특별한 관심사가 아니다. 그들은 다른 사람에게 격려받고 싶어 하지 않는다. 다만 진정한 천재라는 말을 듣고 싶어 한다.

기업가형은 열정이 없고 실천적이지 않은 사람과 일해야 하는 상황에서 스트레스를 받는다. 관료적 형식주의는 기업가형에게 가장 위험한 지뢰다. 지나치게 신중하고 걱정이 많은 분석가형은 기업가형을 몹시 힘들게 한다. 왜냐하면 무수한 세부 사항에 신경을 써야 하고 기다려야 하기 때문이다. 기업가형은 프로젝트가 완성되지 않거나 늑장을 부리는 사람과 일하면 스트레스를 받는다. 예측할 수 있고 도전할 만한 가치가 없는 상황에 놓이는 경우도 기업가형에게는 스트레스의 요인이 된다. 이렇게 도전대상이 부족하면 기업가형은 거의 미치게 된다.

기업가형은 생각과 감정을 감추는 사람에게 스트레스를 받기 때문에 솔직함을 장려하는 분위기에서 동기부여를 받는다. 기업가형은 모든 사람이 사실대로 말하고 정확한 위치를 알려주고 일을 서로 먼저 하려는 환경을 좋아한다. 기업가형은 리더십을 발휘하는 위치에 있고 싶어 한다. 실제 일어날 수 없고 가능성이 희박한 일에 도전하거나, 마감시간이 정해져 있고 압박감을 주는 환경에서 일하는 것도 기업가형에게는 동기를 부여하는 요인이다. 기업가형은 이전에 경험해보지 못한 과업을 계속 수행하기를 바란다. 기업가형은 "해낼 수 있어!"라고 말하는 적극적인 사람이다.

분석가형

스트레스 요인

- 지나치게 단순화시킬 때.
- 과업달성 요구를 받았을 때.
- 여러 가지 정보를 받아들여야 할 때.
- 추진력을 갖고 일해야 할 때.
- 타인을 설득하거나 판매해야 할 때.
- 늘 해오던 방식에서 벗어난 일을 해야 할 때.
- 타인이 과업을 완수하지 못할 때.

- 타인의 일이나 과오에 책임져야 할 때.
- 일이나 성과의 질에 의심을 받을 때.
- 주관적이며 개인적인 반응을 보여야 할 때.
- 시간적인 압박을 받는 일을 할 때.
- 초점이 없고 자유분방하며 예측할 수 없는 사람과 일할 때.

동기부여 요인

- 정확함을 요구할 때.
- 논리적이고 체계적으로 과업에 착수할 때.
- 자신의 속도로 일을 진행할 때.
- 자신의 성과에 영향을 미치는 요소를 통제할 수 있을 때.
- 사고를 촉진하는 대화에 참여할 때.
- 규정에 따라 일하는 사람과 일할 때.
- 기준(질에 대해 신경 쓰는)이 높은 사람과 일할 때.

다른 사람이 상세한 내용에 관심을 갖지 않는다는 것도 분석가형에게는 주요한 스트레스 요인이나 지뢰가 된다. 분석가형은 일을 끝까지 수행하면서 계속해서 집중할 것이다. 기업가형은 일을 단지 끝낼 목적으로 완수하려 하지만 분석가형은 일을 **올바르게** 완수하려고 한다.

지나치게 단순화하는 것은 분석가형에게 다른 유형의 지뢰가 된다. 영업사원이 어떻게 할 것인지는 구체적으로 말하지 않고 "잘될 겁니다. 문제없습니다. 우린 해낼 수 있습니다"라고 말하면 분석가형은 화를 낸다.

분석가형은 과제를 완성하는 일을 좋아하지 않는다. 분석가형은 좁은 시야 때문에 고생하는 성격유형이다. 너무 세세한 사항까지 집중한 나머지 터널에 갇힌 것처럼 주변에 있는 모든 것이 혼란스러워 보인다.

분석가형은 타인에게 특정한 상품을 판매하거나 설득하는 데 고생을 가장 많이 할 유형이다. 분석가형은 질에 대한 의심을 받는 것을 싫어하고, 다양한 정보를 경청하거나 시간적인 압박을 받는 상황에서 스트레스를 받는다. 분석가형은 충분한 시간이 주어지지 않은 상태에서 일을 끝내도록 요청받으면 스트레스를 받는다. 물론 분석가형은 아무리 시간이 충분해도 늘 부족하다고 느끼지만 말이다.

분석가형은 치밀하며 사고력을 키우는 대화를 나누고 높은 기준을 가진 사람과 일할 때 동기부여를 받는다. 또한 성과기준을 통제하는 일은 분석가형에게 동기를 부여한다. 분석가형은 문서로 규정을 만들고, 그 규정을 적용하고 싶어 한다. 하지만 이 점은 규정을 파괴하려는 기업가형이나 동기부여자형과 갈등을 유발하기도 한다. 분석가형은 규정을 잘 따른다는 점에서 협동가형과 잘 어울린다. 분석가형은 자신의 속도로 일을 할 수 있을 때 동기를 부여받는다.

동기부여자형

스트레스 요인

- 상세한 내용을 처리해야 할 때.
- 느리고 단조로운 제안을 경청해야 할 때.
- 지나치게 신중한 접근을 요구할 때.
- 부정적이고 비평적인 대화를 할 때.
- 비관적인 사람과 같이 있거나 환경에 놓일 때.
- 반복적이고 융통성 없는 상황에 놓일 때.
- 복잡할 때.
- 혼자 일해야 할 때.
- 인정받지 못할 때.
- 길고 지루한 과정을 거쳐야 할 때.
- 과제를 최종적으로 완수해야 할 때.

동기부여 요인

- 대화할 기회가 주어질 때.
- 주목을 받을 때.
- 확신시키고 설득할 기회가 주어질 때.
- 사교적인 환경에 놓일 때.
- 재미있는 접근을 할 때.
- 새로운 도전을 할 때.
- 성취에 대한 보상이 따를 때.
- 타인과 경쟁할 때, 그리고 타인을 격려할 때.
- 변화가 잦을 때.
- 낙관적일 때.

동기부여자형은 스트레스 요인을 기록한 목록이 아주 길다. 먼저 동기부여자형은 퉁명스런 사람을 좋아하지 않는다. 동기부여자형은 경청하지 않는 사람과는 이야기하지 않으려 한다. 이는 그들이 기본적으로 주의력을 집중하는 시간이 매우 짧다는 점을 고려할 때 역설적이다. 동기부여자형은 대화를 자신의 소유물이라고 생각한다. 그러니 간섭하지 마라. 타고난 말재주꾼이어서 더 많은 시간을 할애받아야 한다고 생각한다. 당신은 동기부여자형이 자신의 목소리를 좋아할 것이라고 느낀 적이 없는가?

동기부여자형에게 할 수 있는 최악의 행동은 그들이 아이디어를 말하자마자 부정적이고 회의적인 시선(신체언어)을 보내는 것이다. 동기부여자형은 창조적이고 융통성 있는 대화를 좋아한다. 동기부여자형은 모든 훌륭한 아이디어는 창조적인 대화를 통해 나오지만, 대화를 하기 전까지는 어떤 것이 나올지 모른다고 생각한다. 우리는 동기부여자형에게 "잘 놀아봅시다"라는 표어를 사용한다.

지나치게 신중하게 접근하는 것은 동기부여자형에겐 지뢰이다. 동기부여자형은 웃지 않는 사람을 피한다. 동기부여자형과 같은 자리에 있다면 느긋한 마음을 갖고 더욱 재미있게 일해라. 동기부여자형은 부정적인 환경과 융통성 없는 상황을 피한다. 그들은 반복적으로 같은 일을 하는 것을 원치 않는다. 단조로움은 동기부여자형에게 가장 힘든 일이다. 길고 지루한 과정을 거치거나 프로젝트를 반드시 완성해야 한다는 생각 등을 싫어한다. 또한 동기부여자형은 스스로 대단한 사람이라고 인정받지 못하면 스트레스를 받는다.

동기부여자형의 금광은 무엇일까? 가장 우선적이며 중요한 요소는 동기부여자형이 농담조로 시작하는 재미있는 접근법을 좋아한다는 것이다. 또한 그들은 낙관주의, 보상, 약간의 특전을 좋아하며, 다른 사람과 이야기하고 격려하는 일을 즐긴다. 다른 사람이 힘든 상황에 빠지면 동기부여자형은 격려하거나 또 다른 동기를 부여하거나 응원을 하면서 모든 사람들의 가능성을 열어두고자 한다. 잦은 변화와 새로운 도전은 동기부여자형을 고무시킨다. 동기부여자형은 새로운 아이디어를 촉발시키도록 도와주고, 대중에게 각광받고 선도할 기회를 갖고 싶어 한다.

당신이 다른 사람과 관련된 것을 오른쪽 뇌에 프로그램화 할 수 있다면 매우 좋을 것이다. 그러면 당신은 어떤 상황에서도 필요에 따라 이곳을 클릭하여 그 사람의 성격 DNA를 인식할 수 있기 때문이다. 그러면 그 누구에게도 스트레스 주는 일을 하지 않을 것이다. 그러나 문제는 우리 대부분이 거울에 비친 자기 모습만 보면서 살고 있다는 점이다. 우리는 정도의 차이는 있겠지만 모두 자기중심적이다. 우리는 먼저 우리 자신과 자신의 욕구충족에 관심을 기울인다. 우리는 스스로 스트레스를 주고 싶어 하지 않고 동기부여를 받고 싶어 한다. 접근방법을 바꾸어 다른 사람에게 스트레스를 주지 않는 사람이 된다는 것 또한 때로 힘든 일이다. 그러나 우리는 타인을 잘 배려할수록 더 적은 스트레스를 주게 되며 그러면 타인은 더욱더 고무되어 당신과 함께 일하게 된다. 하지만 우리가 매우 신중하게 대처하고 조심했음에도 불가피하게 대립되는 상황에 놓이게 될 수 있다. 따라서 다음 두 장에 걸쳐서는 갈등을 성공적으로 해결하는 법을 배운 사람들의 비밀을 파헤쳐볼 것이다.

21 갈등을 기회로 전환하기

　　이번 장에서는 각 성격에 맞는 의사소통기술에 대해 설명하도록 하겠다. 여기에서 당신은 적극적으로 인간관계를 맺는 중요한 기술, 곧 갈등 상황을 최소화하고 각 성격에 따른 갈등을 줄이는 방법에 대해 배우게 될 것이다.

　　대부분의 사람은 고객이나 종업원, 동료와 겪는 수많은 갈등의 근원이 성격에 있다는 사실에 동의할 것이다. 따라서 이번 장에서는 네 가지 핵심 성격유형의 행위와 각각의 반응을 예상할 수 있는 효과적인 접근법에 대해 알아볼 것이며, 갈등 상황에서 주로 나타나는 선입견에 따라 자신의 성격을 조절하는 기술에 대해서도 살펴보겠다. 더불어 갈등을 줄이거나 예방하는 방편으로 타협과 합의의 과정을 간략히 예시하는 동시에, 갈등 상황에서 보일 수 있는 각 성격유형별 행동과 부정적인 분위기를 반전시키는 효과적인 의사소통방법에 대해서도 살펴보겠다.

공감의 위력

갈등을 해결하는 데 가장 필요하면서도 가장 중요한 감성역량은 공감, 즉 타인과 감정적으로 동일시하는 과정이다. 사실 공감은 모든 갈등을 관리하는 기초다. 공감은 갈등에서 벗어나는 기법을 터득한 사람만이 보여주는 기술이다.

다니엘 골만은 저명한 사람에게서 보이는 감성지능에 관한 획기적인 연구를 통해, 다섯 가지 감성적 지능을 확인하였다. 이는 각각, 지각력, 절제력, 회복력, 공감, 그리고 사교술이다.

우리가 성격에 따른 갈등 해결이라는 사회적 기술을 전수하기에 앞서 공감은 성격에 따른 갈등을 해결하기 위한 기본적인 요구사항임을 알아야 한다. 우리의 핵심 성격 때문에 억지로 어떤 사안을 타인과 동일하게 느끼도록 한다는 것은 어려운 일이지만, 같은 맥락에서 타인도 어떤 사안을 우리와 다르게 느낄 수 있으며, 그들이 옳지도 틀리지도 않았다는 것은 최소한 이해해야 한다. 인식과 반응은 핵심 성격에 그 기원을 두고 있으므로 어떤 사안을 볼 때 당신도 다른 사람도 틀리지 않다는 것은 고무적이다.

사실 당신이 갈등을 해결하고 싶다면, 타인의 관점에서 공감하고 이해하는 것이 그 첫 번째 단계이다. 이렇게 되면 방어적 자세는 누그러지고 더욱 기꺼이 타협하게 될 것이다.

성격 렌즈

성격이 정반대인 사람을 이해하기 위해서는, '성격마다 독특한 렌즈를 통해서 세상을 바라본다'라는 비유적 표현을 이해하면 된다. 협

<그림 21-1> 성격 렌즈

| 분석가형 | 협동가형 | 동기부여자형 | 기업가형 |

동가형은 광각 렌즈를 통해 세상을 바라보며 항상 "중요 순간"을 포착하려고 하고, 그 과정에서 타인을 걱정한다. 또한, 기업가형은 망원경으로 세상을 바라보고 멀리 떨어진 해안(목표)을 향해 계속 이동하고 싶어 한다. 그리고 분석가형은 현미경을 통해 세상을 보면서 끊임없이 더 가까이 더 자세히 사물을 관찰하려고 한다. 마지막으로 동기부여자형은 만화경을 통해 세상을 보며 삶의 즐거움과 자유로움 그리고 흥분을 포착하고자 한다.

타인이 우리와 반대 성격을 가졌어도 이러한 비유적인 렌즈를 통해 보면 타인의 눈으로 갈등 상황을 바라볼 수 있다. 상대방의 인식을 이해한다면 대부분의 갈등을 합리적으로 판단하고, 깨진 관계를 화해시킬 수 있는 커다란 공감의 도약을 이루어낼 수 있다.

존이 넘어지다: 우화

다음 우화는 어떠한 인식과 갈등에 대한 성격의 역할을 잘 보여주는 예이다.

존과 그의 친구 넷은 존이 넘어질 때 자전거를 타고 있었다. 이 네 친구가 이 상황에서 어떻게 반응하는지 살펴보자.

협동가형 친구: "괜찮니? 도와줄까?"
기업가형 친구: "어디에서 자전거 타는 법을 배웠니? 서둘러, 늦겠어!"
분석가형 친구: "움직이지 않는 게 좋겠어. 내상을 입었을지도 몰라. 신발을 꼭 묶었으면 안 넘어졌을 텐데."
동기부여자형 친구: "멋지군! 공중제비 도는 거 봤니? 믿을 수 없었어!"

다음 날 학교에서 존의 친구 넷은 저마다 그 일을 다르게 설명하였다.

협동가형 친구: "내 친구들이 이런 애들인지 몰랐어요. 존이 넘어졌는데 한 친구는 일어나라고 소리를 지르고, 또 한 친구는 윽박지르고, 다른 한 친구는 웃고 있었어요. 피도 눈물도 없는 애들이에요."
기업가형 친구: "존은 바보야! 걔가 자전거를 잘 못 타는 바람에 우리가 모두 늦었고, 결국 제일 안 좋은 자리밖에 없었어. 다음부터 걔는 끼워주지 않을 거야."
분석가형 친구: "존은 너무 조심성이 없어. 치료를 받아야 해. 때때로 내상은 늦게 나타나거든. 실제로 죽었다는 사람도 있다던데."
동기부여자형 친구 : "대단했어! 그는 날면서 공중제비를 돌았거든. 난 존에게 올림픽 최고 점수인 10점을 줬어. 유혈이 낭자했지."

이야기의 교훈: 우리는 흔히 어떤 해결책에 서로 동의하지 않기 때문에 갈등이 일어난다고 생각하지만, 실제로는 각 핵심성격간의 차이 때문에 동일한 사건을 바라볼 때도 그에 대한 의견이 일치하기 어렵다는 점을 이 이야기가 잘 드러내준다.

타인의 관점

우리가 많은 갈등을 겪는 이유는 성격에 따라 이렇게 해석을 달리하고 반응하기 때문이다. 따라서 가장 우선적이면서도 강력한 갈등관리 방법은 상대방의 성격을 통해 사건을 바라보는 것이다. 갈등을 해결하기 위한 중요한 질문은 "우리가 무엇을 해야한다고 생각합니까?"보다는 "어떤 일이 일어났다고 봅니까?" 또는 "당신의 관점에서 보기엔 무슨 문제가 있습니까?"와 같이 물어보아야 한다.

우리는 먼저 (타인의 눈을 통해) 일어난 일이 무엇인지에 대한 의견이 일치하지 않은 상태에서 대응방안에 대해 논쟁한다면, 우리는 너무 자주 갈등을 일으킬 것이다. 앞서 본 우화에서처럼 각 성격유형은 고유한 핵심성격의 영향으로 동일한 사건도 다르게 보기 때문이다. 따라서 우리가 사건을 바라보는 타인의 관점을 이해하기 전까지 어떤 해결책을 만들어내려 하는 것은 헛된 노력일 뿐이다.

연속적인 갈등은 대부분 핵심성격에서 비롯된다. 갈등의 주관적인 면 때문에 정확히 어느 정도가 성격에서 기인하는지는 논쟁의 여지가 있다. 하지만 우리는 동료, 종업원, 고객과 겪는 갈등에 각각의 성격이 매우 중요한 역할을 한다는 점을 알고 있다.

누구의 잘못인가? 스트레스의 원인

일단 각각의 행동과 반응을 핵심성격에 따라 명확히 밝혀낼 수 있다면 동료, 종업원, 그리고 고객에 대한 접근방법은 비난과 속임수에서 타협— 곧 두 성격의 중간지점에 맞추기 — 으로 바뀔 수 있다.

어떤 사람의 핵심성격은 행동을 이끄는 DNA와 같다. 따라서 그 사람의 핵심성격을 바꾸려고 하면 저항, 좌절, 그리고 적대감에 부딪힐 것이다. 누구든 성격상 아주 불편함을 느끼는 행동을 접하게 되면 긴장을 하고 스트레스를 받게 된다. 따라서 지속적으로 저항하는 종업원에게 이러한 방식을 계속해서 강요하는 재무상담사나 관리자는 이내 갈등의 초점이 될 것이다.

핵심성격별 갈등해소는 생산과 관리 문제에서도 중요한 역할을 한다. 다음은 핵심성격이 우리의 일상생활에 어떻게 작용하는지에 대한 몇 가지 사례이다.

- **시나리오** ① 기업가형 관리자가 매우 민감한 협동가형 재무상담사에게 큰소리로 명령을 한다.
- **시나리오** ② 기업가형 고객이 필요한 세부자료를 제공하지 않은 채 재무설계서를 완성하라고 강요할 경우 분석가형 재무상담사는 좌절한다.
- **시나리오** ③ 일반적으로 직장 내에서 소란이 일어나는 또 다른 사례로는 비인간적인 접근법을 택한 분석가형 관리자가 인간적인 관계를 무시한 채 과정에만 초점을 맞춰, 관계를 중요하게 생각하는 협동가형이나 동기부여자형과 불화가 생기는 경우이다(이 사항과 반대의 경우도 성립할 수 있다).
- **시나리오** ④ 협동가형 고객은 기업가형 재무상담사의 솔직함 때문에 기분이 언짢아지기 쉽다. 또한 동일한 기업가형 재무상담사는 협동가형 고객의 우유부단함 때문에 실망한다.
- **시나리오** ⑤ 동기부여자형 재무상담사는 분석가형 고객의 비관적인 관점과 상세한 내용 요구, 그리고 끊임없는 수정 때문에 일이 진행되지 않는다고 느낀다.

이러한 모든 상황에서 갈등을 줄이려면 관련된 각 성격유형의 당사자가 함께 일하면서 관계를 형성하는 데 편안한 방식을 만들도록 타협해야 한다. 예를 들면, 우리는 유사한 상황을 겪고 있는 사람이 직장 내에서의 관계를 다음과 같은 방식으로 개선하는 것을 보았다.

1. 성격에 따른 긴장감에 맞선다.
2. 절충안으로 타협을 한다.

성격유형별 타협방식

▶ 시나리오 ① 기업가형 관리자와 협동가형 재무상담사

기업가형의 타협

- 자기의 주장을 설명할 방식을 찾는다.
- 부탁한다(명령하지 않는다).
- 좌절하는 것을 보면 잠시 멈춰 질문한다.

협동가형의 타협

- 기업가형의 솔직성이나 자극을 개인적인 공격으로 생각하지 않는다.
- 지시사항을 받아 적고 복창한다.

▶ 시나리오 ② 기업가형 고객과 분석가형 재무상담사

기업가형의 타협

- 완벽을 추구한다는 점을 이해해야 한다.
- 완료하라고 강요하기 전에 먼저 반응을 기다린다.
- 열린 마음으로 자신의 주장을 설명한다.
- 목소리와 몸동작으로 인내심을 보여준다.

분석가형의 타협

- 동의할 수 있는 분야를 찾고, 판단하려는 충동을 억제한다.
- 혁신적인 정보는 경청하고 고려한다.
- 부정하거나 냉소하지 않고 반대 입장에 서서 토론한다.

▶ 시나리오 ③ 분석가형 관리자와 동기부여자형 종업원

분석가형의 타협

- 접근법에 있어서 더 개인화하려고 시도한다.
- 열정을 발휘하면서 일하고 있으면 과정을 제대로 수행하고 있다고 이해한다.
- 어느 정도 사교를 위한 시간을 갖는다.
- 창조적인 정보를 요구한다.

동기부여자형의 타협

- 제안하기 전에 아이디어를 체계화할 수 있는 도움을 받는다.
- 후속 절차에 대한 계획을 준비한다.
- 분석가형은 상세한 내용이 있어야 안심한다는 점을 이해한다.
- 분석가형이 정보를 제공할 때 집중한다(메모한다).

▶ 시나리오 ④ 협동가형 고객과 기업가형 재무상담사

협동가형의 타협

- 기업가형은 실천과 결과를 필요로 한다는 점을 이해한다.
- 솔직하면서 유머감각을 유지한다(기업가형은 어느 정도 조롱 섞인 말을 할 수도 있다).
- 기업가형의 정보를 요청하고 결정에 대한 시간일정을 제시한다.

기업가형의 타협

- 대응하기 앞서 협동가형의 민감한 반응을 염두에 둔다.
- 협동가형과 선택과 결과를 터놓고 이야기한다.
- 완고한 음조를 부드럽게 한다.

▶ 시나리오 ⑤ 동기부여자형 재무상담사와 분석가형 고객

동기부여자형의 타협

- 분석가형에게 심사숙고하지 않은 아이디어를 표현하지 않는다.

- 제안 속도를 늦추고 짧게 축약한다.
- 비관적인 견해를 일을 망치는 것이 아니라 도움이 되는 사전 점검으로 여긴다.
- "이 일을 하는 데 무엇이 필요합니까?"라는 질문을 한다(메모하라).

분석가형의 타협

- 동기부여자형에게 원하는 상세한 내용을 어디에서 얻을 수 있는지 물어본다(동기부여자형에게 상세한 내용을 얻기를 기대하지 마라).
- 큰 그림으로 들을 준비를 한다.
- 자발적으로 아이디어를 낸다.
- 당신의 표현이 절대 부정을 의미하여 긴장감을 주도록 하지 않는다.

터무니없는 기대

알렉산더 대왕에 대해 사람을 더 많이 알면 알수록 개를 더욱 사랑하게 됐다는 말이 전해지고 있다. 직장 내의 사람들이 모두 당신의 성격이나 특이한 버릇과 일치하기를 기대한다면 그것은 상식 밖의 일이다. 당신과 유사한 특성을 가진 사람은 당신과의 자연스러운 관계 형성에 편안해 할 것이다. 이런 사람과는 타협이 거의 필요 없으며, 당신은 그저 자신의 모습을 견지하기만 하면 된다.

외교적 수완, 자제, 타협은 반대 성격유형을 가진 사람을 대할 때 가장 필요하다. 상충되는 성격을 가진 사람을 대하면서 자신의 성격을 억누르고 타협하기를 거부한다면, 우리는 강력한 저항과 분노의 힘에 부딪칠 것이다.

당신이 스스로 당신의 성격에서 나오는 충동을 억누른다면 상대방도 — 당신이 자기 쪽으로 다가옴을 느끼고 — 반응을 바꿀 것이라고 기대할 수 있다. 먼저 타협하려는 태도를 보여줌으로써 절충안을 내는 것이 합리적인 기대다. 앞에서 설명한 시나리오에서처럼 한 쪽 당사

자만 일방적으로 양보해서는 절충안을 낼 수 없다. 진정한 타협이란 양자 모두가 편안하게 느끼는 지점을 향해 똑같은 조치를 취하는 것이다.

성격에 따른 갈등 성향

우리는 네 가지 다른 성격유형에 따라 갈등에 대해 근본적으로 다른 반응을 볼 수 있다. 재무상담사는 긴장을 완화시키기 위해 이러한 성향을 이해해야 한다. 우리는 그러한 여러 가지 반응이 핵심성격의 DNA 속에 프로그램화되어 있다는 사실을 알지 못하기 때문에 종종 다른 성격유형에게 화를 낸다.

다음은 이 네 가지 성격의 일반적인 갈등에 대한 반응 중에서 몇 가지만을 제시한 것이다.

일반적인 갈등에 대한 협동가형의 반응

협동가형은 갈등 상황에서 다음과 같이 반응한다.

- 공격적인 대인관계를 피한다.
- 조용해진다.
- 태도가 딱딱해진다(낙담하여 얼굴이 빨개진다).
- 감정적으로 변하거나 방어 자세를 취한다.
- 기분을 상하게 한 사람이 아닌 다른 사람에게 불만과 감정을 토로한다.
- 인정받지 못할까봐 미리 양보하거나 동의하는 것처럼 가장한다.

재무상담사는 협동가형에게 갈등이나 불만이 늘어나고 있는지를 파악해야 한다. 협동가형은 불만을 미묘하게 표현하기 때문에 결국 무시되거나 화해를 위해 피상적으로만 처방을 한다. 협동가형이 입을 다물고 얼굴을 붉히고 당황스런 눈빛을 보이거나 방어적인 태도로 응답하면 이는 갈등이 점점 쌓이기 시작한 것이다.

협동가형과 갈등 상황에 있다면 현명한 재무상담사는 다음과 같이 행동해야 한다.

- 그 상황에서 생각과 감정을 물어본다.
- 잘 경청하면서 관심과 존경심을 보여준다.
- 갈등을 해소하는 데 필요한 조치를 설명한다.

일반적인 갈등에 대한 기업가형의 반응

기업가형은 갈등 상황에서 다음과 같이 행동한다.

- 직접적이고 공격적인 접근을 시도한다.
- 대결 구도를 급격히 확대한다.
- 협력이 없으면(경쟁적이면) 승 또는 패의 결과를 낳는다.
- 단숨에 걱정을 해소하려고 한다.
- 감정보다는 결과를 고려하여 문제를 해결한다.
- 문제를 해결하기 위한 창의적인 해결책에 관심을 가진다.

기업가형은 타고난 솔직한 성향 덕분에 갈등에 정면으로 대처할 것이다. 어떤 사람은 그 솔직함으로 감정이 상하지만, 몇몇 사람은 솔직함을 높이 평가하기도 한다. 기업가형은 종종 '보는 것만이 아는 것'이라는 마음가짐으로 행동하고, 특히 갈등 상황에서는 어떤 핑계도 싫어한다. 이러한 성격은 해결책이 정당하다고 느끼면 다른 사람의 감정을 해칠까봐 걱정하지 않으며 감정적 반응에 대해 "그들은 이겨낼 거야"라고 말한다. 그러나 기업가형은 매우 결과 지향적이기 때문에 문제해결에 필요한 독창적인 정보에 관심을 기울이고, 애태우거나 분노를 숨기기보다는 신속하게 문제를 해결하려고 한다.

기업가형과 갈등 상황에 있는 지혜로운 재무상담사는 다음과 같이 행동한다.

- 논쟁을 피하고 불만과 해결책에 대해 경청한다.
- 갈등 해결에 가장 좋은 방법을 요구한다.
- 잘못을 (변명하지 않고) 바로 털어놓는다.
- 상황을 극복하고 앞으로 나아갈 태세를 갖춘다.

일반적인 갈등에 대한 분석가형의 반응

분석가형은 갈등 상황에서 다음과 같이 행동한다.

- 저항이 커지고 수동적(공격적)으로 변한다.
- 사실과 논리력으로 타인을 압도한다.
- 방어 자세를 취한다.
- 정보를 공유하지 않는다.
- "……라면 어떻게 하지?"라는 질문과 "입증해봐!"라는 말로 반응한다.
- (비판적인) 흑백논리로 상대방과 상황을 판단한다.

분석가형과의 갈등을 해소하는 일은 기업가형과 비교할 때 완전히 다르다. 기업가형은 신속한 해결책을 원하는 반면 분석가형은 완전한 해결책을 바란다. 분석가형은 갈등을 일으킨 모든 원인을 살펴보고, 그러한 상황이 재발되지 않도록 신중하게 방지책을 마련한다. 분석가형은 압도할 만한 증거가 없다면 자신의 견해를 바꾸려 하지 않을 것이다. 갈등 상황에서 분석가형이 가장 먼저 보이는 반응은 방어 자세를 취하면서 자신의 의견이 옳다고 입증하려는 것이다. 분석가형은 갈등을 해결하는 데 필요한 정보를 공유하지 않거나 해결 과정에 전혀 참여하지 않으려고 할지도 모른다.

분석가형과 이러한 갈등 상황에 있는 현명한 재무상담사는 다음과 같이 행동한다.

- 해결을 강요하지 않는다(인내심을 갖고 접근하며 조심스럽게 움직인다).
- 논쟁과 비난을 피한다.
- 메모를 하고 갈등의 재발을 방지하기 위해 필요한 원인분석과 해결책을 요청한다.

일반적인 갈등에 대한 동기부여자형의 반응

동기부여자형은 갈등 상황에서 다음과 같이 행동한다.

- 부정적으로 느껴지면 그 상황을 피한다.
- 상황을 벗어나거나 적당히 넘어가려고 한다.
- 비평이나 개인적 갈등에 대해 감정적으로 반응하며 공격당한다고 여긴다.
- 다른 사람을 설득하여 같은 편이 되어 통제나 복수를 추구한다.
- 갈등을 공개적인 농담으로 넘기려 하거나 하찮게 생각한다(그러나 마음속으로 기분이 언짢다).
- 혼자말로 상대방을 제압한다.

동기부여자형은 재미있는 삶을 살아가려는 본성에 거슬리는 갈등과 직면할 때 매우 불편해 한다. 동기부여자형은 자기 주장에 찬성하는 사람을 모아서 다수의 힘으로 승리를 추구하는 데 뛰어나다. 동기부여자형은 금세 우호적인 분위기를 만들어 상황의 심각성을 희석시키면서 피상적으로 해결하려는 경향이 있으며, 화내고 불만을 토로하며 초조한 말투를 사용하는 사람을 피한다. 동기부여자형은 비평을 위협적으로 받아들이기 때문에 상대방을 공격하거나 불만을 토로하면서 대응한다. 동기부여자형은 갈등의 앙금이 남아 있어도 없어

330 제4부 설득력 있는 성격

질 것이라고 기대하면서 문제가 해결된 것처럼 행동한다.

동기부여자형과 갈등 상태에 있다면 현명한 재무상담사는 다음과 같이 행동해야 한다.

- 친근하고 긍정적인 방법으로 고객에게 접근한다.
- 긴장을 누그러뜨리는, 자신을 낮추는 유머를 사용한다.
- **나** 또는 **당신**이라는 접근법보다는 **우리**라는 접근법을 구사한다.
- 그들의 생각과 해결 방안을 요구하면서 계속해서 듣는다.

이번 장에서 설명한 것처럼 타인과 긴장과 갈등을 겪는 까닭은 우리가 고지식하며 생각의 초점을 잘못된 방향으로 맞추기 때문이다. 우리는 왜 일어났는가 보다는 무엇이 일어났는가에 초점을 맞춰야 한다. 우리가 타인의 행동과 반응 속에 숨겨진 의미를 볼 때 그 고유의 성격유형을 파악할 수 있다. 이러한 성격의 성향을 인식하는 방법을 배우는 것이 갈등을 완화하고 해소하는 데 효과적이다.

설득력이 뛰어난 재무상담사는 각 성격유형마다 편안하게 느끼는 영역이 있으며, 그 영역을 벗어나면 갈등이 생긴다는 사실을 알고 있다. 그러한 사실을 인식하면 기회는 찾아온다. 우리가 고객이 편안하고 안전하게 느끼는 데 장애가 되는 것이 무엇인지 알고 고객의 편안함을 충족시키기 위해 자발적이고 유연한 모습을 보인다면, 기회가 주어질 것이다.

22 설득력 있는 갈등해소 기술

　사람들은 대치라는 단어를 떠올리면 부정적인 감정과 갈등이 고조되는 상황을 연상한다. 하지만 대치 상황을 적절하게 다루는 방법은 갈등을 해소하고 장래에 생길지도 모를 갈등을 예방하는 데 매우 긍정적이며 감정적인 역할을 한다. 여기서 중요한 것은 접근법이다.

　최근 우리는 어느 사업주가, 화가 나서 사무실을 찾아온 하청업자를 만난 이야기를 들었다. 그 하청업자는 자신의 직업과 매우 잘 어울리는 전형적인 인간형, 즉 참을성이 없고 고집스러우면서도 건강해보이는 근육질의 남자였다. 그는 사업주에게서 받을 3만 달러를 받지 못하면 건물에서 한 발자국도 움직이지 않겠다고 비서에게 말했다. 비서는 그 사람의 목소리가 워낙 거칠어 돈을 주지 않으면 절대 돌아가지 않을 거라고 생각했다. 그래서 비서는 그 상황을 사업주에게 알리기 위해 전화를 걸었다. 놀랍게도 사업주는 "오 저런, 당장 내 방으로 안내해주세요"라고 말했다.

당황했던 비서는 20분이 지나서 하청업자가 확 달라진 모습으로 사업주의 방을 나오는 장면을 목격했다. 하청업자는 그 회사의 로고가 찍혀 있는 재킷을 입고 수표 3,000달러를 손에 쥐고선 사업주가 얼마나 훌륭한 사람인지를 끊임없이 칭찬했다. 하청업자가 생각했던 것과는 정반대로 사업주는 하청업자를 보자마자 얼굴에 미소를 띠고 악수를 청하면서 매우 반가워했다고 했다. 사업주는 하청업자의 불만을 듣고 난 후, 사업이 성장할수록 하청업자와 좋은 사업관계를 유지해나가는 것이 매우 중요해졌다고 말하면서, 사업이 커가면서 겪게 되는 현금 유동성 문제로, 먼저 3,000달러를 주고 두 달 뒤에 잔금을 치르겠으니 양해해달라고 말했다. 그러고는 하청업자에게 꼭 맞는 회사 재킷을 주고 기분좋게 내보냈다.

이 이야기를 통해 우리는 경청하려는 의지와 약간의 외교적인 기술만 있으면 아무리 대하기 힘든 상대방도 훌륭한 아군으로 바꿀 수 있음을 알 수 있다. 이를 통해 대치 국면에서 뛰어난 기교를 발휘할 수 있는 성격을 연구하고 그러한 사람이 보여줄 수 있는 외교적 역량에 주목하게 되었다. 이러한 유형을 경험에 따른 갈등해소 법칙 (Confrontational Rules of Thumb)이라고 부르기로 하겠다. 힘들고 짜증나고 기진맥진한 상황에서 이 법칙을 따르게 되면, 서로간의 갈등으로 고생하기보다는 그러한 갈등을 활용하는 설득의 매력을 경험할 수 있을 것이다. 현명하고 설득에 뛰어난 재무상담사는 거친 풍파가 몰아치는 바다를 무사히 항해할 수 있는 선장에게 오히려 기회가 올 것임을 알고 있다. 이렇게 간단하면서도 효과적인 갈등해소 법칙을 따르면, 찬사와 확신, 그리고 신뢰를 얻을 것이다.

갈등해소 법칙① **투명해야 한다**

갈등을 겪는 상대방에게 동기를 부여할 수 있는 가장 좋은 방법은 확실하면서도 정직한 안건으로 시작하는 것이다. 우리는 종종 동기를 의심하기 때문에 함께 일하지 못하거나 일을 끝까지 성취하지 못한다. 고객은 "당신에게만 이익이 되지, 나에게는 뭐가 있어?"라고 생각한다. 따라서 그런 문제를 피하려면 "제가 이 상황에서 일하고자 하는 이유는 …… 때문입니다"라고 말하면서 당신이 왜 그렇게 하고 있는지 명확하게 설명해주어야 한다. 고객이 동기를 정직하게 받아들이지 않으면 마음속으로 의혹을 품으면서 진정한 의도를 찾으려고 할 것이다. 알다시피 "날 위한 건 뭐가 있지?"라는 평범한 한마디는 이미 정글의 법칙(개인적인 이익을 기대할 수 없으면 좀처럼 행동으로 옮기지 않는다)이 되었다.

대치 국면에서 갈등을 해소하고자 한다면 그렇게 행동하는 이유와 당신의 이익이 무엇인지를 투명하게 언급해야 한다. 당신이 추구하는 이익은 다음과 같은 감정적인 것일 수도 있다. "의사소통이 잘못되었기 때문에, 그리고 우리 사이에 어떤 긴장과 불신을 갖고 싶지 않기 때문에 오늘 이야기를 하고 싶습니다. 이 문제를 털어놓고 이야기하고 서로 이해했으면 합니다. 당신을 고객으로 소중하게 생각하고 있으며, 향후에도 이러한 관계가 계속되고 더욱 발전하기를 바랍니다."

당신의 의도를 공개적으로 보여주었기 때문에 상대방은 이렇게 시작하는 것만으로 마음속의 의혹을 풀 것이다. 당신은 거래를 계속 유지하며 서로간에 긴장이 해소되기를 바란다고 했기 때문이다. 동일한 상황에서 "우리는 이러저러한 상황에 대해 대화할 필요가 있어요"라고 말하면, 고객은 "무엇 때문에 이런 이야기를 하고 싶은 거죠?"라며 의아해 할 것이다. 어떤 갈등에 직면했을 때 투명하지 못하면 의혹은 더욱 커지고 의사소통은 점점 더 소모적이며 방어적인 형태가 될 것이다.

갈등해소 법칙② 비난은 받아들이고 공로는 다른 사람에게

대부분의 사람이 공통적으로 가지고 있는 자기중심적인 감정으로, 일이 잘 되면 그 명예를 취하고 잘못되면 그 비난을 다른 사람에게 돌리는 행태가 있다. 기업이나 조직에 있는 사람은 종종 이러한 행위 때문에 수년 동안 분노하는 경우가 많다. 사람은 본래 공을 세운 부분에 대해서는 인정받고 싶어 하고 실수한 부분에 대해서는 적당히 흥정하면서 인간다운 대접을 받길 원한다. 오직 확신에 차있고 자신감이 넘치는 재무상담사만이 의사소통에 실패하고 과정에 잘못이 있었을 때 진심으로 책임감을 느낀다.

감성적으로 지적인 재무상담사는 어려운 상황에서의 리더십이 전체 조직의 유형을 형성한다는 사실을 알고 있다. 비난은 받아들이고 공은 다른 사람에게 돌리는 재무상담사는 조직의 성공에 팀의 역동성을 중요시한다. 정열적으로 공헌해도 인정이나 보상을 받는 수위가 낮거나 전혀 없다면 동기부여는 바로 사라져버릴 것이다. 따라서 재무상담사가 다른 사람의 성과를 독차지하려 한다면 이런 의욕상실의 악순환은 계속될 것이다. 불성실하면서 자기중심적인 행위는 신뢰와 충성도를 잃게 만들어 결국 갈등과 협력에 대한 저항만을 가중시키게 된다.

"전 고객의 포트폴리오를 통해 이익을 많이 내면 우쭐대며 자랑하고, 손해를 입게 되면 시장을 욕하면서 고객의 신뢰를 얻기 위해 위험한 밧줄 위에서 곡예를 하려는 재무상담사를 많이 보아왔습니다. 하지만 제 스승인 모리 씨는 정반대의 것을 가르쳐주셨죠. 그는 고객이 한 해 동안 고수익을 얻었다면 "올해는 시장이 우호적이었어요"라고 말합니다. 그러면 고객은 "똑똑한 모리 씨를 알아서 정말 좋군"이라고 생각하면서 돌아가죠. 또한 같은 고객이 실적이 나쁜 한 해를 보냈다면, "금년에는 일을 잘못했어요. 그러나 호전될 거예요"라고 말합니다. 그러면 고객은 "시장 상황이 최악이었어요. 다른 사람과 거래했으면 훨씬 더 심했을 거예요"라고 말하고 돌아가죠. 전 그가 성공했다고 자랑하거나 실패했다고 푸념하는 것을 들은 적이 없었어요. 고객은 절대적으로 그를 신뢰했죠. 그리고 저도 똑같은 방법을 실천해왔어요."

—에버레트 C. 독립 재무상담사

항상 옳다고 하는 사람에게는 뭔가 잘못된 것이 있기 마련이다.

—무명씨

세상은 다른 사람이 잘하면 그 공로를 가로채고 싶고, 잘 못하면 다른 사람에게 비난의 화살을 돌리고 싶어 하는 사람들로 득실거리고 있다(이것이 수많은 사업상 갈등의 근원이다). 함께 일하고 있지만 피하고 싶은 사람을 쳐다보라. 이 두 번째 법칙이 무엇이 잘못되었는지 확실히 밝혀줄 것이다.

우리는 불안감 때문에 "공로는 내 것, 비난은 다른 사람에게"라는 규칙을 무의식적으로 따르며 살고 있다. 하지만 "아시다시피 실패로 끝났습니다. 저 자신이 먼저 반성할 것입니다. 제가 어디서 실수를 했는지 스스로 물어보겠습니다. 제가 무엇을 간과했습니까"와 같이 말을 할 때 일어나는 마력을 관찰해보라. 재무상담사가 되려거든 내게 발생하는 모든 것을 책임질 준비를 하고 책임질 수 있으며 기꺼이 책임을 감수해야 한다.

반대로 일이 잘되어간다면, "비록 나도 참여했지만, 직원이나 동료가 맡은 역할을 제대로 하지 못했다면 그렇게 잘 되지는 않았을 것입니다. 우리는 바로 팀으로 일하고 있지 않습니까"라고 말해야 한다. 위대한 일의 이면에는 그 일을 가능케 한 팀 구성원이 있다. 이렇게 팀 구성원에게 고마운 마음을 전했을 때 당신이 다른 사람에게 얼마나 매력적인 사람으로 비치는지 지켜보라. 고객은 공로를 다른 사람에게 돌리고 비난은 자기 탓으로 받아들이는 믿음직한 사람과 같이 하고 싶어 한다.

이것이 바로 비난을 받아들이는 마력(당신의 적을 무력화시킨다)이다. "고발될 것을 알 때는 먼저 자수하라"와 같은 옛 속담은 시사하는 바가 크다. 자수함으로써 적이 가진 무기를 제거할 수 있다. "제가 큰 실수를 했군요. 죄송하지만 처음이 아니군요. 제가 어떻게 실패했는지 아시나요? …… 했을 때의 상황을 말씀드릴게요"라고 말하면 타인의 채찍이 자책으로 바뀌면서 적은 무장해제된다. 이렇게 되면 말 그대로 실수에서 벗어나게 되면서, 고객은 "음, 저도 인정합니다. 하지만 그 정도면 됐어요!"라고 생각하기 시작한다. 또한 우리는 자수하는 현상을 주의 깊게 지켜보았다. "이 문제는 제게 책임이 있어요"라고 말하면 갑자기 고객은 "글쎄요, 당신만 책임 있는 건 아니죠. 저도 그럴 수 있었을 거예요"라고 말하기 시작한다. 대부분의 싸움은 "네가 그렇게 했어", "아니야, 난 그렇게 하지 않았어"와 같이 주고받는 핑퐁 경기와 같다. 따라서 이러한 절망적인 상황을 극복하는 방법은 비난을 받기 전에 비난을 받아들이면 된다.

갈등해소 법칙③ 내 문제인지 우리 문제인지를 파악하라

잠재적이면서도 실질적인 갈등 상황에서 우리가 사용하는 말의 뉘앙스에 주목할 필요가 있다. 우리가 고의로 또는 부주의로 문제를 일으키고 나서 "우리에게 문제가 있어요"라고 동료나 고객에게 말한다면, 그것은 그 사람도 똑같이 그 문제를 만들었기 때문에 해결할 책임을 나누어 가져야 한다고 말하는 것과 같다. 하지만 이런 식의 접근법은 저항에 직면할 것이다.

물론, 과실에 대해 동등하거나 비례적인 책임이 있다면 "우리에게 문제가 있어요" 또는 "저에게 문제가 있어요"라고 말하는 것이 현명한 접근방법이다. 그렇게 말하는 것은 팀 단위로 문제를 해결하고 기꺼이 도와주겠다는 의도를 반영하고 있기 때문이다.

하지만 문제의 원인이 순전히 다른 사람에게 있을 때, "당신에게 문제가 있어요"라는 식으로 그 사람만을 부정적으로 보일 수 있게 하는 말은 삼가라. 이런 방법은 수면을 향해 다이빙하면서 배가 먼저 닫는 모습을 느린 동작으로 재생해서 보는 것(매우 고통스러운 경험)과 같다. "우리는 지금 문제가 있는 것 같아요" 또는 "우리가 해결책을 찾아야 해요"라고 말하는 것이 가장 안전한 방법이다. '우리'라는 말을 사용하면 이 상황에서 그들이 혼자가 아니라 팀의 일원으로서 일하고 있으며, 당신이 그 상황을 해결하기 위해 거기에 있음을 알려주기 때문이다.

마지막으로, 당신이 문제를 일으켰다면 그 상황은 '우리'의 문제가 아니라 '나'의 문제가 되어야 한다. 내가 문제를 일으켰기 때문에 그것은 내 문제이지 우리의 문제가 아니다. 그때 "제게 문제가 있어요. 제 실수로 일을 망쳤어요. 좀 도와줄 수 있어요?" 또는 "안타깝게도 문제를 일으켜 놓고 혼자서 해결할 수가 없군요. 저를 도와줄 방법은 없나요?"라고 말하는 것이 중요하다. 대부분의 사람은 이러한 접근 법에 대해 어떻게 대답할까? 그들은 마음이 내키지 않더라도 도와줄 것이다. 그러나 당신이 문제 발생과 전혀 관계가 없는 상황에서 비난을 받고 있다면 어떻게 하겠는가? 비록 부당하게 비난받고 있더라도 다음과 같은 두 가지 방법으로 당신은 아군을 얻을 수 있다.

1. 당신이 문제를 발생시켰으면 잘못을 인정하고 도움을 요청한다.
2. 다른 사람이 문제를 일으켰더라도 책임을 공유하거나 떠맡아라.

갈등해소 법칙④ **자기를 낮추는 유머를 하라**

생리학적으로 웃음과 긴장은 동시에 동일한 공간을 차지할 수 없다고 한다. 예를 들어 약 45kg의 짐을 들고 있는데 누군가가 웃긴 농담을 하면 웃음이 무게를 지탱하는 데 필요한 긴장을 풀어버리기 때문에 짐을 떨어뜨리게 될 것이다. 이러한 예는 사람들이 직장 내에서 갖고 있는 신념에 대한 적절한 은유로 변용되며, 종종 인간관계의 갈등을 설명할 때 사용된다. 자기를 낮추는 유머감각으로 이러한 갈등을 다룬다면 갈등을 유발하는 긴장감을 해소시킬 수 있을 것이다.

자신을 보고 웃을 수 있다면 축복받은 사람이다. 따라서 그의 즐거움은 끊이지 않을 것이다.

—무명씨

우리가 생활하면서 호감 가는 사람이 되기 위해 필요한 한 가지 법칙을 선택해야 한다면 이 '스스로를 웃음거리로 만드는 법을 배우라'라는 법칙을 택하라. 우리는 자기 자신을 너무 심각하게 받아들이지 않고, 스스로를 웃음거리로 만들 수 있는 사람을 좋아한다. 스스로를 웃음거리로 만들 수 있는 사람은 의사소통하기가 쉽고 가까이 하기도 쉽다. 사람은 웃음과 미소에서 매력을 느끼고, 자기를 낮추는 사람에게서 안정과 자신감을 엿볼 수 있다. 결점을 농담 삼아 할 수 있다는 것만으로 다른 사람은 암암리에 그 사람이 젠체하지 않으며 상당히 믿을 만한 사람이라고 생각하게 된다.

완벽주의자란 열심히 노력하는 사람이며, 다른 사람에게도 이런 노력을 요구한다.

—무명씨

많은 사람들, 특히 너무 심각하게 생각하는 사람들은 왜 항상 갈등 상황에서 젠체할까? 이는 그 사람들이 좋은 이미지를 유지하고 싶어 하고 자기의 실상이 드러나는 것을 싫어하기 때문이다. 이러한 방어적 자세를 심리학에서는 가면증후군(Imposter Syndrome)*이라고 한다. 우리는 자기가 정말로 아는 게 무엇인지, 또는 자신이 진정 어떤 사람인지 다른 사람이 알까 두려워한다. 갈등이 잠재해 있는 상황에서 "어제는 제가 좀 바보 같았어요"라는 식으로 당신이 자신을 낮추는 말로 시작하면 상당히 멋지게 출발하는 셈이다. 이렇게 하면 상대방이 방어 본능을 덜 일으킬 것이다. 하지만 만약 그들이 "맞아요. 당신 정말 바보 같았어요"라고 한다면 움츠러들지 말고 "최소한 그 점에 대해선 우리가 서로 일치하는군요"라고 말하라. 이렇게 말하면

---

* 사회적으로 존경받는 신분임에도 가면이 벗겨지면 자신의 참모습이 드러날까봐 걱정하며 망상에 시달리는 현상.

당신은 성공적으로 일을 해내고 있는 것이다. 이러한 쾌활함 뒤에는 심리적 변화를 일으켜 더 이상 스스로를 심각하게 생각하지 않으면 상대방도 그렇게 하려고 할 것이다. 자기를 낮추는 것은 긴장을 완화시키는 지렛대 역할을 한다. 그리고 이 지렛대를 사용하면 대화는 더욱 유익하게 바뀔 것이다.

요약해서 정리하면 유머를 사용하는 이점은 다음과 같다.

- 스스로를 비웃을 수 있는 사람은 갈등 상황에서 의사소통하기 쉽다.
- 웃음은 긴장을 완화시키고 스트레스를 조절하는 역할을 한다.
- 사람은 웃음과 미소에 끌린다.
- 자기를 낮추는 유머감각은 믿음을 주고, 그가 자신감 넘치는 사람임을 보여준다.

갈등해소 법칙⑤ 겸손한 자세로 접근하라

중요한 사실은 모든 것을 알고 나서야 배운다는 것이다.

―존 우든

다음과 같은 말은 겸손한 접근법을 보여준다.

- "제가 실수를 했습니다."
- "제가 바보 같은 짓을 했군요."
- "제가 제대로 했나요?"
- "더 훌륭한 계획이 있습니까?"
- "죄송합니다."
- "제가 이 일을 하려면 약간의 도움이 필요합니다."
- "제가 그 프로젝트를 우리가 이야기한 대로 따른 게 맞습니까?"

이러한 접근법에 익숙하지 않은 사람이라면 시작 단계에서는 힘들 겠지만 상대방의 어조나 반응의 변화를 보고 나면 곧 확신을 갖게 될 것이다. 갈등에 대한 TEAM 역학 접근법은 각 성격 스타일의 타 고난 강점과 약점을 인정한다. 각 성격유형마다 어떤 결점이나 문제 가 선천적으로 존재하고 있음을 안다면 이러한 약점을 고려하여 더 쉽게 유머감각을 발휘하고 겸손한 태도를 갖게 될 것이다.

비난과 자기 정당화만 계속해서 일삼는다면 긴장과 갈등만 일으킬 뿐이다. 우리가 옳더라도 이 길은 분노만을 낳을 뿐이다. 비요른 보그* 가 말한 "이겼다고 자랑하지 말고 졌다고 변명하지 마라"라는 스포츠 격언은 갈등을 관리하는 분야에서도 잘 통용된다.

우리가 전 세계의 모든 판매 전문가에게 전하는 가장 중요한 메시 지는 유머(Humor), 겸손(Humility), 그리고 갈망(Hunger)을 나타내는 세 문자 HHH일 것이다. 이 세 가지 무형적인 요소는 판매를 성공 으로 이끌어준다. 고객은 당신이 무언가를 갈망하고 있는지, 그리고 유머감각을 지녔는지 알고 싶어 한다. 겸손은 자만보다 더 큰 성공을 안겨다 줄 것이다. 겸손한 사람은 고마워할 줄 아는 사람이다. 겸손 한 사람은 자신이 출발한 곳과 현재 자기가 있는 곳에 감사한다. 겸 손한 마음의 소유자는 젠체할 필요가 없다. 간단히 말해 고객은 겸손 한 사람과 잘 통하고 신뢰한다. 약점과 강점을 모두 보이는 사람을 누가 싫어하겠는가? 당신이 겸손하면 상대방도 겸손하고 책임감 있 게 대답할 마음이 생긴다. 겸손이야말로 당신이 상호간의 인간관계 를 소중히 하고 있으며 열린 마음을 갖고 있다는 것을 보여준다.

* 프랑스 오픈에서 1978년부터 1981년까지 연속 4회 우승을 포함하여 6회 우승으로 최다 우승자이고, 1976년부터 1980년까지 윔블던 대회에서 5회 연속 우승한 테니 스 선수.

겸손은 백변종 울새만큼이나 희귀하다.

—A. W. 토저

"미안해요, 제가 잘못했군요" 또는 "제가 틀릴 수도 있을 겁니다" 또는 "제가 저지른 잘못을 용서해주세요"라는 식의 말을 자주 사용하라. 이렇게 겸손한 표현을 쓰면 당신의 인간관계는 더욱 끈끈해진다. 우리는 그렇게 겸손을 분명히 표현하는 사람을 더 편안하게 느끼며 교제하고 싶어 한다. 겸손한 마음을 지니고 있다는 것은 믿음직하고, 자신이 있으며, 현실적인 사람, 즉 모든 사람이 재무상담사에게 바라는 그런 유형의 사람이다. 이렇게 접근할 때 고객의 신뢰와 충실도는 높아질 것이다.

성격유형별 약점 인식

감성적으로 지적인 재무상담사는 성격상의 자산과 부채를 모두 알고 있다. 네 가지 각 성격유형(협동가형, 기업가형, 분석가형 및 동기부여자형)은 어떤 면에는 강점을, 다른 면에는 약점을 타고난다. 따라서 이러한 성격상의 약점을 알고 나면 함께 일하기가 더욱 쉽고 갈등을 해소하기가 더욱 쉬워진다.

인간관계에서 마찰을 일으키는 네 가지 성격유형의 약점은 다음과 같다.

협동가형
- 미루는 버릇이 있다.
- 솔직하고 직선적인 것을 싫어한다.
- 신경이 과민하다.
- 결단력이 부족하다.

- 지나치게 심각하다.
- 다수를 따르는 경향이 있다.
- 모험을 두려워한다.
- 끊임없이 확인하고자 한다.
- 다른 사람을 기쁘게 하려는 경향이 있다.

기업가형

- 무뚝뚝하며 둔하다.
- 조바심이 많다.
- 독단적인 태도를 보이며 생색을 잘 낸다.
- 긍정적 반응을 보이지 못한다.
- 최후통첩을 잘하는 성향이다.
- 대결을 잘하는 스타일이다.
- 쓸데없는 경쟁을 잘한다.
- 남의 말을 경청하는 데 서툴다.
- 일을 빨리 끝내려고 한다.
- 위험을 피하려는 유형에게 불만족을 느낀다.
- 비꼬는 말을 잘한다.

분석가형

- 비인간적으로 접근하거나 그런 모습을 잘 보인다.
- 사람보다 과정을 중시한다.
- 변화에 대해 저항한다.
- 비관적인 견해를 갖는 경우가 많다.
- 견해를 수정하는 데 시간이 걸린다.
- 방어적이다.
- 자기 정당화를 잘한다.
- 지적 오만에 차 있다.
- 비평만 하고 판단하려는 경향이 있다.
- 압박감을 느끼면 긴장하고 침착성을 잃는다.

동기부여자형

- 쉽게 지겨워한다.

- 충동적이다.
- 뒤처리가 깔끔하지 못하다.
- 공허한 약속과 피상적 헌신을 잘한다.
- 무질서하다.
- 설득을 위해 아첨을 잘한다.
- 갈등을 회피하려고 한다.
- 부적절한 말이나 불쾌한 행동을 잘한다.
- 남의 대화를 지배하려고 한다.
- 지나치게 주목이나 인정을 얻길 원한다.
- 목적을 달성하기 위해 교묘하게 남을 설득한다.
- 규율과 자제력이 부족하다.
- 다른 사람의 공로를 잘 가로챈다.

겸손한 태도로 갈등을 다루면 다음과 같은 이점이 있다.

- 겸손한 접근은 열린 마음자세에서 나온다.
- 겸손한 접근은 스스로의 약점과 강점을 인식하고 있음을 보여준다.
- 겸손한 접근은 겸손하고 책임 있는 대답을 유도한다.
- 겸손한 접근은 가까운 인간 관계를 소중히 하고 있음을 보여준다.

다른 사람과 대결해야 하는 상황에서 이 법칙을 잘 이용한다면 고객은 더욱 당신과 일하고 싶어 하고, 당신과 함께 문제를 해결할 방법을 찾으려고 할 것이다. 이러한 법칙은 갈등 상황을 없앨 수 있는 감성적으로 지적인 방법이다. 종종 무분별한 문제해결 방법 때문에 갈등이 점점 커질 때가 있다. 따라서 사람에 초점을 맞춘 접근법이 중요하다. 고객은 당신을 좋아할 이유를 발견한다면 더욱 도와주고 싶어 할 것이다.

벤저민 프랭클린이 1차 대륙회의(Continental Congress)* 회원과 겸

---

* 미국이 독립하기 전(1774년) 필라델피아에서 개최된 각 주 대표자 회의.

은 갈등에 관한 이야기가 하나 있다. 프랭클린은 중요한 안건을 실행하기 위해 어떤 한 사람의 동의가 필요했지만 그 사람은 절대 자신의 의견을 바꾸지 않았다. 그래서 프랭클린은 그의 호감을 사기 위한 방책을 강구했다. 그는 변화를 일으키기 위해서는 이 사람이 다른 관점에서 자신을 바라볼 필요가 있다고 생각했다. 따라서 프랭클린은 그 사람에게 호의를 베풀기로 마음먹었다. 하지만 그때, "다른 사람을 설득하려면 당신이 그 사람에게 선물이나 호의를 베풀기보다는 오히려 그 사람이 당신에게 선물이나 호의를 베풀도록 만드는 것이 낫다"라는 아이디어가 떠올랐다. 프랭클린이 그 사람에게 호의를 베푼다면 뇌물을 제공하는 행위로 쉽게 오해를 받았을지도 모르지만, 그 사람이 프랭클린에게 호의를 베풀게 한다면 그것은 그저 호의적인 행위로만 여겨질 것이기 때문이다. 그리하여 프랭클린은 자기가 읽고 싶어도 구할 수 없었던 귀중한 책 한 권을 그가 가지고 있다는 이야기를 듣고, 그에게 찾아가서 그 책을 좀 빌려달라고 사정했다. 그러자 그는 프랭클린에게 호의를 베풀고, 보다 우호적인 자신의 모습을 보여주게 되었다며 기뻐했다. 또한 프랭클린이 빌려준 책을 다 읽고 나서 그 책의 저자와 내용에 대해 토론을 시작하자 두 사람 사이의 대화는 더욱 다정해졌다. 이를 통해 프랭클린은 그 사람이 자기의 주장에 동의하도록 하는 타협을 이끌어냈다. 벤저민 프랭클린의 사례는 갈등해소에 관한 중요한 원칙, 즉 '타인이 당신을 좋아할 이유를 발견한다면 기꺼이 도와주려고 한다'라는 확신을 심어주게 되었다.

설득적인 갈등해소 기술은 결국 논쟁에서 이기거나 바라던 일을 성취하는 것을 넘어서 인간 관계의 우선순위를 적절하게 설정하는 능력을 갖는 것이다. 미래에 어떤 이익을 가져다줄지도 모르는 사람

과의 관계를 깨뜨리면서까지 논쟁을 이긴다 한들 무엇을 얻을 수 있
겠는가? 우리는 갈등해소 법칙을 설명하면서, 이런 식의 접근이나 대
응 방법이 결코 쉽다는 것을 말하려고 하는 것은 아니다. 우리 인간
은 변덕스럽고, 때로는 자신을 정당화하는 감정에 빠져 전혀 논리적
이지 않은 생각을 하기 때문에, 때에 따라서는 더 커다란 갈등이 생
길지라도 자신을 변론하고자 할 때가 있다. 그러나 당신은 앞서 설명
한 법칙을 실천함으로써 다른 시각으로 갈등을 바라보아야 한다. 그
러면 당신은 대부분의 사람이 논쟁이나 의견충돌, 그리고 이로 인한
긴장관계를 바라지 않는다는 것을 알게 될 것이다. 사람들은 해결책
과 마음의 평화를 바라고 있다. 따라서 이러한 법칙을 따른다면 당신
은 긴장을 해소하고 생각을 분명하게 표현하여 부정적인 상황에서
빨리 벗어나 앞으로 나아갈 수 있을 것이다.

이렇게 사소하고 미묘한 의사소통방법만으로도 당신은 당신이 일
하는 조직 내에서 팀의 역동성을 창출하는 데 커다란 기여를 할 수
있다. 누군가를 비난하기보다는 문제를 해결하는 데 집중하기 때문
에 다른 사람은 자신이 저지른 실수를 빨리 해결할 것이라고 확신하
게 되고, 그러한 환경에서 협력과 팀워크는 더욱 활발해진다. 현명한
재무상담사는 소속된 조직 내에서 '우리'라는 말이 뿌리를 내리도록
해야 한다. 또한 말뿐만 아니라 당신의 말투와 몸짓이 협력의 의미를
전달하는지도 확인하라. 팀워크를 이룰 수 있는 표현을 불성실하게
한다면 그것은 비난을 일삼는 행동이나 무책임한 행동과 마찬가지이
며 나아가 그보다 더 파괴적일 수도 있다. 대부분의 갈등은 서투른
의사소통 때문에 일어난다. 설득력이 뛰어난 재무상담사는 이를 잘
이해하고 자신이 일하기 편한 사람임을 알리면서 일을 한다.

마지막 당부사항

설득의 달인을 평가하는 기준은 단순히 많은 사람을 열광시키는 능력이 아니라 만나는 사람에게 긍정적인 영향을 미치는 능력에 있다. 그들의 영향력은 일 대 일 상담에서 상대방에게, 함께 일하는 팀원에게, 그들이 만나는 청중에게 나타난다. 상황이 어떠하든 고객이 누구든, 위대한 설득기술은 우리가 누구이고, 어디로 향하고 있으며, 모든 가능한 기회를 활용해 어떻게 도움을 줄 수 있는지를 알려주는 것이다.

참고문헌

Anthony, Mitch. 2001, *The New Retirementality: Planning Your Life and Living Your Dream…At Any Age You Want*, Dearborn Trade.

Anthony, Mitch & West, Scott. 2000, *Storyselling for Financial Advisors: How Top Producers Sell*, Dearborn Trade.

Anthony, Mitch. 2001, *ARROW^{TM}* Program.

Bierce, Ambrose. 1993, *The Devil's Dictionary*. Dover Thrift Edition.

Detz, Joan. 1992, *How to Write and Give a Speech: A Practical Guide for Executives, PR People, Managers, Fund-Raising, Politicians, Educators, and Anyone Who Has To*.

The. Forbes, Inc., Black Dog & Leventhal Publishers, *Forbes' Book of Quotations*, New York, 1997.

Freedman, Joshua(Illustrator). Freedman, Patricia E., Jensen, Anabel L. 1998, *Handle with Care: Emotional Intelligence Activity Book*, Six Seconds.

Goleman, Daniel. *Emotional Intelligence*, Bloomsbury, London, 1995.

Hansen Weese, Karen. 2000, "In Good Company," *Investment Advisor*, pp.72~78.

Klepper, Michael M. 1993, *I'd Rather Die than Give a Speech*, Irwin Professional Publishing.

Lewis, Allyson. 2000, *The $250,000 Pizza and the Million Dollar Car*, Dearborn Trade.

E. C. McKenzie. 1980, *Mac's Giant Book of Quips & Quotes*, Harvest House Publishers, California.

Noonan, Peggy. 1999, *Simply Speaking: How to Communicate Your Ideas, Style, Substance & Clarity*, DIANE Publishing.

Osgood, Charles. 1988, *Osgood on Speaking — How to Think on your Feet without Falling on Your Face*.

Oxford University Press. 1979, *Oxford Dictionary of Quotations, The.*(Third Edition).

"Pat Croce's Top Ten Business Rules," as quoted in *American Way*, November 1,

2000, p.162.

Seligman, Martin. 1995, *Learned Optimism*, Random House, Milsons Point.

Sternberg, R. 1997, *Successful Intelligence: How Practical and Creative Intelligence Determine Success in Life.*

T. Mitchel Anthony. 1991, *T.E.A.M. Dynamics.*

옮긴이 후기

우리는 길을 걸으면서 수많은 것을 본다. 그러나 막상 무엇을 보았는지 기억하려고 하면 기억나는 게 얼마 없다는 것을 안다. 그리고 기억나는 것을 자세히 살펴보면 자기의 현재 관심사항에 맞닿은 것임을 또한 알 수 있다. 이러한 것을 심리학 또는 마케팅에서는 '선택적 인식(selective perception)'이라고 한다. 즉, 우리가 수많은 것을 보고 들어도 우리가 인식하는 것은 그중 정보를 수용하는 주체의 개인적 취향에 따라 선택된다는 것이다. 그렇지 않으면 우리의 뇌는 수많은 정보에 의해 마비가 될지도 모르기 때문이다. 처음 직장생활을 하는 신입사원은 자기가 종사하는 업계에 그렇게 많은 회사가 있다는 것을 신기해한다. 예를 들어 생명보험회사에 근무하게 되면 늘 다니던 길에 그렇게 많은 생명보험회사의 영업점이 있었다는 것에 놀라게 된다. 하지만 늘 다니던 길에 갑자기 생명보험회사에 입사했다고 해서 보험회사의 영업점이 생길 리는 만무하다. 그 영업점은 그 전에도 있었지만 보지 못했을 뿐이다. 아니 정확히 표현하면 보았지만 인식하지 못했던 것이다. 만약 이 신입사원이 자기의 관심분야를 생명보험이 아니라 그것을 포괄하는 보험회사나 금융기관으로 생각했다면 더 넓은 세계를 볼 수 있을 것이다. 이를 위해서는 의식적인 노력이 필요하다. 그렇지 않으면 자기만의 세상에 갇힌 우물 안 개구리가 될 것이다.

유홍준 씨의 『나의 문화유산 답사기』에는 잘못된 기억 때문에 생겨난 명문장이 있다. "사랑하면 알게 되고, 알면 보이나니 그때 보이는 것은 전과 같지 않으리라." 나중에 출처를 찾아 바르게 기술하였지만, 처음 본 문장의 명료함과 의미심장함에 비해 약간 처진 듯한 느낌을 지울 수 없다. 앞에서 선택적 인식을 말하면서 의식적 노력이 필요하다고 했다. 이 의식적 노력의 기본이 되는 것이 바로 사랑이 아닐까 생각한다. 자기 일을 사랑하고, 어떤 주제나 아니면 고객을 사랑하면, 이제까지의 좁은 시야로 인식하지 못했던 새로운 세상을 볼 수 있을 것이다.

금융전문가의 존재는 고객을 떠나서 생각할 수 없다. 그렇지만 이 기본적인 존재의 이유를 자칭·타칭 전문가, 전문 자격증, 과거의 업적, 판매상품과 서비스의 우수성 또는 소속된 금융기관의 위상 등으로 망각하는 경우가 많다. 아무리 우수한 전문가라 하더라도 고객 없이는 전문가라 할 수 없다. 아무리 많은 자격증을 갖고 있어도 고객의 니드에 부합한 서비스를 제공하지 못하면 존재의 이유가 없다. 이제까지 열심히 일해 엄청난 업적을 쌓았더라도 과거의 성공이 미래로 지속되리라는 보장은 아무 데도 없다.

아무리 상품과 서비스가 우수하더라도 고객이 사용하지 않으면 소용이 없다. 결국 우리 금융전문가는 고객의 사랑을 먹고사는 존재일 수밖에 없다. 고객의 사랑을 얻기 위해서는 우리가 먼저 고객을 사랑해야 한다. 그럼 고객을 어떻게 사랑할 것인가? 그 해답의 일부가 이 책에 있다면 과장일까? 아니면 이 책과 『재무상담사를 위한 스토리셀링』에 있다면 과장일까? 아니면 이 두 권의 책과 앞으로 나올 책에 있다면 과장일까?

그리 큰 과장은 아니라 생각한다. 최고의 금융전문가는 돈이나 명예와 같은 외적 동기부여 요인보다 내적 동기부여 요인에 따라 움직

인다고 한다. 최고의 금융전문가를 움직이는 내적 동기부여 요인에
는 '향상심', '탁월성의 추구', '호기심', '감사하는 마음', '사람과의
만남을 소중히 하는 마음', '고상한 삶의 목적'을 든다고 한다. 이 책
을 통해 최고의 금융전문가를 움직이는 내적 동기부여 요인을 맛볼
수 있을 것이다.

유홍준 씨의 말을 인용하여 표현하면 다음과 같은 것이다. "고객
을 사랑하면 이 책을 알게 되고, 이 책을 읽으면 새로운 고객설득법
을 배우게 되나니, 그때 보이는 고객은 한 건의 업적이 아니라 평생
동반자이니라."

헌정사

이 책을 독자와,
독자를 통해 도움을 받을 독자의 현재와 미래 고객,
그리고 옮긴이들에게 더 나은 세상에 대한 희망과 영감을 주는
우리의 아이들,

김미르, 김버미,
조정윤, 조정호, 조정안,
이준교, 이고운에게 바칩니다.

지은이 소개

게리 드모스(Gary DeMoss)

밴 캠펜컨설팅 사 이사.
금융전문가를 대상으로 한 의사소통 및 인간관계 관리기술 교육전문가.
법인영업과 마케팅 관리자 교육전문가.

미치 앤소니(Mitch Anthony)

20년간 전문 연사 및 의사소통 컨설턴트
금융전문가, 특히 보험전문가를 대상으로 한 인간관계관리 및 의사소통기술의
개선을 통한 판매력 증가 노하우 교육전문가.
*The New Retirementality, Storyselling for Financial Advisors*의 저자.
라디오 및 텔레비전 방송 프로그램의 사회자 및 게스트
≪유에스에이 투데이≫, ≪리더스 다이제스트≫ 등의 주요 기고자.

옮긴이 소개

김선호

서울대학교 경영대학 경영학과를 졸업했고, 동아생명, 대신생명, 한일생명, 한독약품, 영풍생명에서 일했다. 현재 삶돈슬기채(The Atelier of Life Money & Wisdom)의 방주(CWO)로 일하고 있다.

지은 책으로는 『재무계산기』(김선호·조영삼·이형종 공저), 『AFPK 위험관리와 보험설계』(안용운 외 공저), 『CFP 위험관리와 보험설계』(이준승 외 공저), 『개인 재무설계 사례집』(임계희 외 공저), 『모기지 컨설팅』(이성제 외 공저), 『Financial Planning Handbook』(김선호·더맵계리컨설팅(주) 공저), 『돈돈이의 돈이야기』(김민정 외 공저)가 있다. 옮긴 책으로는 『재무상담사를 위한 스토리셀링』(김선호·조영삼·이형종 공역), 『금융전문가를 위한 고객설득전략』(김선호·조영삼·이형종 공역), 『재무상담사를 위한 고객 재무설계』(김선호·조영삼·이형종 공역), 『재무설계사를 위한 개인 재무설계 컨설팅 I』(김선호·조영삼·김사헌 공역), 『재무설계사를 위한 개인 재무설계 컨설팅 II』(김선호·이형종·강성호 공역), 『금융전문가를 위한 백만 불의 마무리 기법』(김선호 옮김), 『금융전문가를 위한 백만 불의 판매 기법』(김선호 옮김), 『평생고객을 얻는 최고의 질문』(김선호·최문희·임용권 공역)이 있다.

E-mail: financesunho@daum.net

조영삼

서울대학교 사회과학대학 정치학과를 졸업했다. 금융감독원, PFM연구소, KB생명, 하나생명 등에서 채널기획관리부장, 영업지원본부장 등을 역임했다. 현재 메가주식회사 총괄본부장(상무)로 일하고 있다.

지은 책으로는 『재무계산기』(공저), 『AFPK 위험관리와 보험설계』(공저), 『보험업법』, 『객관식 보험업법』, 『보험계약법』, 『손해사정이론』이 있다. 옮긴 책으로는 『재무상담사를 위한 스토리셀링』(공역), 『금융전문가를 위한 고객설득전략』(공역), 『재무상담사를 위한 고객 재무설계』(공역), 『재무상담사를 위한 자산배분 전략』(조영삼 옮김)이 있다.

E-mail: choys03@naver.com

이형종

중앙대학교 문과대학 사학과를 졸업했다. 대신생명, (주)로우시콤, PFM연구소에서 일했다. KDI국제정책대학원에서 자산운용 경영학(MAM)을 공부하고, 홍익대학교 금융보험학과 박사과정을 이수하고 있다. 현재 한국 FPSB 수석연구원을 거쳐 현재 삼성생명 은퇴연구소에서 수석연구원으로서 은퇴설계 분야의 연구 및 전문강사로 활동하고 있다.

지은 책으로는 『재무계산기』(공저)가 있고, 옮긴 책으로는 『재무상담사를 위한 스토리셀링』(공역), 『금융전문가를 위한 고객설득전략』(공역), 『재무상담사를 위한 고객 재무설계』(공역), 『재무설계사를 위한 개인재무설계 컨설팅 I』(공역), 『재무설계사를 위한 개인재무설계 컨설팅 II』(공역), 『빅시프트』(공역)가 있다.

E-mail: acemn0406@hanmail.net

PFM연구소(Personal Financial Management Institute)

재무상담사에게 전문적 지식과 기술을 제공하고, 일반 고객에게 개인재무관리에 대한 교육, 상담 등을 지원하기 위해 설립되었다. 연구소의 사명은 고객과 국민이 재무적 자유를 성취해 궁극적으로 가치 있는 삶을 영위하도록 하는 것이다.

금융전문가를 위한 고객설득전략

고객의 머리에서 가슴까지

ⓒ 김선호·조영삼·이형종, 2004

지은이 | 게리 드모스, 미치 앤소니
옮긴이 | 김선호·조영삼·이형종
펴낸이 | 김종수
펴낸곳 | 서울엠

초판 1쇄 발행 | 2004년 4월 20일
초판 5쇄 발행 | 2015년 9월 20일

주소 | 10881 경기도 파주시 광인사길 153 한울시소빌딩 3층
전화 | 031-955-0655
팩스 | 031-955-0656
홈페이지 | www.hanulbooks.co.kr
등록번호 | 제406-2003-000053호

Printed in Korea.
ISBN 978-89-7308-166-0 93320

* 가격은 겉표지에 표시되어 있습니다.
* 서울엠은 도서출판 한울의 자회사입니다.